AF762481

Usted Podría Ir A Prisión, Aun Siendo Inocente

Justin Brooks

Usted Podría Ir A Prisión, Aun Siendo Inocente

Editorial: inocente.org

Derechos de autor © 2025 - Justin Brooks

Todos los derechos reservados.

Ninguna parte de esta publicación puede ser reproducida, almacenada en un sistema de recuperación de información, o transmitida, en ninguna forma ni por ningún medio, electrónico, mecánico, fotocopia, grabación u otro, sin el permiso previo del autor.

ISBN: 9798218758172

Alabanza porque Podrías Ir a Prisión Aunque Seas Inocente

"*Podrías ir a prisión, aun siendo inocente* es una narrativa de las ciencias sociales y de traducción de políticas en su máxima expresión, un viaje convincente, pragmático e invaluable para entender y rectificar la última pesadilla de la ley— condenar a los inocentes. Este libro será de interés para cualquier persona que esté preocupada por lo justo en nuestros procedimientos judiciales y la confiabilidad de la evidencia que es utilizada para asegurar los acuerdos de culpabilidad que se utilizan como forma de terminación anticipada del proceso penal, y las condenas en casos penales. Debería ser una lectura obligatoria para fiscales y jueces, sin mencionar a la policía y a los abogados defensores."

Richard A. Leo, autor de *Interrogatorio policial y justicia estadounidense*.

"Justin Brooks ha estado en la primera línea de la lucha por liberar a los inocentes de prisión durante décadas. Podrías Ir a Prisión Aunque Seas Inocente debería ser lectura obligatoria para cada agente de la ley y cada fiscal en Estados Unidos y en todo el mundo."

Jeremy DeConcini, exagente especializado del Departamento de Seguridad Nacional de EE. UU.

"La travesía de Brooks desde San Diego hasta Sacramento simboliza su dedicación a sus clientes, su compromiso con liberar a los condenados injustamente y su optimismo a pesar de los enormes obstáculos en el camino hacia la justicia. Su libro es una letanía de ejemplos que muestran cuán fácil es que nuestro sistema penal condene erróneamente y cuán difícil es revertir esas condenas. Brooks se alinea con los guerreros que persisten en la lucha por la justicia sin importar cuánto tiempo tome ni cuántas derrotas sufran en el camino. Ellos luchan no solo por los condenados injustamente, sino por todos nosotros que necesitamos defensores de nuestros derechos y libertades. Todo estudiante de derecho sueña con liberar a una persona inocente; Justin Brooks vive ese sueño."

Lee Sarokin, ex juez del Tribunal de Apelaciones del Tercer Circuito de EE. UU., quien liberó al boxeador campeón Rubin "Hurricane" Carter, condenado injustamente.

"El tipo de libro que te roba la paz. Desempaca—historia tras historia desgarradora—cómo la 'culpabilidad judicial' puede derribar las garantías procesales y aplastar la inocencia con facilidad. Mucho antes de que se te cierre la mandíbula, la verdad golpea: la culpabilidad a menudo se reduce a estrategias de litigio, vivimos a un suspiro de lo impensable, y podrías ir a prisión aunque no hayas hecho nada."

Catherine Pugh, abogada, exintegrante de la División de Derechos Civiles del Departamento de Justicia, Sección de Litigios Especiales

La mayor parte de este libro está dedicada a mi trabajo en el sistema legal penal de Estados Unidos, liberando a personas inocentes de prisión. Sin embargo, los problemas en el sistema estadounidense no son únicos. No existe un sistema legal perfecto, por lo que hay personas inocentes en prisión en todo el mundo.

Mi más sincero agradecimiento a la Dra. Marcela Corro, al Mtro. Diego Lastiri, al Dr. Israel Cedillo y a los alumnos que participaron de la Universidad de las Américas Puebla en México por su gran trabajo en la traducción de esta edición de mi libro. Les estoy inmensamente agradecido por hacer que mis palabras sean accesibles en todo el mundo hispanohablante.

Para Heidi, por supuesto. El amor de mi vida. La persona que me levanta y me mantiene en pie en este trabajo y en este mundo.

Contenido

Prólogo i

Introducción 1

1 Contrataste al abogado equivocado (Declaraciones de culpabilidad sin negociación) 7

2 Vives en el campo o en la ciudad 27

3 Estás en una relación y vives con alguien que es asesinado 45

4 Te pareces (más o menos) a otras personas en el mundo 58

5 Te confundes cuando estás cansado, hambriento y la gente te grita 83

6 Tienes o cuidas a un hijo enfermo 102

7 Tienes un jurado cegado por la "Ciencia" 128

8 Trabajas con niños o los dejas entrar a tu casa 154

9 Alguien miente sobre ti 167

10 Eres pobre y/o una persona de color 196

Conclusión 224

Agradecimientos 235

Notas 237

Índice 263

Prólogo

Conocí a Justin Brooks por primera vez en 1998 en un evento extraordinario en Chicago. Era una reunión de abogados, académicos, y personas inocentes de todo Estados Unidos que habían sido exoneradas después de haber sido sentenciadas a muerte. Fue desgarrador e inspirador ver a cada una de ellas subir al escenario sabiendo que estuvieron cerca de ser ejecutadas. En ese momento Justin estaba trabajando en liberar a una mujer inocente del corredor de la muerte en Chicago. Estoy seguro de que el evento le dio esperanza de que la libertad era posible, aun contra todo pronóstico.

El siguiente año, en 1999, Justin cofundó el California Innocence Project. Se unió a un pequeño grupo de quienes empezamos proyectos alrededor del país. En su mayoría éramos abogados defensores penales y profesores de derecho, y nuestros proyectos estaban vinculados a clínicas legales en facultades de derecho. Trabajamos juntos y compartimos recursos. Nuestro grupo pronto se hizo conocido como The Innocence Network.

Durante la mayor parte de las siguientes dos décadas, serví en la junta de The Innocence Network con Justin mientras veíamos cómo nuestro pequeño grupo de abogados que trabajaba para personas inocentes, se convertía en un movimiento internacional. Más de sesenta proyectos emergieron en Estados Unidos, mientras otros empezaban en Europa, Asia, el Pacífico Sur y África. Justin lideró no sólo los esfuerzos en California, sino que también inició y coordinó los esfuerzos de veinticinco organizaciones de inocencia en América Latina.

Podrías ir a prisión, aun siendo inocente es la culminación de todo lo que Justin ha aprendido haciendo trabajo para personas inocentes y una poderosa acusación a nuestro sistema penal. Justin entrelaza hábilmente sus experiencias personales representando personas inocentes, haciendo investigación y llevando casos alrededor del mundo, sin dejar duda de que nadie está a salvo de ser condenado equivocadamente.

Barry Scheck
Cofundador
The Innocence Project

Introducción

En mayo de 1872, William Marion y su amigo John Cameron viajaron a Kansas desde Nebraska con planes de trabajar en un ferrocarril por cuatro o cinco semanas. Varios días después, Marion volvió a Nebraska solo, pero con los caballos y los arneses de Cameron. Marion afirmó que se los compró a Cameron.[1]

Un cuerpo en descomposición encontrado en el desierto con una bala en el cráneo que pudo haber venido de la pistola de Marion, condujo a cargos de asesinato. Fue condenado, sentenciado a muerte y ejecutado por ahorcamiento. Cuatro años después de la ejecución, Cameron reapareció vivo y bien. Les dijo a las autoridades que él le vendió sus caballos y arneses a Marion y voló a México para evitar una boda forzada. Cien años después, el gobernador de Nebraska indultó a Marion.[2]

Las condenas equívocas no son nada nuevo. Y, sin embargo, cuando comencé mi carrera de defensa penal hace treinta y dos años, a menudo tuve conversaciones con personas que eran profundamente cínicas ante la idea de que personas inocentes son condenadas en nuestro sistema penal.

En los años noventa, la tecnología de ADN cambió la discusión. Se comenzó a liberar a personas de prisión por pruebas científicas definitivas que probaban su inocencia— casi tan definitivas como John Cameron apareciendo con vida después de la ejecución de William Marion.

Desde los años noventa, miles de personas inocentes han sido liberadas de prisión.[3] Sin embargo, esas personas liberadas, esas exoneradas, son simplemente la punta del iceberg. Son las suertudas.

Es difícil decirle a alguien que es inocente y que ha pasado años en prisión que es suertuda, pero lo es. Tienen suerte de que las pruebas de su juicio no hayan sido tiradas a la basura. Tienen suerte de no haber sido asesinadas en prisión. Tienen suerte de haber encontrado un abogado competente que escuchara sus declaraciones de inocencia. Tienen suerte de que el abogado destinara tiempo y recursos a su caso. Tienen suerte de que su caso fuera asignado a un juez que concediera una audiencia. Y, por último, tienen suerte de haber sido capaces de brincar las muchas barreras en nuestro sistema legal para ganar su libertad. Los desafortunados, independientemente de su inocencia, mueren en prisión.

A pesar de los miles de casos documentados de inocencia, sigue habiendo cinismo alrededor de la noción de que gente inocente es condenada injustamente. Aunque la afirmación de que la gente inocente *nunca* va a prisión se ha suavizado, muchos aún creen que tales casos son extremadamente raros o que sólo les pasa a personas "que debieron haber hecho algo malo". Esta actitud desdeñosa da como resultado la conclusión de que "a algunas personas les pasa, pero no me pasará a mí".

Ésa es la razón por la que escribí este libro. El sistema penal es imperfecto. No importa en qué país, estado, ciudad o pueblo vivas, puedes ser condenado injustamente. Este sistema imperfecto actúa para ti. Protege a tu familia, a tu hogar, y a tu vida. Este sistema imperfecto también puede quitarte todo lo que has amado y te ha importado.

Estoy seguro de que después de leer las historias de injusticia que conforman este libro, vas a ver la posibilidad de que tú o un ser amado pueden ser víctimas de una condena injusta. Cada capítulo te llevará a través de casos de condenas injustas que normalmente están más allá del control de aquellos que sufren el destino de aterrizar en prisión siendo inocentes. Quizás sea conseguir al abogado equivocado, vivir en un vecindario que está excesiva o insuficientemente patrullado, encontrar un cadáver, o una serie de fallas de entidades gubernamentales y de las pseudociencias. Aunque las posibilidades estadísticas de que esto te suceda cambian con base en factores como raza, género, edad, posición socioeconómica, educación y con quiénes te asocias, cualquiera, incluso tú, puede ser condenado injustamente.

Personalmente litigué muchos de los casos discutidos en este libro, pero todos los éxitos que he tenido durante las últimas dos décadas fueron el resultado de trabajo en equipo entre abogados, estudiantes de derecho, voluntarios, y personal administrativo del California Innocence Project (CIP), una organización que tengo el honor de dirigir.

Cuando cofundé CIP en 1999, era un abogado de treinta y cuatro años con cabello castaño agresivamente grueso y una actitud a la altura. Ambos se han suavizado a través de los años. Mi cabello se ha vuelto gris, y he aprendido enfoques más persuasivos y menos directos para liberar a personas inocentes de prisión. Mi cofundador, Jan Stiglitz, fue el compañero perfecto. Su cabello ya era gris, y su implacable sensatez se me pegó. En la facultad de Derecho, Jan era el profesor Kingsfield de la película *Vida de un estudiante (Paper Chase)*. Era muy conocido por hacer llorar a sus estudiantes en su clase de Procedimientos Civiles, pero tenía un corazón enorme que siempre exhibía cuando estaba con su esposa y sus dos hijas. Cuando le propuse la idea de CIP, inmediatamente dijo que quería entrar. Después de años como abogado de apelaciones, sólo había logrado reducir indignantes sentencias de prisión. Él quería liberar gente inocente.

Kim Hernandez fue la tercera como miembro de nuestro equipo. La contratamos como asistente de administrativa de medio tiempo, pero pronto se convirtió en mucho más. Era una madre de cinco que no tenía experiencia en derecho penal, pero mucha experiencia en negocios y en organizar niños. Esas habilidades fueron útiles cuando creamos una organización con la capacidad de examinar, investigar y litigar demandas de inocencia basados en las miles de cartas que recibimos, mientras también entrenábamos y gestionábamos un grupo de estudiantes de derecho sin experiencia.

Después de recaudar algo de dinero de subvenciones y de la generosidad del guitarrista Joe Walsh y la banda de rock *The Eagles*, añadimos dos abogados al personal. Convencí a Jeff Chin, mi mejor amigo de la facultad de derecho, de dejar su cómodo trabajo en servicios profesionales en la American University en Washington DC y unirse a nosotros. Él era, y es, increíblemente paciente. Si podía sentarse en un escritorio y escuchar música mientras cavaba a través de las pilas de demandas de inocencia que recibíamos, era feliz.

El segundo abogado que contratamos fue Alex Simpson. Alex se distinguió como el mejor de nuestros primeros alumnos que cursaba una clínica, y es una de las personas más inteligentes, divertidas, y sarcásticas que he conocido. Alex compartió una oficina con nuestro primer investigador, Craig Woolard. Craig había sido estudiante de Derecho, pero se dio cuenta de que sus habilidades, intereses, y personalidad estaban mucho más adecuados para localizar testigos, realizar vigilancias, y encontrar la verdad en las calles. Kan, Kim, Jeff, Craig, y otros pocos grandes abogados y personal, se han ido a otros trabajos, pero todos ellos han sido parte de la historia de CIP y de nuestros éxitos. Alex y yo somos los dos que nos hemos quedado.

Estoy orgulloso de todo el trabajo realizado por estudiantes, abogados, y personal administrativo que han hecho a CIP parte de su educación y carrera las últimas dos décadas. Estoy particularmente orgulloso del trabajo de nuestro equipo actual de abogados sobresalientes que han estado con el proyecto durante muchos años. Ellos constituyen el mejor grupo de defensores y amigos que podría esperar. Alex Simpson, Alissa Bjerkhoel, Raquel Cohen, Mike Semanchik, y Audrey McGinn son personas a quienes les confiaría mi vida, algo que nuestros clientes hacen todos los días.

Como he dicho, cada éxito que hemos tenido en nuestra oficina ha sido un esfuerzo de equipo que involucra a muchas personas y, si no logro mencionar todos sus nombres en relación con un caso en particular que esté discutiendo en este libro, que se sepa que todos nosotros trabajamos en todos los casos (véase fig. 1).

Más allá de las exoneraciones que hemos obtenido, también estoy orgulloso de nuestro papel en los cambios de políticas que se han realizado. Jasmin Harris, expropietaria/gerente de un restaurante de panqueques durante muchos años, vino a nuestra oficina después de que terminara el ajetreo del desayuno. Se ofreció como voluntaria todo el día revisando casos y ayudando en todas las maneras que podía. Pasó muchas horas sin paga en CIP e hizo un gran trabajo; yo estaba muy emocionado cuando pudimos contratarla para liderar nuestros esfuerzos en políticas y nuestro equipo de desarrollo. Como resultado, CIP ha sido parte de los cambios en la política penal en California, incluyendo leyes relacionadas con nuevos estándares de evidencia para reabrir casos antiguos, preservación de evidencia después del juicio, pruebas de ADN posteriores a la condena, procedimientos de identificación policial y compensaciones para personas inocentes que han perdido años de sus vidas en prisión.

Aunque este libro esté dedicado a las causas y efectos devastadores de condenas injustas, no quiero dejarte con la impresión de que las condenas injustas son el único problema con el sistema penal. Hay muchos errores con nuestro sistema más allá de condenar a inocentes. Nuestra interminable devoción a anticuadas nociones de castigo en las manos de agencias gubernamentales burócratas, combinada con influencias políticas abrumadoras, nos ha dejado con un sistema que a menudo es impráctico y cruel. En Estados Unidos, décadas de políticas duras contra el crimen han creado el sistema penitenciario más grande del mundo, lleno de personas de color de forma desproporcional, que encarcela a un porcentaje más alto de nuestra población que en cualquier otro país.

Figura 1. El equipo de The California Innocence Project. Fila superior desde la izquierda: Alex Simpson, Mike Semanchik, Audrey McGinn, Jasmin Harris, Jolena Pamilar, Raquel Cohen, Sydnie Mithchell. Fila inferior desde la izquierda: Alejandro Romero, Claudia Salinas, Justin Brooks, Alissa Bjerkhoel, Ruby Anaya. Crédito de la foto: Heidi Brooks.

No sólo debemos abordar en este libro los problemas que llevan a personas inocentes a prisión, pero también examinar holísticamente el sistema penal y hacer preguntas difíciles. ¿Qué comportamientos deberían penalizarse para verdaderamente servir a la sociedad? ¿Qué procesos y recursos se necesitan para hacer justicia? ¿Qué tipo de sistema correccional reintegrará a la sociedad a una persona que tiene menos probabilidad de cometer más crímenes? Sólo respondiendo estas preguntas podremos crear un sistema que sea justo.

1 Contrataste al abogado equivocado (Declaraciones de culpabilidad sin negociación)

MARILYN MULERO

En 1994, yo era un profesor de Derecho de veintinueve años viviendo en Lasing Este, Michigan, cuando leí sobre una joven puertorriqueña llamada Marilyn Mulero que esperaba su ejecución en Chicago. El artículo decía que estaba *sentenciada a muerte por un acuerdo de culpabilidad.* Lo leíste bien: un acuerdo. Para morir.

Pensé que eso no podría ser preciso. A menudo los medios entienden mal los procedimientos legales. ¿Por qué alguien rechazaría el derecho a juicio y a apelaciones y abogaría por la pena de muerte? Si ella hubiese ido a juicio, incluso si fuese culpable, podría haber ganado o habría obtenido una sentencia menor. Y, si hubiese perdido, tendría el derecho a apelar, y seguiría viva durante los muchos años en los que su caso se abriría camino en el sistema de apelación, de nuevo con posibilidades de éxito.

Al declararse culpable, rechazó todos estos derechos y oportunidades por nada a cambio. No hubo "negociación" con el acuerdo de declaración de culpabilidad. Simplemente garantizaba una rápida sentencia de muerte.

Investigué un poco y encontré que el artículo era, de hecho, preciso. Necesitaba saber cómo esta mujer joven, que tenía veintiún años en el momento de su arresto, terminó en el corredor de la muerte sin un juicio en Estados Unidos de América. No quería saber. Necesitaba saber.

Leí sobre el caso de Marilyn justo al año y medio de haberme mudado de Washington, DC, a los suburbios de Michigan. En DC, trabajé como abogado defensor penal designado por el tribunal y dirigí un programa educativo en la notoriamente violenta Prisión de Lorton. Diario me movía entre prisiones, los tribunales, y escenas del crimen en la que se conocía como la "Capital del Asesinato en el Mundo". Fui tentado a alejarme de mi vida en DC, inmerso en el sistema penal, por el prospecto de una bella casa victoriana en Michigan que costó sólo $89,000, una escuela pública a la que se podía caminar de manera segura donde nuestros hijos podrían tener una educación decente, y un cómodo trabajo enseñando derecho.

Sin embargo, a los dieciocho meses de mi nueva vida, fui absorbido de vuelta a mi vieja vida por la historia de Marilyn. No sé exactamente por qué. Quizá sentí un parentesco con ella porque era de Puerto Rico, la isla donde viví durante la preparatoria. Tal vez ya estaba aburrido de vivir en los suburbios y necesitaba acción. Sigo sin saber exactamente por qué tomé su caso, pero eso cambió completamente la dirección de mi vida.

Conocí a Marilyn en el Centro Correccional de Dwight mil seiscientos nueve kilometros afuera de Chicago. Dwight era una prisión de mujeres a la mitad de interminables tierras de cultivo que fue cerrada en 2013 por razones de presupuesto. Era un típico lugar para una prisión en Estados Unidos, alejada de la ciudad de donde la mayoría de sus residentes venían, construida sin ninguna preocupación por las familias pobres sin carros decentes, o dinero para gasolina, para hacer el largo viaje y visitar a sus seres amados.

Mientras me acercaba a la prisión, las torres de vigilancia se elevaban por encima de los maizales como silos. Entré al estacionamiento de visitantes, donde un grupo de mujeres encarceladas con overoles blancos rastrillaban el lote de grava.

"¿Puedo ayudarlo?", preguntó el serio pero aparentemente aburrido oficial en la entrada principal. Su expresión era exactamente la que podrías esperar de alguien que ve paredes grises todo el día.

"Estoy aquí para ver a Marilyn Mulero." Le mostré mi licencia de la barra de abogados del estado, licencia para conducir, y un memo de su departamento legal que confirmaba mi visita.

Miró los documentos un momento. "La vas a ver en la cafetería."

¿La cafetería? Eso parecía muy extraño. Si fuese un hombre, nuestra reunión habría sido a través de los barrotes de una celda o en un cuarto de alta seguridad para abogados, construido en una unidad específica para el corredor de la muerte. Pero no había una unidad específica para mujeres en el corredor de la muerte. Había muy pocas de ellas.

Fui escoltado a la cafetería y esperé a Marilyn en una incómoda silla plegable de metal. Miré brillantes obras de arte y carteles motivadores a mi alrededor, incluyendo el gato clásico colgando de un alambre con letras naranjas en negritas que dicen *¡Aguanta ahí!* Había pedazos tristes de serpentinas pegados con cinta adhesiva en la pared de alguna celebración pasada.

Podía oler alguna comida indescriptible siendo cocinada cerca y escuchar un grito distante, un sonido constante en instalaciones correccionales. Estaba pensando en qué decirle a Marilyn y en si estaba cometiendo un terrible error involucrándome en su caso cuando la vi por primera vez. Dos guardias la guiaron a la cafetería, uno en cada lado. Ella era la mitad del tamaño de los guardias, y sin embargo sus muñecas y tobillos estaban esposados, provocando que se deslizara a través del recién pulido suelo de linóleo.

Marilyn vestía capas de ropa debajo de su monótono y holgado overol de prisión azul. Su rostro pecoso la hacía ver aun más joven de lo que era. Su cabello oscuro estaba cuidadosamente trenzado, y llevaba un delineador grueso. Pude ver que dedicó tiempo en su cabello y su maquillaje para la visita. Eso siempre me entristece. La vida de todos debería implicar mejores cosas que prepararse para la visita de un abogado en prisión.

"Hola, Sr. Brooks." Sonrió nerviosamente, tratando de estrechar mi mano mientras uno de los guardias la esposaba a la mesa.

"¿Cómo estás, Marilyn?" Una pregunta aparentemente absurda para alguien en su situación, pero incluso en prisión hay días buenos y hay días malos. "¿Cómo te están tratando?"

Encogió sus hombros. "Me las estoy arreglando."

Hablamos durante media hora antes de que empezara a preguntarle sobre su caso. Siempre inicio las visitas a mis clientes hablando de sus vidas, las clases que están tomando, el trabajo que están haciendo, y las visitas a la prisión que han recibido de familias y amigos. Les hablo de todo menos de su caso por el mayor tiempo posible. Me preocupo por ellos como seres humanos, y esto me permite intentar y desarrollar un poco de confianza antes de que tengan que abrirse y hablar de la peor experiencia de sus vidas, y a menudo, de las peores decisiones que han tomado.

Marilyn me complació y me dijo de los certificados que ha conseguido tomando cursos por correspondencia en un colegio universitario. Estaba optimista, y se sentía como si estuviera emocionada de estar hablando con alguien del mundo exterior. Platicamos de Puerto Rico y los lugares que ambos conocíamos de cuando yo iba a la preparatoria ahí, y de su tiempo yendo y viniendo entre Chicago y un pueblo de montaña caribeño. Ella habló sobre su estadía en prisión y de las otras mujeres que vivían con ella—las peleas, las relaciones, el drama en general. Hablamos de todo menos de por qué se enfrentaba a su ejecución hasta que la conversación perdió fuerza.

"¿Qué puedes decirme de tu caso?" Le pregunté, cambiando el tema.

"Soy inocente." Rió nerviosamente y me miró directo a los ojos.

Fui profundamente cínico acerca de esta declaración. No tenía sentido para mí que una persona inocente se delarara culpable sin mejor sentencia que la muerte sobre la mesa.

"¿Y entonces por qué te declaraste culpable?", pregunté.

Empezó a verse enojada. "Mi abogado me dijo que era la mejor opción. Dijo que sin importar lo que hiciera, dejaría la prisión en una bolsa para cadáveres. Si me declaraba culpable, tendría la oportunidad de vivir el resto de mi vida en prisión. Si peleaba el caso, iba a ser ejecutada."

"Y sin embargo, te declaraste culpable y te dieron la pena de muerte."

"Sí." Bajó sus manos y empezó a llorar. Limpió sus ojos con un pañuelo y, con cada golpe, sus esfuerzos por maquillarse para nuestra visita desaparecieron.

"¿Cómo conseguiste a este abogado?"

Ella me miró con el delineador corrido y ojos llorosos. "Tenía una defensora pública, pero mis amigos me dijeron que necesitaba un abogado de verdad, así que la despedí y conseguí uno privado."

Ésta es una declaración trágica que he escuchado demasiadas veces. Hay tres tipos de abogados que trabajan en el sistema penal. Abogados privados contratados por personas acusadas de delitos, abogados privados designados y pagados por el tribunal, y defensores públicos. Desafortunadamente, Marilyn, como mucha gente, sostuvo la creencia equivocada de que los defensores públicos no son "abogados de verdad", y que estaría mejor con una representación privada. Despidió a su defensora pública, que luego me enteré era una de las mejores en Chicago, y sus amigos le encontraron un abogado con una oficina en su vecindario. Le pagaron un anticipo de $10,000 y, por eso, Marilyn consiguió una declaración y la sentencia de muerte. Había, sin duda, contratado al abogado equivocado.

EL DERECHO A UN ABOGADO

El derecho a un defensor penal en Estados Unidos tiene una historia esquematizada. En la década de 1930, en el caso de *Powell vs. Alabama*, tres hombres negros fueron sentenciados a muerte por supuestamente violar a dos mujeres blancas.[1] Sus juicios comenzaron y terminaron en sentencias de muerte en un solo día, prácticamente sin asistencia de abogados. Por primera vez, la Suprema Corte de Estados Unidos dijo que los estados debían proporcionar alguna forma de servicios legales en sus tribunales penales a los acusados en situaciones similares. Aun así, no fue sino hasta la década de los sesenta, en el caso de *Gideon vs. Wainwright*, que la Corte específicamente decretó que los estados debían proporcionar abogados para los casos que resultaran en cualquier sentencia de prisión.[2] Es por esto que no te dan un abogado en un tribunal de tránsito, pero sí te dan uno si estás acusado de algún delito serio.

Cuando la Suprema Corte de Estados Unidos estableció que los estados tenían que empezar a proporcionar abogados para acusados de delitos, surgieron en todo el país oficinas de defensoría pública y programas para abogados designados por tribunales. Los defensores públicos no eran nada nuevo; jurisdicciones más ilustradas habían estado brindando sus servicios desde hace décadas.

Es cierto que la mayoría de defensores públicos tienen exceso de trabajo y están mal remunerados. Muchos tienen cargas horrendas de casos que hacen difícil que puedan poner su atención completa en todos ellos. Muchos están exhaustos y al borde del agotamiento después de años trabajando mucho por muy poco. Y sí, algunos son incompetentes, pero no a un nivel mayor del que se encuentra incompetencia en todas las profesiones.

La inmensa mayoría de defensores públicos se dedican a este trabajo porque quieren ayudar a la gente. Por lo general, están bien acreditados, comprometidos y son inteligentes. Obtener un trabajo como defensor público es más difícil de lo que la mayoría de personas cree. Las oficinas de defensoría pública reciben más solicitudes de abogados buscando trabajo de los que pueden contratar, así que pueden ser selectivas. Las oficinas de defensoría pública reciben mucha capacitación, los abogados tienen mucha experiencia, y los abogados jóvenes son supervisados por abogados experimentados.

Los abogados privados a menudo son excelentes, pero a veces les hace falta la experiencia y capacitación de los defensores públicos y operan sin supervisión. En algunos sistemas, a los abogados designados por el tribunal les pagan por hora, ya sea que el caso se resuelve rápido o vaya a juicio. En otros sistemas existe una tarifa fija por caso, que motiva a los abogados a llegar rápido a un acuerdo y pasar al siguiente caso.

Estoy seguro que el caso de Marilyn habría tenido un mejor resultado si no hubiese despedido a su defensora pública para contratar a un abogado defensor penal privado.

UN INICIO DESFAVORABLE

A inicios de los 90, estaba en la lista de abogados defensores penales privados en DC, a quienes les pagaba la ciudad para tomar casos designados por el tribunal. Éramos un grupo diverso. Algunos en nuestro grupo eran abogados bastante competentes que amaban la independencia de ejercer la abogacía sin jefe. Otros no eran aptos para el trabajo y aparecían en la lista porque no tenían otra opción. Hoy, en la mayoría de las jurisdicciones es más difícil entrar a la lista, y requiere de años de experiencia. Cuando salí de la facultad de derecho, lo único que necesitabas era una licencia de la barra y un par de días de entrenamiento.

Había una abogada mayor a quien nunca olvidaré. Cuando mencionaban sus casos, nunca le contestaba a los jueces porque nunca se sabía los nombres de sus clientes. El secretario debía decirle al juez que el cliente era de ella, y el juez gritaría su nombre, a menudo perturbándola en su casi siesta. La torpe y confusa representación de sus clientes parecía un tanto graciosa en ese momento. No es tan divertida después de décadas de atestiguar la devastación que resulta de una mala representación.

No era mucho mejor que los que no eran aptos para el trabajo en mis primeros días en los tribunales. Tan pronto como pasé la barra, tomé el curso de dos días requerido para estar en la lista. La capacitación era dirigida por un abogado americano-mexicano excéntrico que repasó procedimientos básicos del tribunal y demostró un poco de abogacía dramática. Tenía un inglés perfecto, sin acento, pero habló de cómo algunas veces utilizaba un acento mexicano marcado para forjar vínculos y empatizar con algunos miembros del jurado. Para ilustrar este punto, procedió a dar el ejemplo de un argumento de clausura, utilizando un fuerte acento, para un caso en el que quería que los miembros del jurado entendieran por qué una persona inocente huiría:

> Cuando era un joven viviendo en México, yo era un buen niño, pero Pablo era un niño muy malo. Un día Pablo le lanzó una roca a un camión. El conductor golpeó los frenos y salió. ¡Era enorme! ¡El hombre más grande que yo había visto! ¡Venía corriendo hacia nosotros! Pablo corrió lo más rápido que pudo en dirección opuesta, pero yo me congelé. Pensé en mis adentros, "¿Por qué debería huir? Yo no he hecho nada malo. Pablo lanzó la roca. Sólo explicaré que no fui yo". Y, cuando estaba a tres metros de mí, me volteé y huí. No porque fuera culpable, sino porque estaba asustado.

Luego continuó, suavizando el acento,

> Damas y caballeros del jurado, mi cliente no huyó porque fuera culpable. Mi cliente huyó porque estaba asustado. Tenía miedo de lo que la policía le haría si lo atrapaba, así como yo tenía miedo del enorme hombre el día en el que Pablo lanzó esa roca.

Era un buen maestro.Yo amaba la clase. Pero dos días de capacitación no eran suficientes.

En mi primer día en el tribunal, pensé que estaba listo. Había comprado el manual morado de dos volúmenes que todo abogado defensor utilizaba en DC. Supuestamente contenía todos los secretos que necesitaba para ser un buen abogado. Había leído los capítulos sobre las comparecencias y estaba preparado para comenzar. O eso pensé.

En realidad, no sabía casi nada sobre comparecencias. Sólo sabía que tenían dos propósitos que anoté en mis notas de capacitación:

1. Decidir si el oficial que hizo el arresto tenía causa probable; y
2. Decidir si la persona debería ser encarcelada hasta el juicio, en libertad bajo fianza, o bajo obligación contraída sin fianza.

Cuando llegué al tribunal esa mañana, vi mi nombre junto a tres casos en la lista de asignaciones. Estaba emocionado de empezar mientras me dirigía a las celdas para entrevistar y preparar para la audiencia a mis nuevos clientes.

De mi capacitación de dos noches y mis libros morados, aprendí que necesitaba conseguir suficiente información de mis clientes sobre su familia, trabajo, escuela, y lazos con la comunidad para que, en la audiencia, pudiera defender su liberación en espera de juicio.

Los planes que tenía se salieron por la ventana cuando conocí a mi primera clienta, la Sra. Johnson. Era una mujer mayor arrestada por gritarle en estado de ebriedad a su vecino y aventarle basura a su patio delantero.

"Hola, mi nombre es Justin Brooks. Me han asignado para representarla," le dije alegremente a través de los barrotes de la cárcel.

"Asignado, ¿qué significa eso?" gruñó. "¡Usted no quiere representarme!"

"No, claro que quiero," balbucí. "Me refiero a que el tribunal me ha designado."

"¿Le ha designado qué?"

"Su representación. Me han designado para representarla."

"¿Representarme en qué?"

"En el tribunal. Hoy va al tribunal."

"¿A dónde?"

"Al tribunal."

Cuarenta y cinco minutos después, todavía no había aprendido nada sobre ella, y ella estaba igualmente desinformada sobre mí y por qué la estaba molestando. Faltando quince minutos para que tuviera que estar en la sala del tribunal, corrí a las celdas de los hombres y usé el poco tiempo que me quedaba para obtener la básica e inadecuada información de mis otros dos clientes. A uno lo acusaban de robo de auto. El otro enfrentaba un cargo de drogas.

Me apresuré al tribunal. La Sra. Johnson fue la primera en ser llamada. La llevaron al centro de la sala, y luego el juez ordenó su liberación antes de que yo pudiera decir una palabra. Fallé en aprender qué sigificaban las letras "SD", que estaban claramente escritas al lado de su nombre en la lista de asignaciones. Ella estaba "sin documentar", lo que significaba que un fiscal revisó el reporte policial y decidió no presentar cargos contra ella, a pesar de que había sido arrestada. Desperdicié la mayor parte mi mañana hablando con una clienta a quien no necesitaba hablarle y que nunca volvería a ver en lugar de hablar con los clientes que necesitaba representar. Estaba lamentando mi error y leyendo rápidamente los reportes policiales de mis otros casos asignados cuando uno de ellos fue llamado.

"¡Mark Taylor!" el alguacil gritó.

El Sr. Taylor fue dirigido a la sala mientras su recién estrenado abogado de veinticinco años se acercó a la mesa de abogados.

"Su señoría, quisiera que se suspendiera la lectura de los cargos, entrar a un acuerdo de no culpabilidad y solicitar un procedimiento abreviado," dije, repitiendo como loro mi manual de entrenamiento.

El juez levantó la mirada de su papeleo y me observó por encima de la nariz a través de sus lentes de armazón metálico. Parecía sacado del reparto central (de una película): viejo, blanco y gruñón. Volteó hacia su alguacil y dijo sarcásticamente, "¿Hemos empezado a leer los cargos?"

"No, Juez," contestó el alguacil, moviendo la cabeza y riendo.

"Sr. Brooks," continuó el juez, "¿cómo podemos 'suspender la lectura de los cargos si ni siquiera hemos comenzado a leerlos?"

"Lo siento, Juez," dije en voz baja, decidido a seguir adelante. Era la primera vez, pero definitivamente no la última que me disculpé con un juez.

El punto es que no creo que un denfesor público hubiera cometido mis errores de novato. Ellos pasan por un entrenamiento y seguimiento mucho más extenso antes de volar solos en el tribunal.

Luego, tienen supervisores que los monitorean y les dan capacitación continua. Creo que eventualmente me convertí en un buen abogado, como creo que le pasa a la mayoría de abogados. Pero, abandonados a su suerte, sin supervisión y poco entrenamiento, los abogados se vuelven descuidados, buscan atajos, o simplemente no saben nada mejor. No conocía los errores del abogado de Marilyn cuando la conocí, pero entre más hablaba, más me convencía de que algo había salido terriblemente mal.

Y eso fue antes de que fuera a la escena del crimen.

UNA ODISEA DE VEINTICINCO AÑOS

Al día siguiente de conocer a Marilyn, les conté a mis alumnos de primer año de derecho penal su historia.

"Hay una mujer condenada a muerte en Illinois que está programada para ser ejecutada, y ella dice que es inocente. ¿Quién quiere ayudarme a representarla?" anuncié a mi clase.

Cuatro valientes almas levantaron sus manos. Esa noche nos reunimos en mi casa, donde nos sentamos alrededor de la mesa de la cocina, tramando una investigación y estrategia de litigio.

Sabía que revertir una pena de muerte requeriría un esfuerzo hercúleo. En casos de muerte, se suponía que habría muchas salvaguardas construidas en el sistema para que ninguna persona inocente fuera condenada a muerte.

En 1972, la Suprema Corte de Estados Unidos suspendió la pena de muerte en el caso *Furman vs. Georgia* debido a preocupaciones sobre cómo se estaba administrando. La Corte concluyó que la sentencia de muerte se estaba dictando de manera arbitraria y caprichosa y, por lo tanto, el castigo era violatorio de la prohibición de castigos crueles e inusuales de la Octava Enmienda.[3]

Sin embargo, en 1973 la Corte restableció la pena basándose en el nuevo procedimiento de pena de muerte de Georgia en el caso de *Gregg vs. Georgia*.[4] Bajo el nuevo procedimiento, los casos de muerte tenían dos fases. Primero, hay una fase de culpabilidad/inocencia como en un juicio normal. Segundo, hay una fase separada de sentencia que es más compleja que una sentencia tradicional. Durante la fase de sentencia, los fiscales podrían ofrecer factores agravantes para justificar la pena de muerte. La defensa podría argumentar factores atenuantes para justificar una sentencia menor. La ley también requiere una revisión automática de todos los casos de muerte por la suprema corte de cada estado.[5]

Ahora sabemos que la promesa de *Gregg vs. Georgia* no se hizo realidad, ya que el 4 por ciento de las personas sentenciadas a muerte en Estados Unidos fueron declaradas inocentes y liberadas.[6] Y, cuando trabajé en Chicago, más personas eran declaradas inocentes y liberadas de la pena de muerte que las que ejecutaban. En ese entonces, un abogado podría dirigirse a su cliente después de haber recibido una sentencia de muerte y decirle: "la buena noticia es que es 50/50 si serás ejecutado o irás a casa".[7]

En el caso de Marilyn, ella no se benefició de ninguno de estos procedimientos. Su caso implicó un acuerdo de culpabilidad, una breve audiencia de sentencia, y fue enviada al corredor de la muerte.

El fin de semana después de que los estudiantes se ofrecieran como voluntarios para trabajar en el caso, apilé a los cuatro en mi Jeep Cherokee y manejé al Parque Humboldt en Chicago, la escena del crimen que llevó a Marilyn a la pena de muerte. Durante años, el parque había sido un campo de batalla entre dos pandillas callejeras puertorriqueñas (*Maniac Latin Disciples y Latin Kings*) que reclamaban el territorio.

Marilyn y sus amigas se asociaban con los *Maniac Latin Disciples*. No eran miembros de la pandilla. No había miembros femeninos, pero salían con miembros de los *Disciples*, y los *Disciples* controlaban el vecindario.

El caso de Marilyn comenzó cuando estaba manejando en el área del Parque Humboldt con la quinceañera Jackie Montanez y otra adolescente. En un semáforo, comenzaron a hablar con dos miembros masculinos de los *Latin Kings*, rivales de los *Disciples*, y el grupo decidió ir a pasar el rato juntos al parque. Jackie fue al baño de hombres con uno de ellos y le disparó en la parte de atrás de la cabeza cuando estaba orinando.

Hay dos historias contradictorias sobre lo que sucedió después:

La primera historia, que Marilyn confesó después de muchas horas de interrogación, era que Jackie salió del baño, le dio el arma, y Marilyn le disparó al segundo hombre.

"Eso no fue lo que sucedió." Me dijo Marilyn el primer día que la vi en la cafetería. "Jackie mató al tipo en el baño y salió y le disparó al segundo tipo. Me asusté y corrí."

Hubo una testigo ocular que afirmaba haber visto el segundo disparo. Le dijo a la policía que miró por la ventana de su departamento después de la medianoche y vio a Jackie (a quien describió como la chica alta) salir del baño y darle la pistola a Marilyn (a quien describió como la chica baja), quien luego le disparó al segundo hombre.

Es cierto que Marilyn es significativamente más baja que Jackie, pero había un pequeño problema con la declaración de la testigo. Cuando mis alumnos y yo nos paramos frente al edificio de departamentos en un día soleado, apenas se podía ver el baño donde ocurrió el tiroteo. Cuando medimos la distancia entre el edificio de departamentos y el baño, eran más de 120 metros.

La declaración de la testigo afirmando que vio la entrega del arma en la noche, a 120 metros, era el equivalente a sentarse detrás de la zona de anotación de un estadio de fútbol sin iluminación en la noche y ver cómo alguien entrega un hot dog en la zona de anotación opuesta. Era imposible.

Más tarde en la investigación, supimos que esta testigo ocular, la única persona en toda la ciudad de Chicago que afirmaba haber visto el tiroteo, era también la novia de una de las víctimas. Este hecho fue convenientemente omitido en los reportes policiales.

Marilyn fue condenada a muerte porque no hubo ninguna investigación en su caso. Su abogado más tarde admitió que él no investigó la escena del crimen, a pesar de que su oficina estaba cerca. Si

Marilyn se hubiera quedado con su defensora pública como abogada, habría habido una investigación por un investigador capacitado, otro recurso que tienen los defensores públicos que a menudo los abogados privados no.

Tomó pocos meses rastrear al abogado de Marilyn. Había terminado su carrera legal cuando Marilyn fue sentenciada a muerte y empezó a estudiar para sacerdote. Probablemente un trabajo en el que pudiera hacer menos daño. Quizás una oportunidad de penitencia. ¿Quién sabe?

Afortunadamente, debido a errores cometidos por el fiscal en la audiencia de sentencia de Marilyn, la Suprema Corte de Illinois revocó y devolvió su caso para un nuevo procedimiento de sentencia, pero se negaron a permitirle retirar su declaración. Trabajé con mis estudiantes de Derecho y con defensores públicos de Chicago en la nueva sentencia. Presentamos su caso a un nuevo jurado, pero como el "acuerdo" de declaración de culpabilidad seguía surtiendo efectos, bajo la ley de Illinois, únicamente tenían la opción de vida o muerte. Esperamos ansiosamente su decisión.

A pesar de haber sido hace más de dos décadas, recuerdo vívidamente el momento en 1998 cuando el jurado regresó a la sala con la decisión de sentencia de Marilyn. Era uno de esos momentos intensos en los que puedes escuchar tu pulso en el oído, el mundo se congela, y estás hiperconsciente de todo lo que te rodea. Marilyn estaba temblando. Sentía las vibraciones de su pierna golpeando contra la mesa de abogados donde estábamos sentados. Puse mi mano sobre la suya en un intento de darle algo de consuelo, que sabía que era inalcanzable en ese momento.

"¿Han tomado su decisión?" el juez le preguntó al presidente del jurado.

"Sí, su señoría," contestó el electricista convertido en tomador de decisiones de vida o muerte. (electricista convertido en alguien que decide entre la vida o la muerte)

"¿Y cuál es?" preguntó el juez.

"Hemos decidido que la acusada debería ser condenada a cadena perpetua."

Nunca, antes de ese caso, habría imaginado que una cadena perpetua sería buena noticia. Perpetua significaba vida, y no muerte. Perpetua quería decir que Marilyn viviría, y que habría oportunidad para seguir luchando. Fue la mejor decisión que pudieron tomar. Abracé a Marilyn y le prometí seguir luchando por su libertad.

Era un frío y amargo día de invierno en Chicago cuando salí del juzgado. Eran poco más de las 4:30 de la tarde, pero ya había oscurecido. Mientras tropezaba hacia mi auto, tratando de no resbalarme en la banqueta congelada, tomé una decisión que me cambió la vida. Quería pasar el resto de mi vida trabajando en casos como el de Marilyn. Quería liberar a personas inocentes de la pesadilla del encarcelamiento injusto.

También decidí que quería trabajar con estudiantes. En un salón de clases no podía enseñarles las habilidades que requerían. Aprendí a cómo ser abogado en el mundo real de escenas del crimen, entrevistas en la cárcel, en el juzgado, y ahí era en donde ellos aprenderían también.

Al año siguiente, 1999, cofundé el California Innocence Project. California era el vientre de la bestia. En el país con la mayor población en prisión del mundo, California encarcelaba más personas que ningún otro estado. California lo tenía todo—la pena de muerte, la ley de tres strikes, y mínimos obligatorios. Era el lugar perfecto para buscar a personas inocentes entre las casi doscientas mil que eran residentes en prisiones de California en ese entonces. Desde ahí, nuestra oficina ha liberado a docenas de personas inocentes. Pero nunca abandoné a Marilyn. La revocación de la sentencia de muerte no era suficiente. Necesitaba que fuera libre, y no iba a dejar de pelear hasta que lo fuera.

Marilyn se quedó en prisión mientras yo continuaba litigando su caso. Fallé en tribunales estatales repetidamente, pero estaba esperanzado cuando pude argumentar el caso en un tribunal federal. Estaba seguro de que jueces federales verían que la representación que recibió estuvo por debajo de lo requerido por la Sexta Enmienda.

Para revertir un caso penal basado en la incompetencia de un abogado, lo siguiente debe ser probado:

1. El manejo de un caso por un abogado estuvo por debajo de un estándar objetivo razonable; y
2. Existe una probabilidad razonable de que si el abogado hubiera trabajado de manera adecuada el resultado hubiera sido distinto.[8]

Ésta es una manera técnica de decir que tu abogado hizo un mal trabajo, si no hubiera sido así, no habrías sido condenado. En general, no estoy de acuerdo con este estándar porque, aunque parece ser objetivo, siempre se reduce a lo que el juez cree que es un trabajo *razonable* de parte del abogado, y es muy difícil de probar que un jurado habría hecho algo diferente basado en una presentación distinta de la evidencia.

Esperé que los jueces estuvieran de acuerdo conmigo de que el trabajo del abogado del juicio de Marilyn no se parecía a la palabra "razonable". No hizo investigación. ¿Cómo iba a ser eso razonable? Esa esperanza se empezó a deshacer cuando el primer juez hizo una pregunta.

"Abogado, ¿no fue la decisión de su clienta declararse culpable?"

"Su señoría," contesté, "es como si lo llevaran a un hospital y un doctor erróneamente le dice que requiere una urgente cirugía cardíaca de inmediato o morirá. ¿Debería ser usted, o su médico, responsable por su decisión basado en esta diagnóstico erróneo? ¿Es realmente una elección?"

El juez no pareció impresionado con mi respuesta. Esto se confirmó cuando el fallo volvió a ser el mismo. La condena permaneció intacta.

Sigo creyendo que ningún abogado competente permitiría a un cliente a declararse culpable en un caso de muerte sin la garantía de una sentencia menor. Y un abogado razonable al menos habría obtenido un mejor acuerdo, si es que no una absolución.

Durante 25 años perdí ese argumento en el caso de Marilyn en cada tribunal al que iba. Perdí todas sus apelaciones, peticiones de indulto y mi petición de revisión ante la Suprema Corte de Estados Unidos. Inclusó presenté una petición ante la Naciones Unidas, pidiéndoles que determinaran que el sistema legal penal de Illinois operaba en violación de los principios del derecho internacional de derechos humanos. Dentro de su sistema, una joven e inocente mujer estaba condenada a muerte sin una investigación en su caso. Hasta el día de hoy, esa petición no ha sido pronunciada.

Por supuesto que no sólo fue el abogado defensor en el caso de Marilyn lo que le causó ser condenada a muerte. La culpa también puede recaer en los abogados del otro lado de la sala del tribunal. La fiscalía hizo poco para determinar la verdad. Una vez que se les presentó un caso donde obtuvieron fácilmente una declaración de culpabilidad, y por lo tanto no tuvieron que prepararse para un juicio, focalizaron su atención en asegurarse que Marilyn obtuviera la sentencia máxima. La posibilidad de que fuera inocente ni siquiera había sido considerada. En la guerra psicológica que se libra en nuestra sistema legal penal, hay poco espacio para que los fiscales consideren si una persona que confiesa un delito y se declare culpable pueda ser, de hecho, inocente.

Mark Godsey, un exfiscal federal que fundó y ahora dirige el Innocence Project en la Facultad de Derecho de la Universidad de Cincinnati, describe esta psicología en su libro *Blind Injustice.* El profesor Godsey, usando su propia experiencia como fiscal, discute a detalle cómo el sesgo de confirmación, la disonancia cognitiva, la maldad administrativa, la negación burocrática y la deshumanización, entre otros factores, se combinan para hacer que los fiscales no vean y/o no actúen según los indicadores que una persona que están procesando pueda ser inocente. También describe la atmósfera competitiva en una fiscalía y el deseo de ganar:

> En pocas palabras, hay una una gran presión atmosférica para ganar casos y lucir duro y agresivo. Todos en mi oficina eran ambiciosos y

> competivos. Todos querían verse bien. A todos les importaba su reputación. Todos querían avanzar. Si holgazaneabas y no eras agresivo con tus casos, no ibas a ganar la reputación de ser un "fiscal" fuerte. Si perdías un caso, la gente hablaría. Si perdías más de un caso o dos en un corto periodo de tiempo, la gente empezaría a cuestionar tu competencia o dedicación. Así que todos hacíamos nuestro mejor esfuerzo para asegurarnos de que eso no pasara.[9]

Sin abogado competente y en contra de fiscales agresivos en busca de un veredicto de muerte, Marilyn tenía poca probablidad de evitar la pena de muerte. Con la suerte del sorteo, también consiguió a un juez duro contra el crimen que era un ex oficial de policía. Él permitió que el procedimiento de la condena de muerte siguiera, sabiendo que el fiscal y la defensa no habían ni siquiera hablado de la opción de declaración para obtener una sentencia menor. Y más tarde se reveló que el detective que investigó su caso era uno de los oficiales más corruptos en la historia de Chicago. Más sobre él más adelante.

Finalmente, en 2020, en la cúspide de la crisis de COVID-19, recibí la llamada que soñé durante los veinticinco años en los que trabajé en el caso de Marilyn. Había presentado otra petición de indulto con la ayuda de dos increíbles organizaciones hermanas— la Illinois Innocence Project y la Exoneration Project. Argumentamos que el detective del caso de Marilyn estaba ligado a docenas de condenas erróneas similares a las de Marilyn. Había un patrón claro de mala conducta policial que socavó la confianza en la condena.

Lauren Myerscough-Mueller era una de los abogados con los que trabajé. "¡Marilyn se va a casa!" le gritó al teléfono.

"¿Qué" apenas podía hablar. Sentí mis ojos llenos de lágrimas.

"¡El gobernador está aceptando nuestra petición y se irá a casa!"

Es imposible describir el sentimiento que tuve cuando escuché la noticia. Sorpresa, gozo, elación, alivio— ninguna de estas palabras le hacen justicia. Había trabajado en el caso durante veinticinco años. Le hablaba de él a quien sea que escuchara. Era parte de mí. Apenas puedo recordar una época en la que no haya estado luchando por liberarla.

Tristemente, debido al COVID, no la pude escoltar fuera de la prisión. Pero me llamó tan pronto como estuvo en casa a salvo con su familia. Hablamos por primera vez fuera de las paredes de la prisión y sin que nuestra conversación fuera grabada por el Departamento Correccional de Illinois.

A menudo le digo a mis estudiantes que si quieren tener una vida tranquila, equilibrada, una vida en la que vayas a trabajar y tus días sean predecibles, no se conviertan en un abogado de inocencia. Mi vida está llena de altas increíbles. Los días en los que escolto a personas inocentes fuera de prisión y las llevo a casa con sus familias después de muchos años de encarcelamiento son de los mejores días de mi vida. También tengo bajas increíbles. Esos son los días en los que perdemos casos que sé que debimos haber ganado, y en los que una persona inocente continúa consumiéndose en prisión.

La defensa penal tradicional es difícil, pero cuando sabes que tu cliente es culpable y va a prisión, y has hecho tu mejor esfuerzo, puedes vivir con eso. Pero cuando sabes que tu cliente es inocente y sigue en prisión, es mucho más complicado. Y es difícil no culpar a tu propia incapacidad para hacer las cosas correctamente.

No hay manera de exagerar la importancia de tener un abogado competente para representarte si estás acusado de un crimen, ya seas inocente o culpable. Nuestro sistema legal penal es complejo, sesgado, sobrecargado, y obligado a impulsarte a un acuerdo con la fiscalía. Sin un abogado competente, te atropellará sin frenar, y serás erróneamente condenado.

Al fin pude ver a Marilyn fuera de prisión el 7 de agosto de 2021. Volé a Chicago con mi hijo Zach, nacido un año antes de que tomara el caso, que para ese entonces era un estudiante de tercer año de Derecho. En vez de encontrarnos en la cafetería de una prisión rodeados de guardias, planeamos vernos en un restaurante rodeados de familia y amigos.

La vi a través de la ventana del restaurante y corrí a saludarla. Mientras se acercaba hacia mí, recordé un cuarto de siglo antes cuando venía hacia mí en la cafetería de la prisión. En vez de un overol de presión, vestía una camiseta brillante con las palabras "Ella no tiene miedo" estampadas al frente (véase fig. 2)

Figura 2. 7 de agosto de 2021. Viendo a Marilyn fuera de prisión por primera vez. Créditos de la foto: Justin Brooks.

Ella era mayor, ambos lo éramos, pero pude ver que el peso de su largo encarcelamiento se le quitó. Estaba emocionada y energética, sonriendo y riendo. Nos abrazamos durante mucho tiempo. Nuevamente me quedé sin palabras.

2 Vives en el campo o en la ciudad

VIVES EN EL CAMPO

Angel Reséndiz

"Golpeé a esa chica en la cabeza con un ladrillo hasta ver sus sesos y ella sobrevivió. Es algo hermoso."

Yo asentí con la cabeza, preguntándome cuánto tiempo más tendría que escuchar a ese hombre hablar sobre matar personas, hasta obtener la información que necesitaba. Siguió desviándose del caso del que yo quería hablar para contarme de otros asesinatos que había cometido. Contaba sus historias sin alardear y sin vergüenza. Lo decía de manera objetiva, como si me estuviera contando historias sobre países que había visitado en las vacaciones o sobre comidas que le gustaban.

No ayudaba que hacía un calor increíble— calor de Texas— y yo sudaba a través de mi traje. Por un momento imaginé lo maravilloso que sería estar con mi esposa e hijos disfrutando un día en la playa de San Diego, en lugar de estar sentado en el corredor de la muerte en Texas, entrevistando a un sociópata.

"Entiendo," contesté. "Pero, ¿qué puedes decirme sobre estas fotografías de la escena del crimen?"

Dejé las fotografías del cadáver semidesnudo de Pamela Richards sobre la mesa. "¿Recuerdas haber hecho esto?"

Se puso sus anteojos y examinó intensamente las fotografías, tratando de navegar a través de los recuerdos borrosos de tantos cadáveres.

"Me resulta familiar pero no recuerdo si la maté. Solía consumir muchas drogas."

"Está bien, pero, ¿te resulta familiar?"

"Sí. Podría haberla matado". Siguió estudiando la foto.

"¿Hay alguna razón por la que crees que podrías haberla matado?"

"No lo sé. Pero, mira la camiseta que lleva, dice *Shady Lady (Dama Sombría)*. Eso es irrespetuoso".

Lo mire fijamente, se me escapaban las palabras. Quería salir corriendo de esa prisión tan rápido como pudiera.

Angel Reséndiz, mejor conocido como el "Asesino del ferrocarril", fue ejecutado en Texas poco después de este encuentro. Su abogado en la etapa de apelaciones me había permitido tener una reunión con él, utilizando la lógica de que involucrar a Reséndiz en una investigación por homicidio en California podría retrasar su ejecución.

Reséndiz fue un prolífico asesino en serie. Viajaba por todo el país en trenes de carga y mataba mujeres que vivían cerca de las vías. Llamaba a sus puertas y pedía trabajo en tareas simples. Su estatura era de poco más de metro y medio, no era amenazante y tenía una gran sonrisa. Las mujeres que estaban solas en casa lo dejaban entrar a sus hogares.

Se desconoce a cuántas mujeres mató Reséndiz, pero al menos quince de ellas fueron golpeadas hasta la muerte con piedras y objetos desafilados. La firma de sus asesinatos era la exageración, ya que sus víctimas a menudo eran golpeadas aún después de muertas.

Cuando leí sobre su modus operandi, este llamó mi atención. El California Innocence Project estaba representando a un cliente, Bill Richards, que fue condenado por un asesinato cometido justamente de la misma manera en un área rural con vías cerca. El hecho de que el delito se cometiera en un área rural era un vínculo significativo con Reséndiz, pero también fue significativo porque la baja calidad de trabajo por parte de la policía y la fiscalía reflejaba lo que he visto a menudo en las zonas rurales.

Bill Richards

El 10 de agosto de 1993 empezó como un día cualquiera para Bill y Pamela Richards. Sus vecinos reportaron que la pareja estaba tomada de la mano y caminando alrededor de la propiedad donde estaban construyendo una nueva casa en Summit Valley, una comunidad poco poblada y remota del desierto de California en el condado de San Bernadino. La construcción había comenzado, así que vivían en una casa rodante en la propiedad.

Pamela trabajaba como mesera en un restaurante Olive Garden a ochenta kilómetros y medio de distancia, y Bill era ingeniero en una planta eléctrica a setenta y dos kilómetros y medio. Pamela no trabajó ese día. Planeaba hacer algunas tareas domésticas, incluyendo ir a la lavandería. Bill trabajaba los turnos de la tarde y de la noche en la planta.

El turno de Bill fue ordinario. Sus compañeros de trabajo informaron más tarde que no parecía agitado ni actuaba de alguna forma que no fuera la habitual. Salió alrededor de su hora normal (11:03 pm), y antes de irse a casa, llenó su nevera de una máquina de hielo del trabajo porque no había refrigeración en su casa rodante.[1]

Bill llegó a su casa poco antes de la medianoche y encontró la propiedad, incluida su casa rodante, en completa oscuridad. Le pareció extraño porque se suponía que Pamela estaría en casa. Se dirigió al cobertizo donde guardaban el generador y lo reinició. Después, caminó en la oscuridad hacia la casa rodante y tropezó con el cuerpo de Pamela.

En pánico, Bill giró el cuerpo inmóvil de su esposa, puso sus manos sobre su cabeza para ver si todavía estaba viva y la tomó en sus brazos con la esperanza de que despertara. Grandes porciones de su cráneo faltaban, su oreja parecía arrancada y su ojo colgaba de su cráneo.

Bill corrió a la casa rodante y llamó al 911 a las 11:58 p.m.

"Ah, Dios, no sé qué hacer", le dijo al operador. "Acabo de llegar a casa. Mi esposa está muerta. Se cayó de un escalón. Tiene un hoyo en la cabeza".

El operador le dijo que enviarían a la policía inmediatamente, pero pasó más de media hora y no había llegado nadie. Bill volvió a llamar.

"Soy Bill Richards llamando de nuevo. ¿Viene alguien? Las cosas no se ven bien, pensé que se había resbalado y caído, pero hay cosas fuera de lugar".

El operador le advirtió que no tocara nada y le aseguró que la ayuda estaba en camino.

Pasaron varios minutos sin señales de las luces del servicio de emergencia. Bill volvió a llamar.

Finalmente, a las 12:36 a.m., llegó el oficial Mark Nourse, Sheriff del Condado de San Bernardino. En su opinión, el cuerpo de Pamela no estaba frío al tacto, pero tampoco estaba cálido. Para Nourse, eso significaba que ella había muerto recientemente. No se realizó un análisis oficial de la hora de muerte. De hecho, el oficial Nourse omitió varios pasos que se llevarían a cabo en una investigación normal. No se tomaron mediciones formales de ningún tipo. No tomó la temperatura del hígado, ni la temperatura central del cuerpo. Tampoco evaluó el rigor mortis. Y, aunque la puerta del auto de Pamela estaba abierta, tampoco verificó si el motor aún estaba caliente.

Alrededor de la 1:00 a.m., se llamó a un detective de homicidios para que ayudara a procesar la escena del crimen, pero se perdió buscando la propiedad. No llegó hasta casi las 3:15 a.m. y no comenzó a procesar la escena hasta las 6:00 a.m.

Los errores en la investigación se acumularon a lo largo de la madrugada a medida que más oficiales llegaban a la escena. No se tomaron huellas dactilares. Los agentes caminaron por toda la escena, posiblemente destruyendo evidencia de huellas. No obstante, quizá lo más atroz fue que el cuerpo de Pamela quedó descubierto y desprotegido. Los perros del vecindario ingresaron a la propiedad y empezaron a enterrar su cabeza en la tierra.

Durante los días siguientes, los detectives centraron su investigación en Bill y lo interrogaron repetidamente. Al final, construyeron un caso en su contra basado en su presencia en la escena del crimen, alegaciones de problemas en su matrimonio, un hilo atascado bajo la uña de Pamela que coincidía con el color de la camisa de Bill, y la sangre de Pamela en su camisa. La fiscalía también presentó una declaración grabada que Bill dio, en la que se destacaba la falta de emoción en su voz después de descubrir el cadáver de su esposa. Cuando escuché la declaración, me pareció simplemente la voz de un hombre en estado de shock ante una situación inimaginable. La gente suele suponer que la única reacción normal ante la pérdida de un ser querido por homicidio son los sollozos y las lágrimas, sin embargo, el shock y el cierre emocional son formas en que tu cerebro puede protegerte de enfrentar la realidad de una tragedia.

El Fiscal del Distrito llevó el caso a juicio. Terminó con un jurado indeciso.

El Fiscal del Distrito llevó el caso a juicio por segunda vez. Terminó con un jurado indeciso.

El Fiscal del Distrito llevó el caso a juicio una tercera vez. El juez se excusó durante la selección del jurado, terminando el juicio.

El Fiscal del Distrito llevó el caso a juicio una cuarta vez con evidencia que no había sido presentada antes. El Dr. Norman "Skip" Sperber, un odontólogo forense (experto en marcas de mordidas) que testificó en los juicios por homicidio de Jeffrey Dahmer y Ted Bundy, testificó que una marca en la mano de Pamela era una marca de la dentición inferior de una mordida humana. Llegó a esta conclusión mirando brevemente una foto de la lesión. Además, testificó que la mordedura era consistente con la dentición de Bill porque la marca mostraba un diente canino no erupcionado, similar al de Bill. El Dr. Sperber opinó que esta variante solo se encontraría en el 1–2 por ciento de la población.

"Así que, si fueran cien personas las que tuviéramos aquí", testificó, "dudo que veríamos en cien personas un diente más abajo, sumergido de esta manera. Serían una o dos, o menos. Es un rasgo particularmente único".

Al final del juicio, el jurado estaba en un punto muerto. El juez los envió de nuevo a deliberar y declararon a Bill culpable. Bill fue condenado a una pena de entre veinticinco años y cadena perpetua.

En el 2001, Bill contactó al California Innocence Project. Recuerdo vívidamente haber leído su carta y revisar el expediente de su caso por primera vez. Las fotos de la escena del crimen eran algunas de las peores que he visto. Absolutamente aterradoras. Recuerdo haber pensado, ¿por qué le haría esto a su esposa un tipo que no tiene historial de violencia? Y si lo hiciera, ¿por qué llamaría a la policía? ¿Por qué no llevaría su cuerpo al desierto, cavaría un hoyo profundo y la dejaría allí?

"Nunca pensamos que Bill era culpable," me dijo la hermana de Pamela por teléfono poco después de que tomamos el caso. "Al Fiscal del Distrito no le importaba lo que la familia tenía que decir."

Cuando empezamos a investigar, la Fiscalía tampoco se interesó en nuestras opiniones. Después de cuatro juicios para conseguir una condena, no tenían interés alguno en revisar el caso.

"Estoy dispuesto a cooperar", nos dijo por teléfono el Fiscal de Distrito Adjunto asignado para tramitar las peticiones de habeas para reabrir casos antiguos a mi compañero Jan Stiglitz y a mí.

"Genial, ¿aceptará hacer pruebas de ADN en la evidencia de la escena del crimen?" pregunté.

"No."

"¿Aceptará darnos acceso a la evidencia que se recolectó de la escena del crimen?" pregunté.

"No."

"¿Cómo define exactamente la cooperación?" preguntó Jan.

"Haré lo que el juez me ordene hacer."

Yo era bastante nuevo en California cuando ocurrió esta conversación. Aún no había entendido realmente que había dos Californias. Cuanto más te alejabas del océano y te adentrabas en el desierto de

California, más extraño se volvía todo. Las jurisdicciones en el desierto son mucho más conservadoras, y los votantes esperan que sus fiscales electos sean duros con el crimen. Esto es común en todo Estados Unidos, donde las zonas rurales tienden a ser más conservadoras.[2]

San Bernardino no es la excepción.

Tuvimos que litigar para tener acceso a la evidencia.

Tuvimos que litigar para obtener pruebas de ADN.

Aún peor, tuvimos que litigar sobre si el ADN era una ciencia válida. Al entrar a esa audiencia, recuerdo haberle preguntado al Fiscal Adjunto si acaso había pensado en las implicaciones si ganaba.

"¿Qué quieres decir?", preguntó.

"Bueno, si gana, enviaremos el fallo a todos los abogados defensores del país. Muchas más personas han ido a prisión basándose en el ADN que las que han sido liberadas."

Ganamos esa audiencia, y el juez ordenó que se analizara el adoquín que la policía había concluido que se utilizó en el homicidio, así como un cabello humano encontrado bajo una de las uñas de Pamela. A menudo, la víctima tendrá cabello y piel de su agresor bajo las uñas debido a sus intentos de defenderse. El juez ordenó que las pruebas fueran realizadas por el Departamento de Justicia de California (CDOJ), y nosotros ingenuamente pensamos que era una buena idea.

El CDOJ retrasó las pruebas una y otra vez. Presentamos múltiples mociones pidiendo al tribunal que exigiera que completaran las pruebas. Pedimos sanciones. No pasó nada.

Esto era a principios del año 2000, cuando las pruebas de ADN aún eran una novedad. Hoy simplemente pediríamos que el análisis lo realizara un laboratorio privado y obtendríamos los resultados en cuestión de semanas, posiblemente incluso días.

Se necesitaron cuatro años para obtener los resultados. Cuatro años que Bill esperó en prisión. Se encontró ADN masculino en la piedra, pero no era de Bill. El pelo encontrado bajo las uñas de Pamela no era ni de Bill ni de Pamela.

Mientras esperábamos los resultados de la prueba, continuamos investigando otros aspectos del caso. Examinamos detenidamente las fotos de las uñas de Pamela y el hilo azul que supuestamente coincidía con la camisa de Bill. Encontramos fotografías en las que el dedo ya no estaba unido a su mano (de la autopsia) y el hilo azul aparecía claramente, pero también encontramos una foto con el dedo aún unido—obviamente tomada primero—y no parecía haber ningún hilo en la uña. Ampliamos la foto, y aun así, no pudimos verlo. Luego, hicimos que un experto analizara la foto, y él informó que el color del hilo no aparecía en la imagen.

Con base en estos resultados, concluimos que el hilo había sido plantado. No sabíamos exactamente por quién, pero sabíamos que había acusaciones de falsificación de pruebas en otro caso contra el criminalista que procesó la evidencia del hilo.

Después, revisamos la evidencia de la mordedura. Algunas de las condenas erróneas más notorias en Estados Unidos involucran testimonios sobre marcas de mordedura. A menudo digo que muchos de los odontólogos forenses que testifican en estos casos son dentistas aburridos con demasiado tiempo libre, que adoran el programa de televisión *CSI*.

Hicimos que un experto examinara las fotografías de la mordedura. Nos dijo que las fotos habían sido tomadas desde un ángulo que distorsionaba la marca, pero que podía corregirlo usando software de Photoshop. Cuando lo hizo, concluyó que la dentición no coincidía en absoluto con la de Bill Richards. De hecho, lo excluía.

Skip Sperber, el odontólogo forense que testificó en el juicio contra Bill, era considerado por muchos como el mejor dentista forense del mundo. Había sido dentista en San Diego desde que dejó la Marina en 1956, donde sirvió como oficial dental. Era el Jefe de Odontología Forense en el Departamento de Justicia de California, donde desarrolló un Sistema de Identificación Dental. Testificó como experto en más de doscientos juicios y estuvo en la zona cero tras los atentados del 9/11, donde ayudó a identificar a mil quinientas víctimas.

Mi amigo Mario Conte llevó un caso en el que Skip testificó. Mario fue el director de la oficina de los Defensores Federales en San Diego durante muchos años. Sus habilidades organizacionales, su preparación y su atención a los detalles, lo convirtieron en un excelente abogado litigante. Afrontaba cada juicio como un boxeador profesional preparándose para una pelea. Con su cabello gris peinado hacia atrás, siempre impecablemente vestido, incluso chasqueaba el cuello como un boxeador al comenzar sus interrogatorios. Me dijo: "Skip es un gran tipo. Almorcemos con él y hablemos del caso".

Y así lo hicimos. Durante el almuerzo, le mostré a Skip la evidencia que habíamos desarrollado, incluyendo la foto ajustada de la mordida. Skip aceptó estudiarlo todo, leer la transcripción del juicio y volver a reunirse con nosotros.

En esa siguiente reunión, Skip estuvo de acuerdo en que la marca dental no coincidía y que nunca debió haber testificado a favor de la condena de Bill.

La combinación de los resultados de ADN del arma homicida, el cabello encontrado bajo las uñas de Pam, la exclusión de que la marca de la mordida fuera de Bill y la evidencia de que el hilo azul había sido plantado, era sin duda suficiente para demostrar la inocencia de Bill. La sangre en la camisa de Bill también tenía una explicación lógica, dado que él había estado abrazando el cuerpo de su esposa. Sin embargo, para no dejar ninguna duda queríamos encontrar al verdadero asesino.

Angel Reséndiz encajaba con el crimen de muchas maneras. Él había estado en la zona y la conocía bien. Las vías del tren bordeaban detrás de la propiedad de los Richards, y los vecinos comentaban que, a veces, la gente saltaba del tren en ese lugar. Angel nos dio muestras de sangre y saliva, pero no coincidieron con el arma homicida o el pelo. Sin embargo, él, constantemente, siguió enviando más muestras a nuestra oficina, sorprendiendo a los estudiantes que abrían las cartas. Tuvimos que colocar un letrero en la sala de correo que decía: ¡NO ABRAN EL CORREO DE ÁNGEL RESÉNDIZ!

Contratamos a un dentista de Texas para que fuera al corredor de la muerte y tomara una muestra de la dentadura de Reséndiz antes de que lo ejecutaran. Al principio, el dentista estaba entusiasmado ante la posibilidad de conocer al famoso asesino, al menos hasta que llegó al estacionamiento de la prisión y dicho acontecimiento se hizo realidad.

"¿Muerde?", me preguntó por teléfono.

"Bueno, mató al menos a una docena de mujeres con sus propias manos, pero no estoy seguro", respondí.

La marca dental fue inconclusa.

En el 2007, siendo respaldados por las pruebas de ADN, la mordedura y la evidencia del hilo, estábamos listos para presentar nuestro caso de inocencia ante el tribunal. Tras una larga audiencia, el juez revocó la condena considerando el falso testimonio de Skip. Por fin se había acabado... o eso creímos.

Michael Ramos, el Fiscal del Distrito de San Bernardino en aquel momento, quien después se jactó falsamente en el sitio web de su oficina de que nunca habían dictado una sentencia condenatoria a una persona inocente, no pudo permitir que la sentencia se mantuviera. Así que apeló y cuestionó si el testimonio previo de un experto podía considerarse evidencia falsa. Con la fianza fijada en $1,000,000 de dólares, Bill tuvo que quedarse en la cárcel mientras se resolvía la apelación.

Pasaron seis años, diez meses y once días desde el momento en que se revocó la condena de Bill Richards hasta el día en que fue puesto en libertad. Y, durante la mayor parte de ese tiempo, él estuvo alojado en una cárcel del condado en donde estaba imposibilitado para asistir a clases, trabajar, o tener visitas, y además, tenía que lidiar constantemente con nuevos compañeros de celda que a menudo eran drogadictos y violentos.

Perdimos nuestra apelación inicial, debido a que el Tribunal de Apelación estatal concluyó que el testimonio del cual el perito se retractó no podía considerarse como «falso» de acuerdo a la legislación vigente en California. Al fin y al cabo, la opinión de un experto no era más que eso: una opinión. No era una «prueba» que pudiera ser verdadera o falsa. El tribunal de apelaciones parecía realmente preocupado de que ocurriera una avalancha de casos que requirieran ser reabiertos cuando nuevos expertos testificaran que expertos anteriores habían testificado falsamente en un juicio. Pero ese no era nuestro caso. No teníamos un nuevo experto testificando que otro experto en el juicio había testificado falsamente. Teníamos al mismo experto de la fiscalía diciendo que había testificado falsamente. Era una situación bastante inusual.

El argumento tampoco se sostenía con respecto a otros tipos de pruebas falsas. Por ejemplo, un testigo ocular podría comparecer ante un tribunal y decir: "esa identificación que hice hace diez años era errónea", y eso podría considerarse una prueba falsa, pero un perito que se ha retractado no.

Jan Stiglitz argumentó todas las apelaciones del caso. Confiábamos en que el Tribunal Supremo de California nos daría la razón.

No lo hicieron. El tribunal resolvió en nuestra contra 4-3. La opinión disidente estuvo de acuerdo con nosotros y concluyó que la mayoría del tribunal estaba haciendo una distinción insostenible entre el testimonio de «testigos no especializados» y «testigos expertos».

Con el espíritu de no rendirnos nunca, decidimos que íbamos a cambiar la ley y, en el 2015, acudimos a la legislatura del estado de California y conseguimos que se aprobara la «Ley Bill Richards». La opinión disidente en el caso Richards se convirtió en la columna vertebral de la ley que ahora establece específicamente que el testimonio de un perito en un juicio puede considerarse posteriormente prueba falsa si éste se retracta y, por consiguiente, se demuestra que es falso.

Regresamos al Tribunal Supremo de California argumentando la necesaria aplicación de esta nueva ley al caso de Bill, y ganamos con una decisión unánime del jurado. Bill fue puesto en libertad, pero la fiscalía de San Bernardino amenazó con volver a juzgarlo. El caso fue finalmente desestimado, después de que presentamos una moción por procesamiento vengativo.

Desde su puesta en libertad, Bill ha hecho todo lo posible por recuperar las décadas perdidas en prisión. Ha estado recorriendo California en moto y viajando por el mundo. Nada le devolverá el tiempo perdido o traerá de regreso a su esposa. Esa devastación puede verse claramente en su rostro cada vez que lo veo.

La batalla de quince años para liberar a Bill es un ejemplo de lo difícil que es revertir casos en las zonas rurales de California. El Fiscal del Distrito luchó contra nosotros en cada etapa, desde tener acceso a la evidencia hasta todos los procesos de apelación. Pero, lo que quizá resulta más importante, es que este caso ilustra lo relativamente fácil que es ser condenado injustamente en las zonas rurales, donde la policía no tiene tanta formación, conocimiento o experiencia en el procesamiento de escenas de crímenes violentos y, por lo tanto, cometen más errores.

Si el caso de Bill hubiera sido investigado en una ciudad grande, es mucho más probable que hubiese habido una respuesta más rápida y agentes más capacitados que supieran procesar la escena de un homicidio.

Las investigaciones criminales mal manejadas por la policía son un problema común en las zonas rurales. John Grisham exploró este tema en su libro de crímenes reales *An Innocent Man*, que tiene lugar en la localidad rural de Ada, Oklahoma, con una población de aproximadamente dieciséis mil habitantes.[3] Ronald Williamson, alguna vez prospecto para jugar en los Yankees de Nueva York antes de sufrir una lesión en el hombro que puso fin a su carrera, y su compañero de copas Dennis Fritz, se convirtieron en sospechosos debido a la percepción de la policía de que eran los alcohólicos y problemáticos de la localidad. Esta percepción condujo a la policía por un camino lleno de pruebas débiles que sólo confirmaron sus sesgos y, que finalmente, llevó a la condena injusta de ambos hombres. Fritz y Williamson pasaron once años en prisión antes de ser exonerados gracias a la evidencia de ADN. Williamson, en un momento dado, estuvo a sólo cinco días de ser ejecutado.[4]

Las poblaciones rurales y sus ingresos fiscales han disminuido continuamente en las décadas recientes, contribuyendo a la falta de recursos para la policía rural.[5] La Oficina de Estadísticas de Justicia estima que en áreas rurales los gastos para formación, capacitación, salarios y otros rubros de los agentes de policía, representan la mitad de los gastos que se invierten por oficial, en áreas urbanas. La cantidad gastada por ciudadano en la procuración de justicia también es significativamente menor. Los departamentos de policía que atienden a poblaciones de menos de dos mil quinientos residentes gastan $95 dólares por ciudadano al año en la policía mientras que las áreas urbanas con poblaciones superiores a cien mil, gastan $144 dólares por ciudadano.[6]

Los oficiales de policía rurales también tienen menos educación que los oficiales de policía urbanos. Mientras que el 36 por ciento de los oficiales de la policía en las grandes ciudades de los Estados Unidos cuentan con un título universitario, en las zonas rurales, sólo el 12 por ciento de los oficiales poseen estudios a nivel universitario.[7] Además, los oficiales de policía rurales tienen menos formación técnica y menos acceso a herramientas de investigación policial de alta tecnología.[8]

Las comunidades rurales tienen menos crímenes que las áreas urbanas y se ha sugerido que una de las explicaciones de este fenómeno es debido a los vínculos interpersonales en un pueblo pequeño.[9] Sin embargo, los mismos vínculos que ayudan a reducir el crimen, también pueden llevar al sheriff a elaborar una lista de sospechosos del roster del pueblo, de personajes percibidos como sospechosos. "Reúne a los sospechosos de siempre", aquella línea de la película clásica *Casablanca*, suele ser determinante en pueblos pequeños donde la policía conoce bien a la comunidad y cuenta con sesgos preestablecidos.

Otro ejemplo es el caso de los "Tres del Oeste de Memphis" (West Memphis Three), una trágica historia que fue objeto de tres documentales. Al encontrar a unos jóvenes atados, desnudos y asesinados en West Memphis, una ciudad con una población de aproximadamente veintiocho mil habitantes, la policía interrogó a Damien Echols, simplemente porque era considerado un adolescente problemático. Echols, y sus amigos Jason Baldwin y Jessie Misskelley, eran vistos como casos atípicos en la comunidad, debido fundamentalmente a sus ropas oscuras y su afición por la música heavy metal. Esto se convirtió en una teoría retorcida de que los tres habían cometido los asesinatos como parte de un ritual satánico.

A los tres los condenaron. Echols fue sentenciado a muerte, y Baldwin y Misskelley a cadena perpetua. Pasarían dieciocho años hasta que fueran puestos en libertad después de que las pruebas de ADN los excluyeran de la escena del crimen.[10]

Del mismo modo, cuando una mujer de sesenta y cinco años fue encontrada brutalmente violada y asesinada en su apartamento en Beatrice, Nebraska, una ciudad con una población de aproximadamente doce mil habitantes, el sheriff persiguió a seis pobres y problemáticas personas. Los "Seis Beatrice" (Beatrice Six) pasarían en combinación, setenta y siete años en prisión antes de ser exonerados por pruebas de ADN.[11]

Aunque no hay suficiente investigación para afirmar que las condenas erróneas suceden en las comunidades rurales por estos sesgos, ciertamente no es difícil encontrarlas.[12] Y no hay duda de que en casos como el de Bill Richards, la falta de capacitación, experiencia y recursos para manejar casos de homicidio en comunidades pequeñas puede llevar a condenas erróneas.

VIVES EN LA CIUDAD

George Johnson

Desafortunadamente, vivir en una zona urbana para evitar los tipos de condenas erróneas que se producen en las zonas rurales, puede plantear otro tipo de retos. Mientras que las zonas rurales padecen de una capacidad inadecuada de investigación y son menos proclives a revisar casos antiguos, las zonas urbanas tienen sus propios problemas.

Mi primer cliente inocente no se enfrentaba a la pena de muerte. Su nombre era George Johnson, y enfrentaba prisión por posesión de crack. Era el año 1990, y él era uno de los miles de acusados de delitos que agobiaban a la policía, los tribunales y las prisiones de Washington, DC, mientras la "Guerra contra las Drogas" comenzaba a desatarse. Fue un año después de que el presidente George H. W. Bush apareciera en la televisión nacional con una bolsa de crack, incautada a un traficante en Lafayette Square Park, al otro lado de la Casa Blanca.

"Es la primera vez desde que tomé juramento de mi cargo que siento que un asunto es tan importante, tan amenazador, que justifica hablar directamente con ustedes, el pueblo estadounidense", declaró el presidente.

Sacó la bolsa de crack.

"Parece tan inocente como un caramelo, pero está convirtiendo nuestras ciudades en zonas de guerra".[13]

Como en todas las zonas de combate, hay víctimas inocentes. George Johnson fue una de ellas. Estaba cerca de cumplir los setenta años cuando decidió mudarse a un pequeño apartamento, después de haber vivido en la misma casa en Washington, DC, la mayor parte de su vida. Un buen amigo le ofreció prestarle un camión para la mudanza, y George estaba caminando hacia la casa del amigo para recogerlo, cuando de repente, aparecieron coches de la policía de todas direcciones. Un policía con megáfono en mano, gritó a todo el mundo que se tiraran al suelo. George se asustó y obedeció. Enseguida lo esposaron, junto con varios adolescentes negros.

En la estación de policía, George fue incriminado, junto con el resto del grupo, por tráfico de drogas. Varios de los adolescentes tenían crack en su posesión, y se encontró gran cantidad de droga en una casa cercana abandonada, donde supuestamente la guardaban, para luego entregarlas a los compradores que se acercaban en vehículos frente a la casa.

Cuando ejercía en DC, este tipo de arrestos masivos eran comunes en barrios del centro de la ciudad con fuerte presencia policial. El objetivo era detener a la mayor cantidad posible de acusados, y esta táctica ni siquiera requería causa probable para iniciarse. De hecho, cuanto más agresivamente abordaban los policías una escena, mejor, porque a menudo, esto provocaba que los sospechosos corrieran, arrojaran evidencia al suelo o hicieran algo que pudiera considerarse incriminatorio.

La Corte Suprema de los Estados Unidos respaldó este enfoque de la aplicación de la ley en el caso *California vs. Hodari D.* en 1991.[14] La Corte sostuvo que en caso de que un oficial intente arrestar a alguien y esa persona escapa, entonces no significa una detención, sino un *intento* de detención. Por lo tanto, la falta de causa probable en un inicio era irrelevante.

En otras palabras, si la policía intenta detener tu automóvil sin motivo y tú sigues conduciendo y aceleras para escapar, ahora pueden legalmente detenerte por exceso de velocidad. Es irrelevante que inicialmente no tuvieran una razón válida para detenerte. Y si no tienen motivo para realizar una redada en tu vecindario con megáfonos, armas y patrullas, pero, después, les das un motivo para arrestarte por huir o arrojar alguna evidencia, por lo que la ausencia en un principio de causa probable es irrelevante.

Otra herramienta interesante en la "Guerra contra las Drogas" es el de la posesión constructiva, por el que se te puede acusar de poseer drogas que «no llevas en tu persona». Estas leyes se utilizan en todo el país para abordar la estrategia de los traficantes de drogas que no llevan las drogas consigo o que sólo llevan una pequeña cantidad para una venta individual y luego van y vienen de un lugar donde se guarda la droga. La posesión constructiva está bien en la teoría, pero también está sujeta a errores porque la gente puede ser acusada de posesión por drogas que no lleva encima y de las que ni siquiera tiene conocimiento.

Por tanto, vivir en barrios donde se venden drogas puede exponer a personas inocentes como George a ser objeto de detenciones masivas, y las leyes de posesión constructiva pueden llevarlos a ser condenados por posesión de drogas de las que no saben nada.

Afortunadamente para George, no se parecía al resto de los adolescentes. Tenía un afro gris y profundas arrugas en su rostro que reflejaban una vida dura. Convencí al fiscal de desestimar el caso.

Expliqué que George había vivido en DC toda su vida sin haber recibido ni siquiera una multa de tráfico. También tuve testigos creíbles que declararon que George nunca había estado involucrado con las drogas, que se encontraba en aquel vecindario únicamente para recoger el camión.

Mi defensa no habría funcionado si George hubiera tenido antecedentes penales, una historia débil para justificar su presencia en el vecindario o si hubiera tenido una edad similar a la de los adolescentes. Tal vez alguno de los adolescentes también estaba paseando por el barrio cuando ocurrió el arresto. De ser así, sería difícil demostrar su inocencia.

Existe una queja común entre los residentes de las zonas urbanas en los Estados Unidos de que sus vecindarios, a menudo, están poco vigilados o demasiado vigilados. La falta de vigilancia lleva a horas de espera para que la policía responda a las llamadas, delitos sin resolver y a residentes que se sienten inseguros en sus vecindarios. El exceso de vigilancia provoca errores, miedo a la policía, condenas injustas y, a veces, incluso la muerte.[15]

No hay un ejemplo más notorio de lo anteriormente expuesto, que el asesinato de George Floyd (discutido más a fondo en el capítulo 10) a manos del oficial de policía de Minneapolis Derek Chauvin. Después de que un empleado de una tienda de conveniencia afirmara que Floyd había comprado cigarrillos con un billete de veinte dólares falso, Floyd fue arrestado. Chauvin entonces inmovilizó a Floyd en el suelo, presionó su rodilla contra el cuello de Floyd durante más de ocho minutos y lo mató mientras varios oficiales observaban.[16] Chauvin fue condenado por homicidio en segundo grado y sentenciado a más de quince años de prisión basándose en el video del incidente, pero demasiados de estos incidentes están sin documentar.[17]

Una investigación realizada por el Departamento de Justicia de los Estados Unidos en el año 2014 sobre el Departamento de Policía de Newark, Nueva Jersey, concluyó que existía un "patrón o esquema recurrente de violaciones constitucionales en las prácticas de detención y arresto del NPD (Departamento de Policía de Newark), su respuesta al ejercicio de los derechos de individuos en virtud de la Primera Enmienda, el uso de la fuerza por parte del Departamento y los robos cometidos por los oficiales."[18] El informe también encontró "deficiencias en los sistemas del NPD diseñados para prevenir y detectar conductas indebidas, incluidos sus sistemas para revisar el uso de la fuerza e investigar quejas sobre la conducta de los oficiales".[19]

Un estudio nacional sobre las muertes ocurridas durante interacciones con la policía en los Estados Unidos reveló que el 90 por ciento de las fatalidades ocurrieron en áreas urbanas.[20] Este estudio podría ser porque sólo se basa en el hecho de que más crímenes violentos ocurren en las ciudades, sin embargo, la falta de familiaridad y relaciones que tienen los oficiales de policía urbanos con las personas de la comunidad también puede llevar a interacciones más violentas. Aumentar la familiaridad con los residentes de la comunidad es uno de los principios del movimiento de policía comunitaria, que se enfoca en mejorar la labor policial al disminuir las interacciones violentas entre la policía y el público.[21]

Hay señales positivas de que existe una tendencia hacia interacciones menos violentas entre la policía y los ciudadanos en las ciudades. Esto se ha atribuido a la mejora en la capacitación desde el homicidio de George Floyd. Lamentablemente, al mismo tiempo, los homicidios por parte de la policía en áreas suburbanas y rurales han aumentado.[22]

Aunque hay problemas que son exclusivos de los sistemas jurídicos penales urbanos frente a los rurales, las condenas erróneas se producen regularmente en ambos entornos. El resultado final es que las condenas erróneas ocurren en todas partes.

3 Estás en una relación y vives con alguien que es asesinado

Bill Richards no es la única persona que vuelve a casa, encuentra a su cónyuge muerta y, finalmente, es condenada injustamente por homicidio. Más de la mitad de las mujeres víctimas de homicidio son asesinadas por sus parejas.[1] Como resultado, la policía siempre se enfoca en las parejas, sobre todo cuando estas afirman haber encontrado el cadáver, y por lo tanto pueden ser situadas en la escena del crimen.

Al igual que Bill Richards, Kim Long fue condenada por matar a su novio Ozzy después de llegar a casa y encontrar su cadáver. La condena de Kim estuvo respaldada de forma amplia por el hecho de que tuvo una discusión con Ozzy más temprano ese día. Al igual que en el caso de Bill, el trabajo policial fue descuidado y el análisis de la hora de muerte, cuestionable.

Nuestra defensa en los casos de Bill y Kim fue más allá de los tribunales. Llevamos ambos casos a la oficina del gobernador y buscamos el indulto. El indulto le da la facultad a cada gobernador en Estados Unidos de liberar gente inocente de prisión en los sistemas estatales, y al presidente de los Estados Unidos de hacer lo mismo en el sistema federal. Es el recurso a prueba de fallos que puede usarse para subsanar condenas erróneas.

El poder de conceder indulto y otorgar el perdón proviene de la legislación británica, donde los reyes y reinas, a lo largo de los tiempos, siempre han tenido la potestad de liberar de la cárcel a quien elijan. En Gran Bretaña, se conoce como la "Prerrogativa Real". Trajimos ese poder de Gran Bretaña a las colonias y lo consagramos en nuestras constituciones federal y estatales. Cada Presidente de los Estados Unidos siempre tiene su lista en el último día de su mandato, donde típicamente personas bien conectadas son absueltas de cargos federales. Cada Día de Acción de Gracias, se utiliza tradicionalmente para salvar la vida de un pavo afortunado. Los gobernadores tienen el mismo poder sobre las personas encarceladas en las prisiones estatales.

UNA MARCHA POR LA INOCENCIA

Conociendo lo difícil y lo político que es el proceso de obtención de indultos y el perdón, además del número de peticiones presentadas en el estado con mayor población penitenciaria, aunado a la falta de contactos que me acercaran con el gobernador, decidí que tenía que realizar un gran gesto para llamar la atención del gobernador.

Una noche se me ocurrió hacer un recorrido con las peticiones de Bill Richards, Kim Long y otros diez clientes inocentes desde nuestra oficina en San Diego, hasta la oficina del gobernador en Sacramento (a más de ochocientos kilómetros de distancia). Hablaría sobre la condena injusta de nuestros clientes en escuelas, universidades y en cualquier lugar donde pudiera reunir una multitud. Haría todo el ruido que pudiera, con los medios de comunicación reportando por qué este loco profesor de derecho atravesaba el estado. El mensaje sería simple y claro. Si alguien debe recibir indultos y el perdón, ¿no deberían ser aquellos que tienen fuertes pruebas de su inocencia y no aquellos con fuertes lazos políticos con el poder?

Le conté a mi equipo sobre la idea, con la esperanza de que me disuadieran de llevarla a cabo. Sin embargo, todos estaban interesados en participar en lo que llegó a conocerse como la "Marcha de la Inocencia". Alissa Bjerkhoel y Mike Semanchik caminaron todo el trayecto conmigo.

La marcha terminó siendo de mucho más de 800 kilómetros, una vez que nos dimos cuenta de que la única ruta en la que podíamos evitar morir de insolación en el desierto era de 1,145 kilómetros. El 27 de abril del 2013, empezamos a caminar desde San Diego directamente hacia la costa de California. Las familias de nuestros clientes se unieron a nosotros, al igual que todos los procesados que habíamos liberado a lo largo de los años.

Alissa y Mike fueron los dos compañeros perfectos para esta aventura. Alissa es una mujer de metro setenta y siete, dura y fuerte, de ascendencia noruega. Le encanta el karaoke y a menudo se encuentra tocando la trompeta en festivales noruegos. Quizá sea la persona más detallista y organizada que he conocido. Su oficina está siempre inmaculada y al final de cada jornada laboral no tiene literalmente ningún correo electrónico en su bandeja de entrada. Alissa creció en Truckee, California, un pueblo montañoso donde los pioneros conocidos como el 'Donner Party' se quedaron atrapados en la nieve en 1846 y recurrieron al canibalismo.

Mike es de Pittsburgh. Es ex explorador de "eagle scout". La habilidad de Mike para gestionar presupuestos y subsidios lo condujo a ser ascendido a abogado gerente de nuestra oficina. Probablemente sea el único abogado gerente en Estados Unidos que lleva chanclas al trabajo todos los días. Durante 1,145 kilómetros, debatimos a diario la distinción entre cáscaras de naranja y cáscaras de plátano arrojadas al costado de la carretera y si una era basura y la otra no lo era.

Los tres estábamos decididos a caminar cada paso del viaje. Cuando nos dijeron que había un túnel a lo largo de la Costa Central por el que no podíamos pasar caminando y que necesitábamos subirnos a un coche para atravesarlo, decidimos pasar un día más escalando la parte de una montaña para evitar tener que conducir. Más tarde, descubrimos que habíamos recibido información equivocada y que si había un sendero que atravesaba el túnel junto a la carretera.

Los primeros kilómetros fueron duros a medida que avanzábamos por el condado de San Diego, luego el de Orange, después el de Los Ángeles y continuamos por la costa. Eventualmente, tomamos el ritmo de la carretera. Hablábamos y reíamos, y reflexionábamos sobre nuestro trabajo y la razón por la que estábamos llevando nuestros cuerpos al límite. Fue gratificante hacer algo físico para ayudar a liberar a nuestros clientes, en lugar de quedarnos sentados en nuestros despachos escribiendo peticiones que los tribunales solían ignorar.

Conocimos a gente increíble y generosa a lo largo del camino. La gente nos dio comida y nos dejó usar los baños de sus casas cuando se enteraron de lo que estábamos haciendo. En Los Ángeles, tuvimos una conferencia de prensa masiva en el muelle de Santa Mónica, a la cual asistieron medios de radio, televisión y la prensa.

Cincuenta y cinco días después de haber empezado, entramos en Sacramento con más de cien personas caminando detrás de nosotros en apoyo de nuestros clientes, quienes habían llegado a ser conocidos como los "12 de California" (véase la figura 3). Me sentí como Forrest Gump mientras guiaba al grupo hasta el edificio del Capitolio. Gracias a toda la cobertura mediática de la marcha, pudimos reunirnos con el personal del gobernador Jerry Brown para entregar en mano las peticiones de indulto. También tuvimos la oportunidad de hacer una presentación sobre los casos.

Por cada uno de los doce clientes, le explicamos a detalle los hechos que apoyaban su inocencia al equipo del gobernador. Asintieron con la cabeza, hicieron preguntas y nos dijeron que considerarían las peticiones y siguieron con preguntas. Volamos a casa, entusiasmados porque nuestra misión había concluido y parecía haber sido efectiva.

Y después, un silencio absoluto. No tuvimos noticias de la oficina del gobernador durante semanas, ni respuesta a múltiples llamadas y correos electrónicos. Finalmente, me enteré de que la mayor parte del equipo al que le habíamos presentado los casos había sido trasladado a puestos ajenos al proceso de indulto. Eventualmente, el gobernador Brown sólo concedió una de nuestras peticiones de indulto, reduciendo la condena de Quintin Morris y haciéndolo elegible para la puesta en libertad.

Quintin es una de las muchas víctimas de la identificación errónea, un tema en el que profundizo en el capítulo "Te Pareces (más o menos) a Otras Personas en el Mundo". Quintin fue identificado en un procedimiento de identificación altamente persuasivo tras ser detenido por la policía en relación con un tiroteo, a pesar de que ni él ni el coche en el que viajaba coincidían con las descripciones de los testigos. Tras ser condenado por un jurado, el juez del juicio -un antiguo agente de policía que trabajaba en la zona donde se produjo el delito- expresó "serias dudas sobre la suficiencia de las pruebas". Incluso después de que el verdadero tirador fuera descubierto y confesara, Quintin permaneció en prisión mientras se litigaban las apelaciones. Finalmente fue puesto en libertad el 10 de enero de 2019, tras cumplir veintisiete años de prisión por un delito que no cometió.

El sucesor del gobernador Brown, Gavin Newsom, era mucho más generoso con los indultos. Mediante la ayuda de personas como Jason Flom (un ejecutivo de una compañía discográfica de enorme éxito) quien además tiene un podcast llamado *Condenas injustas con Jason Flom*, obtuvimos indulto para cuatro de los "12 de California", mientras que, al mismo tiempo, liberamos a otros seis mediante litigios. Al igual que Bill Richards, Kim Long fue una cliente inocente a quien liberamos mediante litigio.

Figura 3. Marchando para liberar a los 12 de California. De izquierda a derecha: Dani Dauntless, Katherine Bonaguidi, Dana Garber, Justin Brooks. Fotografía: Heidi Brooks.

KIM LONG

Kim creció en una familia trabajadora de clase media en el pueblo desértico de Corona, en el condado de Riverside, California. Era una niña aventurera y vivaz, con unos padres que la amaban. A Kim le encantaba vivir en el desierto, sobre todo conducir motocicletas por carreteras polvorientas de dos carriles. También amaba ayudar a la gente, lo que la llevó a desempeñarse como enfermera.

Kim y su novio Ozzy eran amigos de la infancia. A medida que crecían, salían de forma intermitente, pero acabaron encontrando relaciones duraderas con otras parejas.

En el 2002, Ozzy y su novia pusieron fin a diez años de relación. Por esas mismas fechas, Kim y su marido se divorciaron, y Ozzy y Kim volvieron a encontrarse.

En abril del año 2003, Ozzy y Kim se mudaron juntos. Esto molestó a la ex novia de Ozzy. En un momento dado, la ex de Ozzy tomó un plumón negro y escribió "imbécil" y "holgazán" con tinta permanente en la camioneta blanca de Ozzy y le puso pegamento a las cerraduras de las puertas. Posteriormente dejó mensajes en el teléfono de casa de la pareja amenazando con matarlos.

Kim y Ozzy cambiaron de número de teléfono varias veces y denunciaron este comportamiento a la policía, lo que enfureció aún más a la ex novia de Ozzy. Posteriormente ella escribió una carta larga, profana y amenazadora a Kim, afirmando que seguía teniendo sexo con Ozzy, y firmando la carta con: "Perra. Sinceramente tuya". Kim y Ozzy solicitaron una orden de alejamiento contra ella.

Nueve días después, Kim y Ozzy se reunieron con un grupo de amigos para pasar el día bebiendo y visitando varios bares. El día empezó en un bar llamado Chuck Wagon sobre las 10 a.m. y continuó en otros tres bares al atardecer. En el último bar, Kim balbuceaba y estaba visiblemente borracha.

Entre las 10:00 p.m. y las 11:00 p.m., el grupo decidió finalmente irse en sus motocicletas, sin embargo, Kim se rehusó a volver a casa con Ozzy porque creyó que estaba demasiado tomado. La pareja discutió y Kim terminó pidiendo aventón a Jeff para que la llevara a casa. De vuelta en su casa, tuvo otra discusión con Ozzy, y posteriormente, se fue a la casa de Jeff.

Alrededor de las 2:00 am, Jeff regresó a Kim a su casa, donde encontró a Ozzy encorvado en el sofá. Ella pensó que estaba dormido, pero cuando intentó comprobarlo, vio una gran mancha de sangre en el brazo del sofá y sangre saliendo de su oreja. Ozzy estaba muerto.

Kim llamó al 911.

Los agentes de policía y primeros auxilios la encontraron en un estado de histeria. Notaron que Kim olía a alcohol, pero no observaron sangre en ella y tampoco alguna herida.

Cuando los paramédicos llegaron a la escena, se dieron cuenta de que Ozzy tenía una herida penetrante en la parte posterior derecha de la cabeza, estaba anormalmente pálido y frío al tacto. Basado en la falta de flujo de sangre de la herida y las manchas de sangre coagulada, los paramédicos determinaron que Ozzy no había muerto recientemente. Más tarde, la autopsia reveló que murió debido a un traumatismo causado por un objeto contundente. El criminalista estimó que Ozzy fue golpeado al menos tres veces con un objeto como un bate, un bastón, un ladrillo o un palo de golf. Pudo haber ocurrido hasta ocho veces.

La casa estaba cubierta de sangre. Había salpicaduras de sangre de 360 grados en cada pared de la sala de estar, así como en las cortinas, la mesa de centro y el televisor. Aunque ni Kim ni Ozzy fumaban, había una colilla de cigarrillo Turkish Gold en la bandeja de incienso sobre la mesa. Además, faltaban varios objetos, incluyendo un tazón de monedas que se guardaba en la cocina, la consola central de un estéreo y una escopeta que normalmente se guardaba en el armario de Kim.

La policía no encontró ningún signo de que se hubiera forzado la entrada. No encontraron armas en la casa, el garaje, ni en los alrededores. El criminalista no recuperó ninguna huella dactilar útil de la escena del crimen, y no observó ninguna huella de pisadas alrededor de la casa. No se encontró sangre en la ropa, sombreros, zapatos o casco de motocicleta de Kim.

Los detectives llevaron a Kim a la estación para interrogarla. Entre lágrimas, ella explicó el largo día y noche de bebida, y la discusión con Ozzy. Cuando el interrogatorio empezó a girar en torno a sus acciones de aquella noche, ella mantuvo constantemente que no había matado a Ozzy y sugirió a la policía que investigara a la ex novia de Ozzy.

La policía interrogó a la ex novia de Ozzy, y ella sostuvo una dudosa coartada en la que alegaba que la noche en que ocurrió el asesinato ella se encontraba en un hotel con un hombre con el que salía. Cuando la policía investigó la coartada, el gerente del hotel no recordaba que hubieran estado allí ese día, y no había registros que indicaran que la ex novia de Ozzy o su acompañante hubieran alquilado una habitación esa noche.

A pesar del evidente motivo de la ex novia y de su débil coartada, la policía centró su atención en Kim. La policía creía que Kim tenía un motivo debido a su discusión con Ozzy, y que se le podía situar en la escena del crimen. La coartada de Kim también quedó en duda cuando Jeff afirmó que había dejado a Kim en la casa alrededor de la 1:30 a.m., lo que contradecía la versión expuesta por Kim de que había ocurrido alrededor de las 2:00 a.m., unos minutos antes de que ella llamara al 911. Los investigadores sugirieron que este lapso de treinta minutos fue suficiente para que Kim asesinara a Ozzy y se deshiciera de las pruebas.

Kim fue acusada y juzgada por asesinato. Tras varios días de deliberaciones, el jurado no pudo llegar a una decisión unánime. Nueve jurados se mantuvieron firmes en que Kim no había matado a Ozzy, mientras que tres creían que ella era culpable.

Kim fue llevada a juicio una segunda vez. El caso de la fiscalía se basaba en la línea temporal establecida por Jeff, la cual le daba a Kim la oportunidad de matar a Ozzy, pero la defensa no tuvo oportunidad de rebatir esa línea temporal porque Jeff había muerto en un accidente de motocicleta antes de que comenzara el juicio.

El jurado emitió un veredicto de culpabilidad. El abogado defensor de Kim presentó una moción para solicitar un nuevo juicio argumentando que el veredicto no estaba respaldado por las pruebas. Se presentaron las declaraciones de dos jurados suplentes. Ambos se habían puesto en contacto con el abogado de Kim y declararon que ellos la habrían absuelto. Desgraciadamente, el juez denegó su petición de un nuevo juicio, incluso a pesar de haber afirmando en el expediente: "Para dejar absolutamente claro el registro en este asunto, si este hubiera sido un juicio sin jurado, si el tribunal hubiera escuchado las pruebas en este caso, habría declarado a la acusada no culpable. Habría declarado que las pruebas eran insuficientes para probar su culpabilidad más allá de toda duda razonable".

Cuando tomamos el caso de Kim, encontramos a dos expertos independientes sobre la hora de muerte, que apoyaron la versión de los hechos de Kim. Ambos expertos revisaron el expediente de Kim y concluyeron que Ozzy había muerto mucho antes de que Kim pudiera haber llegado a casa. Ambos determinaron que Ozzy había muerto al menos una hora antes de la línea de tiempo de la 1:30 a.m. que presentó la fiscalía. Esta nueva hora de la muerte fortaleció la coartada de Kim, la cual ya estaba respaldada debido a que pasó las pruebas del polígrafo.

En la audiencia de hábeas corpus, argumentamos que, debido a las salpicaduras de sangre de 360 grados en la escena del crimen, no había forma de que Kim hubiera cometido el asesinato, ya que habría tenido sangre en su ropa. La acusación alegó que Kim podría haberse cambiado de ropa antes de que llegara la policía, pero los testigos habían descrito que Kim llevaba una camiseta y chaqueta única ese mismo día, y era la misma ropa que llevaba cuando la policía la fotografió esa noche.

Presentamos esta evidencia ante el juez del juicio original, y él revocó la condena con base en la teoría legal de que el abogado de Kim no le brindó una asistencia legal efectiva conforme a la Sexta Enmienda. Hubo múltiples fallos, incluyendo el no presentar expertos sobre la hora de la muerte y no presentar la evidencia que demostraba que Kim no se había cambiado de ropa esa noche. Kim quedó en libertad después de más de siete años en prisión por un crimen que no cometió.

Aún insatisfecha con el resultado, la Oficina del Fiscal del Distrito apeló la revocación, y el tribunal de apelaciones determinó que el abogado defensor hizo un trabajo lo suficientemente bueno para cumplir con la Sexta Enmienda. Afortunadamente, Kim no fue reingresada a prisión mientras apelábamos esa decisión, sin embargo, ella tampoco era totalmente libre. Vivía cada día preguntándose si ese sería el día en que perdería su libertad.

Kim finalmente fue reivindicada cuando la Suprema Corte de California en una decisión unánime, revocó la decisión del tribunal de apelaciones y el Fiscal del Distrito de Riverside decidió no reabrir el caso. Tuve el placer de llamarla y darle la gran noticia.

"Se acabó", le dije por teléfono. "¡El caso ha terminado!"

"¿Qué?", gritó. "¡Oh, Dios mío!"

Luego escuché gritos y alboroto. Al parecer, había salido corriendo a la calle y estaba gritando de alegría. Ojalá hubiera hecho una videollamada y la hubiera grabado en ese momento para tener algo que me levante el ánimo cuando tengo casos que parecen no acabar nunca. Como con muchas de las luchas que he visto enfrentar a nuestros clientes, no puedo imaginar cómo logró mantenerse cuerda durante todos los años en que el caso estuvo colgando sobre su cabeza.Los paralelismos entre los casos de Kim Long y Bill Richards son muy claros. Ambos fueron a prisión basándose en la falsa creencia de que habían matado a sus parejas. Ambos fueron condenados basándose en evidencia de problemas en sus relaciones. Ambos casos tenían contradicciones cronológicas, haciendo altamente improbable que tuvieran la oportunidad de cometer los asesinatos. En ambos casos se trataba de interpretaciones de pruebas físicas hechas para encajar con las teorías de la acusación. Y lo más significativo, es el hecho de que las pruebas físicas en ambos casos sólo los situaban en la escena. No confirmaban que hubieran cometido los asesinatos.

En el caso de Bill, hubo una hora concreta en la que salió de su trabajo, dejando un margen de tiempo muy limitado entre esa hora y la hora en que llamó al 911. En ese pequeño margen de tiempo habría tenido que conducir hasta su casa para asesinar brutalmente a su esposa y arrancarle la ropa. Supuestamente, también habría sobrado tiempo para el altercado que condujo al asesinato.

Una vez que Bill se convirtió en el sospechoso siendo investigado, la policía y la fiscalía trataron de hacer coincidir las pruebas físicas con su narrativa. Por ejemplo, aunque la sangre de Pamela en la camisa de Bill se explicaba fácilmente como resultado de haberla acunado después de tropezar con su cuerpo en el patio, la alegación era que la sangre procedía del asesinato. La acusación creó un muñeco de papel maché, lo llenó de tinta y dejó caer un ladrillo sobre él para demostrar que la sangre de la camisa de Bill también podría haber sido resultado de que él golpeara a Pamela hasta la muerte. Ese absurdo experimento no científico fue presentado al jurado.

La policía y la fiscalía construyeron su narrativa a partir de las únicas pruebas que tenían: Bill estaba en la escena del crimen (su casa), y había problemas en su relación.

El caso de Kim fue la misma historia. Ella estaba en la escena del crimen. Tenían un motivo débil. Eso fue suficiente para una condena.

El hecho de que las escenas del crimen en ambos casos fueran los hogares de las víctimas y de las personas condenadas por sus homicidios es inquietante. Es fácil ver como cualquier persona en una relación de convivencia podría encontrarse en la pesadilla que vivieron Bill y Kim: llegar a casa para encontrar a tu pareja asesinada, ser condenado por su asesinato y terminar en prisión por un crimen que no cometiste.

Otra similitud en estos casos, donde un ser querido es víctima de un crimen violento, es la dificultad de participar en tu propia defensa cuando estás profundamente traumatizado. Tanto Bill como Kim perdieron a seres queridos de manera brutal. Es difícil imaginar que sus habilidades para combatir al estado de California no se vieron afectadas cuando todo el peso del gobierno se les vino encima.

Es fácil descartar estos casos como si fueran extraordinarios, pues son mucho más comunes de lo que se piensa. Hay que tener en cuenta que, al escribir este libro, no salí a buscar casos donde las parejas fueran condenadas erróneamente tras encontrar a su ser querido muerto. Ambos casos provienen de mi oficina—una de las más de sesenta organizaciones de inocencia en los Estados Unidos.

Hay muchos más como estos entre los miles de casos documentados con condenas erróneas.

También aprenderás en el capítulo 10 que las personas de bajos recursos y las personas de color tienen un índice mucho mayor de condenas injustas, aunque tanto Bill como Kim son blancos y de clase media. Kim era enfermera y Bill ingeniero. Cualquiera puede ser condenado injustamente.

4 Te pareces (más o menos) a otras personas en el mundo

La mañana del 24 de noviembre de 2004, Natalie, de dieciséis años[1], estaba disfrutando de sus vacaciones de Acción de Gracias en Lemon Grove, California, una pequeña ciudad en el Condado de San Diego. Decidió caminar a la casa de una amiga, a una milla de distancia, para ayudarle con una pintura. Era un día soleado y brillante, así que tomó su CD Walkman y comenzó a caminar.

En el camino, un camper de colores claros se detuvo a casi un metro frente a ella. El hombre que conducía el vehículo la miró fijamente, pero cuando se dio cuenta de que no lo reconoció, caminó rodeando el camper. En la intersección siguiente, notó que el hombre había dado la vuelta y que estaba de nuevo mirándola fijamente. Empezó a preocuparse, pero siguió caminando y escuchando música. Pasó bajo un puente y subía por una colina cuando la agarraron por detrás y sintió una barba descuidada frotándose en el lado izquierdo de su cara. El agresor comenzó a manosearla y le dijo que no gritara. Comenzó a quitarle su ropa mientras ella se resistía. Ella lo golpeó en la cara con su reproductor de música y logró alejarse de él.

Natalie corrió la colina en medio de la calle usando solo una sandalia. El agresor la persiguió, la alcanzó y la arrojó hacia los arbustos al lado del camino. Natalie sintió los golpes de palos y piedras al caer de espaldas. Él desgarró su ropa y su ropa interior y la penetró con los dedos mientras ella luchaba y gritaba pidiendo ayuda.

"Deja de gritar," le ordenó. "¡Te voy a lastimar!"

Natalie vio un automóvil subiendo a la colina. Ella seguía gritando y luchando y pudo alejarse de nuevo. Corrió hacia el automóvil y empezó a golpear la ventana gritando: "¡Por favor, déjenme entrar!"

La mujer que iba manejando la dejó entrar, bloqueó las puertas y se alejó conduciendo.

Cuando Natalie llegó a su casa, inmediatamente llamó al Departamento del Sheriff del Condado de San Diego. Les dijo a los agentes que el agresor tenía unos veintitantos años y lo describió como un hombre blanco, de complexión mediana, cabello castaño y vello facial.

Los agentes llevaron a Natalie alrededor del vecindario y señalaron a hombres que coincidían con la descripción proporcionada, pero Natalie no pudo identificar a ninguno de ellos. Ella hizo un dibujo del agresor, pero no había ningún detalle en el boceto más que a un hombre con barba de chivo. También hizo un dibujo del camper, el cual fue circulado en la comunidad.

URIAH COURTNEY

Varias semanas después de que Natalie fuera atacada, los detectives recibieron información sobre un posible vehículo que coincidía con la descripción. El dueño no coincidía con la descripción del agresor de Natalie, pero su hijastro, Uriah Courtney, sí. Una foto policial de Uriah estaba disponible porque previamente había cometido un delito de drogas. Los agentes colocaron a Uriah en la cuarta posición de una serie de fotos que mostraron a Natalie para que identificara al agresor (ver fig. 4).

El conjunto de fotos era altamente sugestivo. Había sólo un detalle en el dibujo de Natalie: el vello facial del agresor. Uriah era el único hombre que coincidía con eso. Los números uno, dos y cinco no tenían vello facial. El tres solo tenía vello en la barbilla y el seis tenía un espacio entre el bigote y el vello de la barbilla.

Aunque Uriah era el único que coincidía con la descripción de Natalie, ella aún estaba indecisa en su identificación. Ella dijo, "no estoy segura, pero el más parecido es el número cuatro."

La confianza en la identificación aumentó durante el proceso del juicio, ya que Natalie identificaba a Uriah en cada etapa. Uriah presentó evidencia para probar que estaba trabajando en un trabajo de construcción, y que salió para el almuerzo con su novia el día del ataque a Natalie. El padrastro de Uriah le dijo al jurado que aunque Uriah había manejado el vehículo en el pasado, le había regresado las llaves meses atrás antes del día del ataque, y que él no había tenido acceso a la camioneta ese día. Varios testigos testificaron a favor de Uriah, pero ninguno pudo específicamente dar cuenta de su paradero en el momento exacto del ataque contra Natalie. El jurado lo declaró culpable y la corte lo sentenció a cadena perpetua por secuestro y violación.

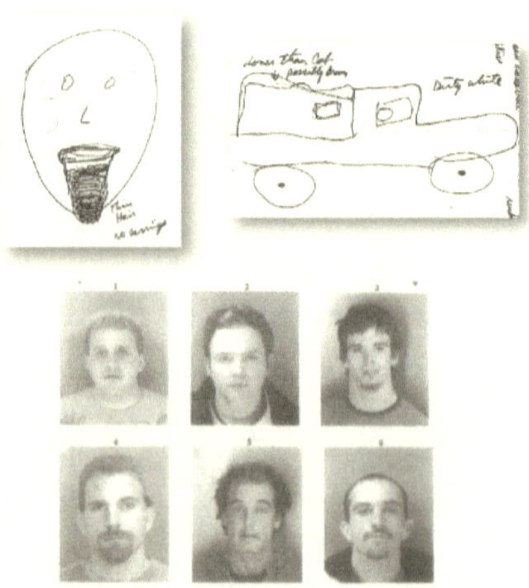

Figura 4. Dibujos y conjunto de fotos usados para identificar a Uriah Courtney.

En 2010, Uriah contactó al California Innocence Project. Alissa fue asignada al caso no sólo porque es increíble haciendo caminata (como lo aprendí mientras caminábamos de San Diego a Sacramento para solicitar el indulto del gobernador), sino porque es la experta en ADN en nuestra oficina. Por suerte, el gobierno no había destruido aún la ropa de Natalie del día del ataque, así que existía la posibilidad de obtener ADN del agresor de esta ropa.

Alissa presentó una moción para realizar pruebas que fue concedida, y los resultados revelaron ADN masculino que no coincidía con el de Uriah. Desafortunadamente, el resultado por sí solo no era muy convincente. Era bueno que el ADN de Uriah no estuviera en la ropa, pero se podía argumentar que no hubo transferencia de ADN durante el ataque y que la materia biológica en su ropa provenía de algún hombre al azar. Todos tienen ADN de otras personas en su vestimenta por actividades cotidianas como viajar en el metro o sentarse en una silla donde alguien más ha dejado ADN.

Sin embargo, a través del milagro de la tecnología moderna, pudimos encontrar al verdadero perpetrador del crimen usando CODIS (Combined DNA Index System, o Sistema Combinado de Índices de ADN). CODIS es un software que hace posible buscar en el Sistema Nacional de Índices de ADN, un banco de datos de perfiles de ADN de personas encarceladas, desaparecidas, y aquellas involucradas en escenas de crimen en los Estados Unidos. El día que los resultados de ADN de la ropa de Natalie se ingresaron a la base de datos, había más de 10 millones de perfiles. El perfil de ADN de la ropa coincidía con el perfil de un hombre que tenía aproximadamente la edad de Uriah, vivía en el área, coincidía con la descripción general, y tenía cargos previos de agresión sexual.

Alissa y yo fuimos a ver a Uriah a la Prisión de Donovan. Aunque me gusta visitar a nuestros clientes particularmente en Navidad, cuando paso un par de semanas conduciendo por todo el estado para ver a tantos clientes como sea posible, no era común para mí aparecer en una visita improvisada.

Cuando Uriah entró a la sala de visitas , estaba sorprendido de verme.

"Tengo muy buenas noticias," le dije.

"¿Qué pasa?" Sus ojos se llenaron de esperanza y de lágrimas.

De nuevo, no hay manera de describir momentos como ese. Dar esperanza a los desesperanzados es algo de lo que nunca me cansaré.

No obstante, cuando nos acercamos a la oficina del Fiscal de Distrito del Condado de San Diego con la evidencia, había resistencia por parte del fiscal adjunto que llevó el caso en el juicio.

"Mi víctima hizo una buena identificación," ella siguió insistiendo cuando nos reunimos.

"Ella era una niña asustada de dieciséis años," respondí. "Y tenemos ADN que prueba que no fue Uriah."

Afortunadamente, teníamos dos aliados dentro de la oficina del fiscal de distrito. El primero era Brent Neck, un gentil y reflexivo hombre que rompe los estereotipos de los fiscales agresivos y atrevidos. Brent fue asignado para revisar casos de posibles inocentes y había revisado metódicamente todos los hechos, asegurándose que todas las pruebas sobre la evidencia estuvieran completas. Él creía en la inocencia de Uriah, pero la fiscal de distrito adjunta que procesó a Uriah insistió en que ni ella ni la víctima se habían equivocado. En contraste a Brent, ella era hostil, le gustaba la confrontación, era irracional y estaba en negación. Brent llevó el caso a nuestra segunda aliada, Bonnie Dumanis, la Fiscal de Distrito del Condado— la última persona que tenía la última palabra sobre si Uriah volvería a casa.

Bonnie tenía una historia notable. Ella empezó su carrera en el gobierno como mecanógrafa y ascendió al nivel de fiscal de distrito del quinto condado más grande de Estados Unidos. Fue la primera fiscal de distrito abiertamente gay elegida en todo el país y la primera mujer en obtener el cargo en San Diego. Tiene un espíritu fuerte e independiente que coincide con el marcado acento de Boston que no ha perdido después de décadas en la Costa Oeste. Aunque fue fiscal adjunta de distrito durante muchos años, llegó al puesto principal después de desempeñarse como jueza, lo que le dio una perspectiva diferente sobre los casos.

Bonnie anuló la decisión de la fiscal adjunta que manejó el caso en el juicio, rechazando la afirmación de que Uriah era culpable, y se unió a nosotros en una moción para anular la condena y desestimar el caso. Uriah fue liberado después de haber cumplido ocho años en prisión por un crimen que no cometió.

El mejor momento de representar a clientes inocentes es cuando salen por las puertas de la prisión hacia la libertad. Los primeros pasos. El primer respiro de aire. Las primeras miradas a través de ojos entrecerrados hacia un vasto cielo azul. Las primeras lágrimas que corren por sus rostros. La comprensión de que finalmente se acabó. Esos son los momentos por los que vivimos. La culminación de un trabajo bien hecho.

Alissa y yo nos perdimos la liberación de Uriah. Estábamos recorriendo el estado tratando de liberar a otros clientes. Uriah se unió a nosotros en una manifestación en Santa Mónica. Su libertad nos dio el combustible para seguir adelante. Él entendió, más de lo que nosotros podríamos entender, lo que significaba ser inocente en prisión. A pesar de apenas haber sido liberado después de ocho años de encarcelamiento injusto, en lugar de pasar tiempo con los amigos y la familia que tan desesperadamente había extrañado, quería estar con nosotros ayudando a otros a obtener la libertad de la que él había carecido durante tanto tiempo.

Aprendí algo valioso en el caso de Uriah. No importa cuán fuerte sea la evidencia, sigue siendo difícil para los fiscales que manejaron personalmente los casos aceptar que metieron a un inocente en la cárcel.

Este fenómeno se explica en el libro *Blind Injustice (Injusticia Ciega)* de Mark Godsey. Él describe la resistencia a la evidencia presentada para demostrar la inocencia de su cliente Clarence Elkins: "El fiscal creía lo que decía. No estaba actuando. Y no era malvado. Debido a que la inocencia de Elkins entraba en conflicto con todo lo que había internalizado durante años sobre el sistema al que había dedicado su vida, estaba en una forma de negación psicológica que le impedía evaluar la evidencia objetivamente. No podía, literalmente, aceptar mental o emocionalmente la verdad."[2]

Lo que hacía particularmente preocupante la negación del fiscal en nuestro caso era que, para 2010, cuando estábamos discutiendo sobre la inocencia de Uriah, ya había una cantidad substancial de investigaciones que demostraban que los procedimientos de identificación eran profundamente defectuosos. De hecho, en las primeras 180 exoneraciones por ADN en los Estados Unidos, las identificaciones erróneas fueron la causa de la condena injusta en más del 75 por ciento de esos casos.[3]

El caso de Uriah tenía todas las características de una identificación errónea. Una víctima joven asustada, una descripción vaga del agresor y un arreglo de fotos de reconocimiento sugestivo.

TIM ATKINS.

Nos enfrentamos a la misma resistencia en el caso de Tim Atkins. Tim era un adolescente negro de diecisiete años que vivía en Los Ángeles cuando una pareja mexicana fue atacada en su vecindario. La pareja estaba recogiendo a su bebé de casa de su niñera cuando dos hombres negros se acercaron sigilosamente a su coche. Uno de los atacantes puso una pistola en la parte trasera de la cabeza de la esposa, mientras que el otro hombre sacó al esposo del coche, le disparó en el pecho, le quitó la billetera y arrojó su cuerpo sobre su esposa. Era una calle oscura y la esposa, con una pistola en la cabeza, dijo que miró hacia atrás y vio a su atacante durante no más de unos pocos segundos.

Después del tiroteo, Denise Powell, una trabajadora sexual adicta a las drogas, caminaba por el mismo vecindario. Se encontró con Tim afuera de su casa y tuvieron una breve conversación sobre el tiroteo. Denise procedió a jactarse falsamente ante otras personas de que sabía quién era el tirador. Alguien llamó a la policía y la detuvieron. Los oficiales le dijeron que la retendrían hasta que revelara quién era el tirador.

Con su adicción llamándola de vuelta a las calles y recordando la conversación con Tim esa noche, Denise afirmó falsamente que Tim le había dicho que él era el tirador. La esposa de la víctima luego identificó a Tim usando una rueda de reconocimiento fotográfico de seis imágenes, con una foto tomada cuando Tim tenía catorce años.

En el juicio, la esposa de la víctima no pudo identificar a Tim. El fiscal pidió un receso y, cuando se reanudó la audiencia, ella milagrosamente lo identificó. Denise no se presentó al juicio y el juez permitió que el fiscal leyera su declaración de la audiencia preliminar al jurado. Tim fue declarado culpable y sentenciado a treinta y dos años a cadena perpetua.

Pudimos liberar a Tim después de que pasó veintitrés de esos años tras las rejas. Una de nuestras estudiantes de derecho, Wendy Koen, encontró a Denise Powell. La llevamos al tribunal y confesó haber fabricado su declaración. También presentamos pruebas que demostraban que era muy poco probable que se pudiera haber hecho alguna identificación después del violento encuentro ocurrido veintitrés años antes. Tim tenía diecisiete años el día de su arresto. El día que volvió a casa, tenía cuarenta.

Cuando le dije a Tim que el caso había terminado y que sería liberado, pude ver que no me creía. Solo me miró con una expresión vacía. Después de veintitrés años en prisión, toda su vida adulta, debe haber sido un momento surreal para él. No mostró ninguna emoción hasta que dio algunos pasos fuera de la cárcel. Luego se dejó caer en los brazos de su familia y se rompió entre su torrente de lágrimas.

El juez Tynan, quien presidió el juicio original de Tim, también fue el juez que lo liberó. Él sabía lo débil que era el caso desde el principio, y con lo que habíamos aprendido sobre los problemas con las identificaciones en las décadas siguientes, junto con la retractación de Denise Powell, sabía que Tim era inocente. Sin embargo, la Oficina del Fiscal de Distrito de Los Ángeles se negó a aceptar esto. Incluso después de que el juez revocara la condena de Tim, el fiscal adjunto que manejaba el caso anunció en el tribunal que su oficina aún creía que Tim era culpable, aunque no buscaban reprocesarlo. Y durante más de una década, la Oficina del Fiscal General de California luchó para no compensar a Tim bajo una ley estatal que exige compensación para las personas inocentes que fueron condenadas injustamente.

El problema fundamental con la evidencia de identificación es que los jurados le dan mucho más peso del que merece. Incluso frente a poderosas pruebas de inocencia, los jurados pueden condenar basándose incluso en una identificación débil.

RAFAEL MADRIGAL

Rafael Madrigal fue condenado por un tiroteo desde un automóvil en el este de Los Ángeles en 2002, aunque estaba a cincuenta y seis kilómetros de la escena del crimen, trabajando en una fábrica en el momento del tiroteo, y no había evidencia física ni motivo que lo vinculara al crimen.

En nuestra audiencia de habeas (audiencia para determinar si la detención de una persona es legal), el supervisor de Rafael testificó que él era un gerente activo, y presentó tanto tarjetas de tiempo como registros de producción que documentaban específicamente las tareas que Rafael completó durante el día en cuestión. Lo más convincente fue que el supervisor testificó que si Rafael no hubiera estado en el trabajo en el momento del tiroteo, toda la línea de producción se habría detenido porque era el único empleado capacitado para operar una máquina laminadora que era parte del proceso de producción.

Además, había un coacusado en el caso de Rafael. En una conversación grabada en la cárcel, este coacusado admitió a su novia que él y otro miembro de la pandilla cometieron el tiroteo, no Rafael. Se quejaba con su novia de que la familia y los amigos de Rafael hacían preguntas e intentaban averiguar quién cometió realmente el crimen. Le preocupaba que sus investigaciones pudieran conducir a pruebas adicionales en su contra y contra el verdadero tirador.Considerando las pruebas de inocencia y la falta de pruebas de culpabilidad en el caso de Rafael, ¿por qué fue condenado? Primero, el abogado defensor de Rafael no investigó a fondo ni presentó las pruebas exculpatorias al jurado. Segundo, un testigo identificó a Rafael a partir de una foto tomada de él cuando era adolescente.

Incluso con fuertes pruebas de inocencia, el jurado condenó a Rafael basándose en una identificación débil de una foto antigua, y el tribunal lo sentenció a una condena de veinticinco años a cadena perpetua. Fue liberado en 2009 después de pasar nueve años en prisión por un crimen que no cometió.

GUY MILES

En 1999, un jurado condenó a Guy Miles por robar a una compañía de ahorro y préstamo en el condado de Orange, California. El juez dictó una sentencia de setenta y cinco años a cadena perpetua a pesar de que Guy nunca había estado en el condado de Orange. Los hechos del robo serían cómicos si no hubieran terminado con el encarcelamiento injusto de Guy durante dieciocho años.

Bernard Teamer financió el pago de su automóvil a través de la compañía de ahorro y préstamo. Cuando estaba haciendo sus pagos mensuales, notó que la compañía tenía una gran cantidad de efectivo, así que decidió robarlos. Los empleados conocían a Bernard, por lo que reclutó a dos amigos para que realizaran el robo mientras él esperaba afuera y servía como el conductor para escapar.

Durante el robo, Bernard se aburrió, se puso ansioso o nervioso, o algo así. En lugar de esperar a que sus compañeros regresaran y huyeran de la escena, salió del auto, lo cerró con llave y entró en una tienda de autopartes donde preguntó sobre piezas de auto para un automóvil en particular con un problema muy específico. Tenía un Chevy Caprice Classic de 1975 con un motor 454 que estaba haciendo estallidos por la parte de atrás.

Mientras Bernard hablaba con un empleado de la tienda, sus compañeros en el crimen regresaron al auto de escape solo para encontrarlo cerrado y sin rastro de Bernard. El empleado vio a los dos hombres afuera tratando de entrar al auto y le dijo a Bernard: "Creo que tus amigos te están buscando". Bernard salió corriendo y los tres hombres se fueron en el auto. A no ser por el desvío de compras de Bernard, los tres perpetradores se habrían salido con la suya.

Las descripciones de Bernard, su auto y sus declaraciones al empleado de la tienda de autopartes rápidamente llevaron a la policía a Bernard. Para los otros dos perpetradores, la policía solo tenía descripciones generales: uno bajo y fornido, y el otro alto y delgado. El detective que investigaba creó grupos de fotos de seis personas para mostrar a los empleados de la compañía de ahorro y préstamo y al empleado de la tienda de autopartes. Sin embargo, en lugar de usar fotos en los grupos que coincidieran con las descripciones dadas por los empleados, simplemente usó fotos de cualquiera que estuviera relacionado con Bernard.

Si vivías en el vecindario de Bernard, tu foto estuvo en un grupo de seis fotos. Si eras amigo de él o amigo de sus amigos, tu foto estuvo en un grupo de seis fotos. Aunque los grupos de seis fotos se supone que sólo deben contener un sospechoso, estos contenían hasta cuatro. Y lo que era peor, la mayoría de las personas en los grupos de fotos no se parecían en nada a las descripciones dadas por los empleados. En el grupo de fotos que incluía a Guy, quien vivía en el vecindario de Bernard y estaba vagamente asociado con él, él era el único que coincidía con la descripción general del ladrón bajo y fornido.

Guy fue identificado inicialmente usando este grupo sugestivo de fotos. En el juicio, uno de los empleados lo miró y dijo: "No estoy seguro de que sea él", y nueve testigos testificaron que Guy Miles estaba en Las Vegas en el momento del robo. Sin embargo, el jurado aun así lo condenó.

Después de nueve años de investigación, finalmente localizamos a los otros dos hombres que cometieron el robo, y ambos confesaron el crimen. Incidentalmente, dos testigos oculares habían identificado tentativamente a uno de los verdaderos ladrones antes del juicio de Guy. Y, sorprendentemente, ambos identificaron tentativamente al tercer ladrón casi veinte años después del crimen. No obstante, no obtuvimos cooperación alguna de la Oficina del Fiscal del Distrito del Condado de Orange para revertir la condena, ni del juez del juicio original que negó nuestra solicitud en 2011 después de presentar nuestras pruebas en una audiencia de habeas corpus.

Con su actitud típica de tenaz y ánimos de nunca rendirse, Alissa apeló inmediatamente la decisión. Después de varias audiencias más realizadas por el tribunal de apelaciones, revocaron la condena de Guy en 2017.

Pero aún no habíamos terminado. Incluso con todas las pruebas exculpatorias y la revocación de la condena de Guy, la fiscalía nos informó que volverían a procesar a Guy en un nuevo juicio. Este fue un movimiento despreciable. Era una táctica en respuesta a los éxitos de nuestra organización de inocencia y otras similares en todo el país.

Las oficinas de los fiscales tienen dos opciones. La primera es cooperar con organizaciones de inocencia y trabajar juntos para exonerar a personas inocentes, como lo hizo Bonnie Dumanis en San Diego en los casos de Ken Marsh y Uriah Courtney. La segunda es luchar contra cada proceso post condena y, si lo pierden, volver a procesar el caso.

La Oficina del Fiscal del Distrito del Condado de Orange pensó que no tenía nada que perder. Si ganaban, Guy volvía a prisión. Si perdían, sería liberado tal como lo sería si no volvieran a juzgar el caso.

Por supuesto, muy pocos casos van a juicio. Este nuevo juicio no fue una excepción. Le ofrecieron a Guy un trato que no podía rechazar: declararse culpable del robo y aceptarían una sentencia de tiempo cumplido. Si rechazaba la oferta y era condenado en el nuevo juicio, podría pasar el resto de su vida en prisión.

Con un nuevo juicio pendiente, el juez fijó una fianza de un millón de dólares. No había manera de que la familia de Guy pudiera pagarla, así que incluso si tuviéramos éxito en el nuevo juicio, él pasaría meses en la cárcel esperando el juicio. Y aunque estábamos seguros de que teníamos un gran caso y no sería condenado, no hay manera de garantizar lo que podría decidir un jurado.

Alissa y yo nos reunimos con Guy en la cárcel del condado mientras enfrentaba el nuevo juicio para discutir sus opciones. Se sentó nerviosamente en una silla de metal soldada al suelo. Su rodilla temblaba. Su cabello se había vuelto gris por las dos décadas que había pasado en prisión. Era ya abuelo.

Figura 5. Guy Miles saliendo de prisión después de dieciocho años encarcelado injustamente. Fotografiado por el California Innocence Project.

"Necesitas hacer lo que sea mejor para ti", le dije a través del grueso vidrio del teléfono de la cárcel. "Si decides aceptar este trato, lo entenderemos y te apoyaremos". Alissa asintió con la cabeza en señal de acuerdo, para que supiera que, aunque ella había luchado por su inocencia durante años, entendía su deseo de irse a casa.

"Gracias por decir eso", dijo con lágrimas acumulándose en sus ojos. "He estado tratando de encontrar la manera de decirles a ambos que quiero aceptar este trato. No quiero decepcionarlos".

"Por supuesto que no lo haces", dije mirándolo a los ojos. "Esto no se trata de nosotros. Se trata de ti y de lo que es mejor para ti y tu familia".

Guy aceptó el trato. Puedes ver un video muy emotivo de Alissa y yo llevándolo a casa con su familia en YouTube.[4] Está bien, pero no debería haber tenido que aceptar ese trato. No debió tener una condena por robo a mano armada en su historial. La fiscalía debería haber hecho lo correcto y desestimar el caso.

IDENTIFICACIÓN INTERRACIAL

Un elemento común en los casos de Tim, Rafael y Guy es que todos involucraron identificaciones interraciales. En mi experiencia, estos son los peores tipos de identificaciones, y los abogados defensores no hacen un buen trabajo al educar a los jurados sobre las dificultades de identificar a alguien que no pertenece a su propia raza.

Discutir sobre raza siempre es desafiante, pero los jurados deben entender que la dificultad en la identificación interracial no proviene de ser racista; simplemente se basa en a lo que estamos expuestos, especialmente a una edad temprana. Los estudios han demostrado que aprendemos la mayoría de lo que aprenderemos en la vida en los primeros tres años de vida.[5] Los bebés son esponjas. Al mismo tiempo que están aprendiendo a hablar, caminar, usar una cuchara e identificar todos los objetos que los rodean, también están desarrollando su software de reconocimiento facial.[6] Si mamá es blanca, papá es blanco, sus hermanos son blancos y la mayoría de los niños a los que están expuestos son blancos, por el resto de sus vidas, no podrán identificar a personas no blancas con la misma precisión que identifican a las personas blancas. Este fenómeno se aplica a todas las razas.[7]

LOS PROBLEMAS CON LOS RECUERDOS

Incluso cuando el sospechoso es de la misma raza que la víctima, muchos factores todavía llevan a identificaciones erróneas. La memoria no es tan certera como la mayoría de las personas piensa. La memoria está compuesta de fragmentos de información que absorbemos a través de nuestros cinco sentidos (vista, gusto, tacto, olfato y oído) y almacenamos en diferentes partes de nuestro cerebro.

El olfato es la fuente más fuerte de la memoria.[8] Los olores pueden vincularte al pasado cuando has olido el mismo aroma, permitiendo identificarlo de inmediato. A menudo les digo a los estudiantes que pueden usar el olfato para estudiar si colocan un marcador de olor fuerte frente a su nariz mientras un profesor explica un concepto complicado y luego deben usar el mismo marcador en su examen final. El olor se relaciona con la información y ayudará a recordarla.

El proceso para recordar es reconstructivo. Juntamos los fragmentos de información de diferentes partes de nuestros cerebros y construimos la memoria. Todos hemos experimentado el esfuerzo de tratar de reconstruir un recuerdo mientras pensamos tan intensamente como podemos, pero las piezas simplemente no encajan. Durante este proceso, hay muchas oportunidades para reconstruir recuerdos incorrectamente, particularmente si hay influencias en esta reconstrucción, como un oficial de policía proporcionando información falsa o incorrecta.

Es incluso posible distorsionar nuestros recuerdos sin influencias externas. Por ejemplo, si cuentas una historia repetidamente y cambias los hechos, después de un tiempo es difícil recordar la verdad.

Con los niños, es fácil distorsionar sus recuerdos (algo que discutiré más en el capítulo 8). Por ejemplo, si tienes un niño de cuatro o cinco años que quiere ir a Disneylandia, puedes convencer a ese niño con insinuaciones falsas de que ya ha ido a Disneylandia.

Le dices: "¿Recuerdas que te compré ese vestido rojo en Disneylandia?"

El niño se confundirá porque, de hecho, si compraste un vestido rojo, pero no en Disneylandia. Mientras el niño trata de reconciliar el hecho verdadero con el falso, lánzale otra pregunta. "¿Recuerdas que te compré una Cherry Coke en Disneylandia?"

De hecho, compraste la Cherry Coke en un cine. Con un par de combinaciones similares de hechos y ficción, el niño creará un recuerdo de un viaje a Disneylandia que nunca sucedió. Viendo el lado positivo, es más barato que ir realmente, y no hay que pararse a hacer filas.

En términos científicos, hay tres etapas de la memoria: codificación, almacenamiento y recuperación, y la memoria puede distorsionarse en cualquiera de estas etapas.[9]

En un caso penal, la codificación ocurre en el momento del crimen. El almacenamiento ocurre entre el crimen y el procedimiento que la policía utiliza para recuperar la memoria. La recuperación ocurre durante el procedimiento de identificación (por ejemplo, una serie de fotos o una rueda de reconocimiento en persona.

Durante la fase de codificación, la memoria puede distorsionarse por cosas como drogas, alcohol e iluminación. El miedo también puede distorsionar la memoria porque nuestro cerebro no funciona tan bien cuando estamos asustados. Esto es especialmente problemático en casos penales, donde las víctimas a menudo están asustadas durante el evento.

La fase de almacenamiento de la memoria también es propensa a contaminarse. Es importante interrogar a los testigos sobre el tiempo transcurrido entre el crimen y su entrevista con la policía. ¿Con quién hablaron sobre el caso, qué noticias leyeron y hubo algunas posibles influencias? Los testigos a menudo integran información de otras fuentes en sus recuerdos.

Y luego, por supuesto, es importante descubrir la posible contaminación en la fase de recuperación. Hay muchos ejemplos de la policía utilizando procedimientos terribles para obtener identificaciones. Existen procedimientos ridículamente intencionados y sugerentes, como tener a cinco personas de una raza y a un sospechoso de otra raza. También hay otros procedimientos sugerentes más sutiles, como hacer que el sospechoso entre en la rueda de reconocimiento al final, después de que los que no son sospechosos (sospechosos de relleno) ya hayan estado parados y esperando.

Quizás la parte más importante para absorber un recuerdo es la concentración. Todos hemos tenido la experiencia de leer un libro y dejar que nuestra mente se desvíe a otro pensamiento. Tal vez eso esté sucediendo mientras lees este libro. Tal vez estés pensando en la cena o en algo que necesitas hacer. Si es así, tu retención de información se verá profundamente afectada.

Nuestros ojos pueden moverse de izquierda a derecha en la página mientras leemos, pero no se crea ningún recuerdo sin concentración. Vemos con nuestro cerebro y no con nuestros ojos, y solo vemos en lo que estamos concentrados. Lo mismo sucede en las escenas del crimen. Los testigos solo recuerdan en lo que están concentrados. En casos donde hay armas involucradas, las víctimas se enfocan en las armas, no en los rostros de los sospechosos. Hay casos donde las víctimas pueden dar descripciones increíbles de las armas utilizadas en los crímenes, pero solo descripciones vagas de los sospechosos.[10]

PROCEDIMIENTOS DE IDENTIFICACIÓN DEFECTUOSOS

Aun cuando los testigos están concentrados, se pueden cometer errores, especialmente si los procedimientos de identificación no se realizan correctamente.

En 1984, Jennifer Thompson vivía en Burlington, Carolina del Norte, cuando se despertó y encontró a un hombre en su dormitorio. Él saltó sobre ella, le cubrió la boca con su mano y le puso un cuchillo en la garganta. Cuando ella trató de gritar, él le dijo que "se callara" o la cortaría. Luego procedió a violarla violentamente.

Mientras ocurría el ataque, Jennifer se enfocó lo más claramente posible en el violador. Ella dijo en una entrevista de *60 Minutes* en 2009: "Estaba tratando de prestar atención a los detalles para que si sobrevivía, y ese era mi plan, pudiera ayudar a la policía a encontrarlo".

Jennifer identificó a Ronald Cotton en una serie de fotos y más tarde en una rueda de reconocimiento en persona. La policía le dijo que no se sintiera obligada a hacer una identificación. Sin embargo, ella ha explicado desde entonces que el simple hecho de que le pidieran elegir la llevó a creer que la policía pensaba que su atacante estaba en el grupo. También explicó cómo el miedo de que su atacante quedara libre influyó en el proceso: "Supuse que debían tener al sospechoso. "¿Por qué me harían conducir todo este camino si no lo tuvieran? Todo lo que tenía que hacer era señalarlo. Y si fallaba en hacerlo, ¿quedaría libre? ¿Me encontraría?".[11]

Otro problema con el proceso de identificación es que incluso cuando un testigo no está seguro de una identificación, el jurado rara vez puede ver esa falta de confianza. Una víctima puede ponderar con incertidumbre las fotos o la rueda de reconocimiento en persona, pero el jurado solo verá a la víctima señalar ya con confianza al sospechoso en el tribunal.

La incertidumbre inicial de un testigo a menudo desaparecerá después de que la policía confirme que el testigo ha identificado correctamente al sospechoso en custodia. Este tipo de confirmación ocurrió después de que Jennifer seleccionara a Ronald Cotton de la serie de fotos y se le dijera: "Lo hiciste muy bien, Srta. Thompson".[12] Y, después de que lo seleccionó en la rueda de reconocimiento en persona, un oficial de policía le dijo: "Pensamos que él podría ser el tipo. Es la misma persona que elegiste de las fotos".[13]

Jennifer identificó a Ronald Cotton en el tribunal, y él pasó más de diez años en prisión hasta que el ADN demostró que un hombre llamado Bobby Poole era el verdadero atacante. Como resultado de procedimientos de identificación defectuosos, Ronald sufrió diez años de encarcelamiento, y Jennifer sufrió lo que ella ha descrito como "culpa paralizante". Las víctimas como Jennifer Thompson no buscan condenar injustamente a personas inocentes. Quieren que la persona que cometió el crimen sea capturada y sacada de las calles. Sin embargo, debido a las deficiencias de la memoria humana, los procedimientos de identificación defectuosa, y la inadecuada confirmación de la policía, Ronald Cotton fue a prisión por un crimen que no cometió.

De forma extraordinaria, Jennifer y Ronald finalmente se hicieron amigos y han sido dos de las voces más poderosas en el impulso para reformar los procedimientos de identificación de testigos.

Una dificultad sobre reformar estos procedimientos es que los errores a menudo son inconscientes. Quizás un oficial sostiene la foto del sospechoso dos segundos más que las otras fotos sin darse cuenta. O un oficial le dice a un testigo como Jennifer Thompson: "Buen trabajo", sin pensar que ese comentario dará una confianza inmerecida a la identificación en la corte.

Estas son las razones por las cuales quizás la reforma más crítica en los procedimientos de identificación es hacer que los procedimientos sean "doblemente ciegos". Ni el testigo ni los que conducen el procedimiento de identificación deben saber quién es el sospechoso en la rueda de reconocimiento. Los procedimientos doblemente ciegos son un elemento básico en los estudios científicos para evitar el sesgo que influye en el resultado del estudio. Por ejemplo, al probar un nuevo medicamento farmacéutico, es importante dar a algunos pacientes placebos y a otros el medicamento para evaluar la verdadera eficacia. Pero también es esencial que los médicos que administran el medicamento y los placebos a los pacientes de prueba no sepan quién recibió el medicamento y quién recibió el placebo. Ese conocimiento podría causar que un médico bien intencionado trate a los dos grupos de manera diferente, lo que podría desvirtuar el estudio porque no quedará claro si el medicamento o el tratamiento diferente causaron la diferencia en los resultados.

Errores bien intencionados por parte de la policía durante un proceso de identificación llevaron a que esas identificaciones fueran desestimadas por tribunales hasta la decisión de la Suprema Corte de EE.UU. en 1977 en el caso de *Manson vs. Braithwaite*.[14] En ese caso, la Suprema Corte dictaminó que incluso cuando la policía obtuvo una identificación utilizando procedimientos "innecesariamente sugerentes", la identificación podría ser admitida en el juicio si el juez cree que aún es confiable.

La investigación policial en *Manson vs. Braithwaite* fue realizada por un oficial de policía estatal encubierto, Glover, quien compró heroína de un vendedor a través de la puerta abierta de un departamento. Durante dos o tres minutos, Glover estuvo a menos de sesenta y un centímetro del vendedor en un pasillo iluminado por luz natural. Unos minutos más tarde, Glover le describió el vendedor a otro oficial como "un hombre de color, aproximadamente un metro y setenta y siete centímetros, tez oscura, cabello negro, estilo afro corto, con pómulos altos y de complexión robusta".[15] El otro oficial, sospechando que la descripción coincidía con la de Braithwaite, un hombre que conocía, dejó su fotografía en la oficina de Glover. Glover la vio dos días después e identificó a Braithwaite como el vendedor.

La Suprema Corte de EE.UU. dictaminó que aunque el procedimiento fue sugerente (ya que al oficial solo se le mostró una foto, no una serie de fotos), y el procedimiento fue inadecuado (porque había mucho tiempo para hacer un procedimiento adecuado), la identificación seguía siendo admisible. La Corte razonó que el testigo era un oficial de policía capacitado para ver al sospechoso y describirlo con precisión, por lo que la identificación era confiable. Además, la Corte encontró que la confiabilidad es el "punto clave" de la admisibilidad y, por lo tanto, los tribunales deben considerar la totalidad de las circunstancias y admitir identificaciones incluso cuando los procedimientos son innecesariamente sugerentes si aún así se consideran confiables.[16]

Los jueces Thurgood Marshall y William Brennan en opinión disidente reconocieron una "alta incidencia de errores judiciales" resultantes en la admisión de pruebas de identificación errónea de testigos en juicios penales. Argumentaron que si un procedimiento era innecesariamente sugerente, entonces, por definición, era probable que resultara en una identificación errónea.[17]

Estas palabras de profeta están bien documentadas, ya que hay una alta tasa de identificaciones erróneas entre los exonerados.

INCLUSO MÚLTIPLES VÍCTIMAS PUEDEN HACER IDENTIFICACIONES EQUÍVOCAS

Cuando múltiples víctimas realizan una identificación, las pruebas para condenar pueden parecer contundentes, pero eso no significa que sean precisas. En el caso de Luis Vargas, no una, ni dos, sino tres mujeres diferentes identificaron a nuestro cliente Luis como el hombre que las violó. El 7 de diciembre de 1999, justo antes de ser sentenciado a cincuenta y cinco años de prisión por tres crímenes que no cometió, Luis se dirigió al Tribunal Superior de Los Ángeles, diciendo: "Rezaré por la misericordia de Dios para todos ustedes... pero en lo que a mí respecta, el individuo que realmente cometió estos crímenes podría estar realmente violando a alguien allá afuera".[18]

Luis tenía razón. Las víctimas que testificaron que habían sido violadas por Luis en realidad habían sido atacadas por un hombre que llegó a ser conocido como el "Violador de la Lágrima". Ese hombre continuó violando a mujeres mucho después de que Luis fuera enviado a prisión. El Violador de la Lágrima recibió su apodo porque muchas de sus más de treinta víctimas lo describieron con uno o dos tatuajes de lágrima bajo el ojo. Sus ataques tenían un modus operandi particular, como se describe en el siguiente boletín del FBI: "El sospechoso típicamente se acerca a mujeres que están solas y de camino a la escuela o al trabajo, o que esperan en una parada de autobús, entre las 5:15 am y las 8:00 am. El sospechoso platica con la víctima, luego amenaza con matarla con una pistola o un cuchillo. El sospechoso después obliga a la víctima a salir de la banqueta a un lugar secundario, donde la agrede sexualmente."[19]

El Violador de la Lágrima atacó a sus víctimas en un radio de 2.5 kilómetros que llevaron a Luis a prisión, usando el mismo modus operandi. Un ataque incluso ocurrió cuando Luis estaba en la cárcel y en juicio, pero esa información no fue proporcionada al abogado defensor de Luis. Esa información podría haberse utilizado para probar la inocencia de Luis. La abogada del California Innocence Project, Raquel Cohen, pudo vincular los casos utilizando ADN de las escenas del crimen, y Luis fue liberado después de pasar diecisiete años en prisión por crímenes que no cometió (ver fig. 6).

Figura 6. Luis Vargas en el momento en que el juez dictamina que será liberado después de dieciséis años de encarcelamiento injusto. Fotografía del California Innocence Project.

Las identificaciones de múltiples víctimas como las del caso de Luis Vargas son difíciles de superar, particularmente cuando una serie de testigos testifican en el tribunal y señalan a la misma persona. En 1895, en Londres, una mujer acusó a Adolf Beck de defraudarla de bienes por un valor de £30 (aproximadamente $36 dólares). Poco después, una procesión de mujeres se presentó que había sido defraudada de la misma manera que la primera mujer. Cada una de estas mujeres identificó a Adolf como el estafador en una rueda de reconocimiento, y cada mujer estaba más segura que la anterior. En total, doce mujeres identificaron a Adolf, y fue condenado por diez cargos de robo y falsas pretensiones. Adolf fue liberado de prisión en 1901, y tres años después, otra mujer informó la misma historia de fraude a Scotland Yard. Los oficiales arrestaron a Adolf y, nuevamente, fue identificado en la rueda de reconocimiento. Más tarde, más mujeres se presentaron informando historias similares, y cada una identificó a Adolf. Nuevamente, fue condenado por todos los cargos en su contra.

Diez días después de la segunda condena, mientras Adolf estaba encarcelado, las mismas acciones fraudulentas fueron cometidas contra un nuevo grupo de víctimas femeninas. Un hombre llamado John Smith fue arrestado, y se descubrió que él era el autor de cada una de las estafas por las que Adolf fue condenado. El 19 de julio de 1904, Adolf fue liberado y perdonado. En el transcurso de dos juicios, dieciséis personas juraron independientemente bajo juramento que Adolf las había defraudado.[20]

RESOLVIENDO EL PROBLEMA

Aunque la memoria humana puede ser defectuosa e inestable, las reformas legislativas pueden mejorar los procedimientos de identificación. Estas reformas hacen menos probable que personas inocentes sean condenadas injustamente y más probable que personas culpables sean condenadas justamente.

Para que los procedimientos de identificación sean válidos y científicos, deben seguir protocolos estrictos. Como se discutió, el primer protocolo a utilizar deben ser procedimientos doblemente ciegos. Para evitar situaciones donde un oficial de policía influya en el testigo debido al conocimiento del oficial sobre quién es el sospechoso, ni los testigos ni los oficiales que llevan a cabo el procedimiento deben tener esta información.

También se debe dejar claro al testigo que el sospechoso puede no estar en la rueda de reconocimiento. Jennifer Thompson asumió que la policía tenía a su atacante bajo custodia y en la rueda de reconocimiento, o como ella dijo: "¿Por qué me harían conducir todo este camino si no lo tuvieran?". Cuando el testigo asume que el sospechoso está en la rueda de reconocimiento, simplemente elegirá a la persona que más se parezca a la persona que cometió el crimen. Cuando los testigos son llevados a creer que el sospechoso está en la rueda de reconocimiento, y la identificación es la culminación de la investigación, es probable que haya una identificación errónea cuando el verdadero perpetrador no está en la rueda de reconocimiento.

Los oficiales que llevan a cabo la rueda de reconocimiento también deben decirles a los testigos que la investigación continuará independientemente de si hacen una identificación. Además, no deben confirmar ni dar retroalimentación al testigo sobre su elección (por ejemplo, "Buen trabajo, lo hiciste bien").

Al crear la rueda de reconocimiento fotográfica o en persona, se debe hacer todo lo posible para que los perfiles coincidan con la descripción del sospechoso dada por el testigo o testigos. En casos como el de Uriah Courtney, donde él era el único que coincidía con la descripción de la víctima, el testigo obviamente lo elegiría. De manera similar, en el caso de Guy Miles, él también fue seleccionado porque era la única persona en la rueda de reconocimiento que coincidía con la descripción dada por los testigos.

Cada testigo también debe dar una declaración sobre cuán seguro está de la identificación en el momento del procedimiento. Muchas veces los testigos no están seguros en absoluto sobre una identificación, pero su confianza se ve reforzada entre el procedimiento y el juicio por la policía, los fiscales y otras influencias. Para el momento del juicio, toman el estrado y dicen: "Estoy 100 por ciento seguro de que esa es la persona que cometió el crimen". El jurado no tiene idea de cuánta menos confianza tenía realmente el testigo en la identificación. Esa información es crucial para el jurado al evaluar cuánto peso dar a la evidencia.

Los procedimientos de identificación siempre deben ser grabados en video para que el abogado defensor, el juez y el jurado pueda evaluar posibles influencias o deficiencias en el proceso. Incluso los oficiales de policía honestos, haciendo su mejor esfuerzo para crear un procedimiento justo, pueden cometer errores sin saberlo que pueden llevar a una identificación incorrecta.

Finalmente, los jurados deben ser educados sobre los problemas que existen con la memoria y los procedimientos de identificación. Deben escuchar a expertos, y sus instrucciones deben explicar cómo una identificación puede ser errónea. Los jurados necesitan entender que las identificaciones a menudo no son la poderosa evidencia que los fiscales y oficiales de policía afirman que son.

Durante la última década, la lucha por hacer estas reformas en todo Estados Unidos ha resultado en que aproximadamente la mitad de los estados adopten algunas o todas ellas. El Condado de Los Ángeles, el condado más poblado del país, resistió la reforma, incluso después de que sus procedimientos fueran demostrados defectuosos una y otra vez. El condado también pagó decenas de millones de dólares en demandas a personas condenadas injustamente basadas en procedimientos de identificación defectuosos. Finalmente, en 2018, después de años de defensa, Los Ángeles y todos los condados en California que habían resistido el cambio fueron obligados a modificar sus procedimientos cuando el gobernador Brown firmó un paquete de reformas de procedimientos de identificación.

Las malas identificaciones que conducen a condenas injustas son un problema global. Todos los humanos tienen problemas con la memoria, y todos los procedimientos de identificación tienen el potencial de fallar. Los departamentos de policía deberían hacer reformas de forma voluntaria si quieren sacar a la persona correcta de la calle, y si no, deberían ser forzados a hacer los cambios a través de procesos legislativos.

Todos nos parecemos a otras personas en el mundo. Cuando esas personas cometen crímenes, todos estamos en riesgo de ser condenados injustamente.

5 Te confundes cuando estás cansado, hambriento y la gente te grita

"¿Cuántos de ustedes piensan que nunca confesarían un crimen que no cometieron?"

Observé algunos rostros confundidos, algunos pensativos y algunos desinteresados entre los estudiantes de licenciatura de la Universidad Estatal de San Diego a los que estaba enseñando sobre condenas erróneas. De los aproximadamente cien estudiantes que había en la sala, levantaron la mano unos diez. No era una medida exacta de cuántos lo creían realmente, porque todos habían estado en un entorno educativo el tiempo suficiente como para saber que levantar la mano podría dar lugar a una interacción pública no deseada. Me di cuenta de que todos los que habían levantado la mano eran hombres.

Señalé a uno de ellos. "¿Por qué piensas que nunca confesarías?"

"Simplemente no creo que lo haría"

"Sí, ¿pero por qué no?"

Se encogió de hombros. "Simplemente no creo que lo haría."

Ese realmente era todo el asunto. Los diez estudiantes, al igual que muchas personas, simplemente no creían que confesarían algo que no habían hecho. No tenían ninguna base para creer eso. Nunca los habían mantenido despiertos toda la noche mientras unos detectives de homicidios les gritaban. Nunca les habían dicho que debían aceptar la versión de los hechos de lo que sucedió de un agente de policía o pasarían el resto de sus vidas en la cárcel. Nunca les habían mentido sobre pruebas que los implicaban en un delito.

"¿Cuántos de ustedes creen que personas inocentes no confiesan crímenes que no cometieron?"

Se alzaron las mismas manos. Ellos no confesarían falsamente, ¿entonces por qué lo haría cualquier persona inocente?

Cualquiera que haya leído *The Crucible* (El Crisol) en la escuela, entiende perfectamente por qué las personas confiesan cuando son sometidas a tortura. Incluso después de más de treinta años trabajando en nuestro profundamente defectuoso sistema penal, estoy agradecido de haber nacido a finales del siglo XX. Basta recordar los juicios por brujería de Salem, en los que las marcas de nacimiento podían considerarse una señal del diablo y hacer que te mataran de forma brutal.

El llamado "third degree" o "tercer grado" (término con raíces shakesperianas y ceremoniales masónicas que significa interrogatorio intenso) siguió sin regularse en Estados Unidos hasta el caso *Brown vs. Mississippi* de 1936.[1] En ese caso, los oficiales de policía golpearon a tres hombres negros hasta que confesaron. La Corte Suprema de los Estados Unidos dictaminó, en una decisión histórica que en la actualidad parece obvia, que condenar a personas basándose en confesiones obtenidas mediante golpes era inconstitucional. No hay duda de que estas palizas continúan hasta el día de hoy en Estados Unidos y en todo el mundo, pero no son el procedimiento normal para obtener confesiones en nuestro sistema jurídico. En su lugar, la policía obtiene confesiones a través de la guerra psicológica. Como resultado, al público le resulta difícil entender por qué una persona inocente confesaría cuando se le somete a técnicas de interrogatorio menos violentas.

AMANDA KNOX

Conocí a Amanda Knox por primera vez en abril de 2014 en la Conferencia de la Red de Inocencia en Portland, Oregón. La conferencia es un evento anual que se celebra en un lugar diferente cada año. En estas conferencias, los abogados que trabajaron en una condena y miembros de organizaciones de inocencia de todo el mundo, se reúnen con clientes exonerados durante tres días de conversación y capacitación. Además, la conferencia es una oportunidad para que aquellos de nosotros que trabajamos de manera aislada podamos conectarnos y solidarizarnos con nuestros colegas. Para los exonerados, la conferencia les permite relacionarse con las únicas personas en el mundo que realmente pueden comprender sus experiencias y sentimientos.

Amanda era una estudiante de veinte años que vivía en Italia cuando fue acusada de asesinar a su compañera de casa, Meredith Kercher. El caso se convirtió en una noticia global, llena de falsos hechos incriminatorios que vinculaban a Amanda con el crimen y una difamación orientada a crear una persona ficticia capaz de participar en el brutal asesinato de una amiga.

Greg Hampikian, director del Innocence Projects de Idaho y uno de los expertos en ADN del caso de Amanda, me la presentó. En lugar de la asesina arrogante y despiadada retratada en gran parte de los medios de comunicación, conocí a una joven amistosa e inteligente que parecía agradecida de ser incluida en el evento. Como he oído decir a otras personas exoneradas a lo largo de los años, le reconfortaba, y entristecía a la vez, estar rodeada de tanta gente que había sufrido la misma desgracia que ella.

El caso de Amanda fue único porque era la persona más joven que he conocido en ser condenada, que cumplió una sentencia de prisión considerable (casi cuatro años) y que finalmente fue exonerada. Su caso también era único porque se había convertido en noticia internacional. Pero la forma en que su proceso se desvió, con defectos fatales tanto en la investigación como en el juicio, fue muy similar a la de los más de cien exonerados que también asistieron a la conferencia ese año. También fue similar a los casos discutidos en este libro.

Primero, al igual que Bill Richards y Kim Long, Amanda regresó a la escena del crimen después de que Meredith fuera asesinada y antes de que nadie hubiera descubierto el cadáver. Así que, al igual que Bill y Kim, las autoridades pudieron situarla en la escena.

En segundo lugar, al igual que en el caso de Bill Richards, la policía y los fiscales consideraron que su comportamiento era sospechoso porque su reacción ante el homicidio de su compañera de habitación no fue la que esperaban. Como dice Amanda en su libro *Waiting to Be Heard (Esperando a ser Escuchada)*: "Nunca lloré abiertamente. Nunca lloré en público... reprimí mis sentimientos. Era un desafortunado rasgo en un país en el que la emoción no sólo es común, sino esperada".[2]

Finalmente, justo como con Bill y Kim, y prácticamente como casi todos los clientes inocentes que he representado, la policía se enfocó en Amanda y luego construyó el caso alrededor de ella. Ignoraron los hechos que contradecían su culpabilidad y aceptaron y exageraron pruebas endebles, circunstanciales y a menudo descaradamente falsas que encajaban en su narrativa. No fueron a su interrogatorio con el propósito de averiguar lo que ella sabía o no sabía sobre el homicidio de Meredith. Entraron convencidos de que Amanda había jugado un papel en el asesinato y buscaban esa confirmación. La descripción de Amanda de su estado mental durante el interrogatorio nos ilustra del por qué las técnicas de interrogatorio suelen ser poco fiables.

> Sentada en esa sala de interrogatorios sin ventilación en la *Questura (la comisaría en Italia)*, rodeada de personas gritándome durante cuarenta y tres horas de interrogatorio durante cinco días, hasta que llegué a un punto en medio de la noche en el que ya no estaba segura de cuál era la verdad. Empecé a creer la historia que la policía me contaba. Me llevaron a un estado en el que estaba tan fatigada y estresada que comencé a preguntarme si había sido testigo del asesinato de Meredith y simplemente no lo recordaba. Comencé a cuestionar mi propia memoria.[3]

La descripción que hace de sus sentimientos durante el interrogatorio es consistente con la investigación de Richard Ofshe y Richard Leo, explicada en su artículo "The Decision to Confess Falsely: Rational Choice and Irrational Action" ("La Decisión de Confesar Falsamente: Opción Racional y Acción Irracional").

> Un sospechoso inocente podría experimentar una conmoción y desorientación considerable durante el interrogatorio porque no está preparado para la confrontación y las acusaciones que están en el núcleo del proceso y no entenderá cómo es posible que el investigador sospeche de él. Un individuo inocente puede sentirse progresivamente más angustiado, confundido y desesperado a medida que se le comunican las pruebas que le incriminan.[4]

Es importante recordar que los interrogatorios indebidos no sólo dañan a los sospechosos, sino que también comprometen las investigaciones. Los sospechosos desorientados a menudo alejan a la policía de la verdad al seguir la falsa narrativa que la policía ha creado. Eso hace que sea menos probable que los investigadores resuelvan el crimen y más probable que esos mismos investigadores inculpen falsamente a personas inocentes.

En la investigación de Meredith Kercher, la policía italiana tradujo mal un mensaje en inglés de Amanda que decía "see you later" (donde ella simplemente estaba diciendo "adiós"). La policía elaboró una teoría de que ella se había reunido con su jefe Patrick Lumumba, y él cometió el asesinato. Bajo la presión del interrogatorio, Amanda acabó aceptando esta falsa narrativa e implicó a Lumumba. Los fiscales acusaron a Lumumba, Amanda y a su novio Raffaele Sollecito, basándose en esta falsa narrativa. Incluso cuando las autoridades descubrieron al verdadero asesino—Rudy Guede, cuyo ADN estaba por toda la escena del crimen—crearon una nueva narrativa de una salvaje fiesta sexual que terminó en asesinato para mantener a Amanda y Raffaele implicados en el crimen.

Afortunadamente, al final la verdad salió a flote en el caso de Amanda, pero no antes de que ella pasara más de cuatro años en la cárcel por un delito que no cometió.

BRENDAN DASSEY

Al igual que en el caso de Amanda, en el de Brendan Dassey (que se hizo famoso en la serie de Netflix *Making a Murderer o Haciendo a un Asesino*), la policía fabricó evidencia compatible con su narrativa. La policía interrogó cuatro veces a Brendan, de dieciséis años, durante cuarenta y ocho horas. Entraron al interrogatorio creyendo que tanto Steven como Brendan habían estado involucrados en el asesinato, y estaban buscando una confirmación. Los interrogadores utilizan lo que la profesora Laura Nirider, co directora del Centro de Condenas Injustas en la Facultad de Derecho de la Universidad Northwestern (y una de las abogadas de Brendan desde hace mucho tiempo), llamó una técnica de interrogatorio de "juego de adivinanzas". En 2020, la profesora Nirider describió el interrogatorio: "Brendan simplemente estaba adivinando durante su interrogatorio. Cuando se le pidió que describiera cómo había sido asesinada la Sra. Halbach, adivinó—incorrectamente—que había sido apuñalada y estrangulada; a medida que la policía seguía presionándolo, incluso adivinó que le habían cortado el cabello. Finalmente, los detectives frustrados tuvieron que decirle que le habían disparado".[5]

La confesión de Brendan era pura ficción, basada en gran medida en la información que le proporcionó la policía y en el guión de una película que había visto. Esto llevó a la policía a fabricar pruebas para que la escena del crimen coincidiera con la historia que Brendan les había contado.

LOS CUATRO DE FAIRBANKS

Desafortunadamente, que la policía se aproveche de un adolescente vulnerable para obtener una confesión no se limita al caso de Brendan Dassey. En 1997, un adolescente llamado William Holmes y sus amigos golpearon y mataron brutalmente a un hombre llamado John Hartman en la esquina de una calle de Fairbanks, Alaska. La policía arrestó a un adolescente nativo de Alaska llamado Eugene Vent, a quien testigos oculares vieron tropezando borracho en la calle, a unas cuatro cuadras de la escena del crimen. En vez de esperar a que Eugene estuviera sobrio antes de interrogarlo y/o contactar a sus padres para que estuvieran presentes, un detective se embarcó en horas de interrogatorio intensivo, incluso mintiéndole a Eugene para decirle que la policía había encontrado sus huellas en la sangre de la escena del crimen. Aunque Eugene negó repetidamente tener algo que ver con el homicidio, el detective eventualmente lo convenció de que no podía confiar en su propia memoria, y Eugene confesó el asesinato.[6] La confesión de Eugene terminó implicando a tres de sus amigos (George Frees, Marvin Roberts y Kevin Pease). Un jurado condenó a estos cuatro adolescentes, que se conocieron como los "Cuatro de Fairbanks". Pasaron dieciocho años en prisión hasta que Bill Oberly y su equipo en el Innocence Project de Alaska, demostraron que otro grupo de adolescentes había cometido el crimen.

LA VERDAD SOBRE LA POLICÍA Y LOS INTERROGATORIOS

A pesar de lo que muestran las películas y series policíacas, hay dos verdades fundamentales sobre los interrogatorios policiales:

1. Los policías no tienen súper poderes para saber si la gente dice la verdad[7]; y
2. Los agentes de policía no centran los interrogatorios en llegar a la verdad. En lugar de eso, los agentes se centran en conseguir que el sospechoso acepte la teoría que la policía a menudo ya ha desarrollado.

En su artículo "The Problem of False Confessions in the Post-DNA World" (El Problema de las Falsas Confesiones en el Mundo Post-ADN), Steven Drizin, quien co dirige el Centro de Condenas Injustas con Laura Nirider y Richard Leo, un académico veterano de las confesiones falsas, hace una clara distinción entre las entrevistas y los interrogatorios.

El interrogatorio es diferente de la entrevista: mientras que el objetivo de la entrevista es obtener la verdad a través de preguntas no acusatorias y abiertas para recopilar información general en las primeras etapas de una investigación criminal, el objetivo del interrogatorio es obtener declaraciones incriminatorias, admisiones y/o confesiones mediante el uso de métodos psicológicos que explícitamente confrontan, manipulan y sugestionan. El propósito del interrogatorio no es determinar si un sospechoso es culpable; más bien, la policía está entrenada para interrogar únicamente a aquellos sospechosos cuya culpabilidad presumen o creen que ya está establecida.[8]

La técnica más común para obtener confesiones en los últimos cincuenta años ha sido la Técnica Reid. Un psicólogo y ex policía, John Reid, desarrolló este "sistema" de interrogatorio por el año 1955. Es la técnica que se utilizó para obtener la falsa confesión de Brendan Dassey.

La Técnica Reid consiste en aislar al sospechoso, lejos de abogados, familiares y amigos, en una pequeña sala de interrogatorios, donde los oficiales utilizan los siguientes nueve pasos para obtener una confesión:

Paso 1. Dígale al sospechoso que hay pruebas abrumadoras de su culpabilidad. Esto puede propiciar que el interrogador mienta sobre pruebas que implican al sospechoso (por ejemplo, "Tenemos un video de ti cometiendo el asesinato").

Paso 2. Desplace la culpa del sospechoso hacia otra persona o conjunto de circunstancias que llevaron al sospechoso a cometer el crimen (por ejemplo, "Puedo entender por qué lo mataste. Te estaba faltando al respeto").

Paso 3. Nunca permita que el sospechoso niegue su culpabilidad (por ejemplo, "No tiene sentido decir que no lo hiciste. Lo hiciste. Todos los hechos nos dicen eso").

Paso 4. Cuando el sospechoso da razones por las que no cometió o no pudo haber perpetrado el delito, incorpórelas al relato de culpabilidad (por ejemplo, "No la mataría. La amaba"; respuesta: "Claro, la amabas. Por eso, cuando ella mostró interés en otros hombres, te enojaste tanto").

Paso 5. Mantenga al sospechoso concentrado en la narrativa de culpabilidad del investigador. Mírelo a los ojos, haga preguntas, interactúe. Evite que el sospechoso piense en su castigo.
Paso 6. Busque señales no verbales (por ejemplo, llanto, asentir con la cabeza) que indiquen que se está propiciando la confesión del delito por parte del sospechoso. Sea empático y anime al sospechoso a decir la verdad.
Paso 7. Plantee una "pregunta alternativa." (Por ejemplo, no pregunte: "¿Mató a su mujer?". Preguntar: "¿Decidió matar a su mujer hace mucho tiempo o la decisión fue espontánea?")
Paso 8. Una vez que tenga una confesión de culpabilidad, que el sospechoso dé detalles. Hágalo delante de otros testigos, para que el sospechoso sepa que más de una persona ha oído la confesión.
Paso 9. Documente lo que aceptó el sospechoso y hágalo firmar esa confesión.[9]

Nótese que ninguno de estos pasos se dirige a conseguir que el sospechoso diga la verdad. Todo se centra en lograr que el sospechoso esté de acuerdo con los interrogadores.

En su investigación, Leo y Ofshe explican por qué las personas inocentes sometidas a esta técnica a menudo confiesan: "Los investigadores inducen la decisión de confesar en los inocentes de una u otra manera: ya sea llevándolos a creer que su situación, aunque injusta, es desesperada y solo mejorará confesando; o persuadiéndolos de que probablemente cometieron un crimen del cual no tienen memoria, y que confesar es el curso de acción óptimo.[10]

En los últimos años, la Técnica Reid ha disminuido en popularidad ya que se ha hecho evidente que a menudo conduce a confesiones falsas. En un estudio de las primeras 325 exoneraciones por ADN en Estados Unidos (1989-2014), los acusados confesaron falsamente o hicieron admisiones en el 27 por ciento de esos casos.[11]

PROTECCIONES LEGALES DURANTE INTERROGATORIOS

Así como muchos jurados no creen que personas inocentes se confiesan, incluso cuando están sometidas a la presión psicológica del interrogatorio (a lo que Leo se refiere como el mito del interrogatorio psicológico), también hay una creencia general de que la ley en los Estados Unidos ha evolucionado para proteger a las personas contra los interrogatorios.[12] Cualquiera que haya visto una serie o película policiaca que tenga lugar en Estados Unidos en los últimos cincuenta años probablemente pueda recitar las advertencias que suele hacer la policía antes de un interrogatorio. Esas advertencias provienen de la decisión de la Corte Suprema de los Estados Unidos en 1966 con respeto al caso *Miranda vs. Arizona*: "Tiene derecho a permanecer callado. Todo lo que diga puede y será usado en su contra en un tribunal de justicia. Tiene el derecho a un abogado. Si no puede pagar un abogado, se le proporcionará uno. ¿En-tiende los derechos que acabo de leerle? Con estos derechos en mente, ¿desea hablar conmigo?"[13]

En *Miranda* (y en el caso *Escobedo v. Illinois*[14] dos años antes), la Corte intentó abordar la situación precaria en la que se encuentran los sospechosos después de su arresto y antes de su primera comparecencia en el tribunal. Normalmente, hasta la primera comparecencia en el tribunal (a menos que haya habido una acusación formal), un acusado no tiene derecho a un abogado. Por lo tanto, la policía podría interrogar a un sospechoso antes de estas decisiones sin preocuparse por un molesto abogado defensor que podría interrumpir su proceso.

La decisión del caso *Miranda* reconoció que "sin las salvaguardias adecuadas, el proceso de interrogatorio de personas sospechosas o acusadas de un crimen bajo custodia contiene presiones inherentemente coercitivas que socavan la voluntad del individuo de resistir y lo obligan a hablar cuando de otro modo no lo haría libremente."[15]

De este modo, la Corte dictó que "para combatir estas presiones y permitir una oportunidad plena para ejercer el privilegio contra la auto-incriminación, el acusado debe ser informado adecuadamente y de manera efectiva sobre sus derechos, y el ejercicio de esos derechos debe ser plenamente respetado".[16]

Todo eso suena excelente en la teoría, pero la realidad es que hay muchas formas de eludir la regla *Miranda*, que a menudo conducen a confesiones falsas en medio de la noche, antes de que abran los tribunales de primera comparecencia.

Primero, la regla *Miranda* sólo se aplica a un "interrogatorio bajo custodia", lo que significa que sólo se aplica a personas que tienen una creencia razonable de que no son libres de irse y están siendo sometidas a "palabras o acciones que razonablemente podrían provocar una respuesta incriminatoria."[17] A menudo, la policía le dirá a los sospechosos que son libres de irse antes de comenzar el interrogatorio para evitar la aplicación de la regla *Miranda*.

La Corte también ha determinado que la regla *Miranda* sólo se aplica en un "ambiente dominado por la policía".[18] Por tanto, *Miranda* no se aplica si un sospechoso es interrogado por un oficial encubierto, incluso si ese oficial está fingiendo ser el compañero de celda del sospechoso. La Corte ha respaldado este tipo de trucos y ha dicho específicamente que la policía puede mentir para obtener una confesión. A veces, la simple mentira de que la policía tiene poderes de fiscales, judiciales y de jurado para decidir cargos y sentencias puede llevar a una persona a confesar falsamente, sobre todo si el trato parece demasiado bueno para rechazarlo.

Quizás la razón más significativa por la que la regla *Miranda* no impide que personas inocentes confiesen falsamente, es el remedio para una violación de la regla *Miranda* y el rechazo de la Corte al argumento del "gato fuera de la bolsa."

El resultado de una violación de los derechos de la regla *Miranda* es que cualquier declaración obtenida en un interrogatorio bajo custodia no puede ser utilizada durante el juicio. Sin embargo, eso no impide que la policía siga todos los pasos de la Técnica Reid sin informar al sospechoso de sus derechos *Miranda*. Una vez obtenida una confesión, la policía puede entonces obtener una renuncia a esos derechos y conseguir una segunda confesión. El tribunal puede desechar la primera confesión—hecha por el sospechoso antes de la renuncia a los derechos

Miranda—pero admitirá la confesión obtenida después de la renuncia a los derechos *Miranda.* Y una confesión, sea verdadera o falsa, es suficiente para obtener una condena.

La expresión "gato fuera de la bolsa" se refiere a evidencia que estaba oculta y luego revelada. Hay varias teorías sobre el origen de la expresión, incluyendo el fraude del siglo diecinueve conocido como "cerdo en un saco," donde los vendedores de cerdos ponían gatos en sacos y los vendían como si fueran cerdos, solo para ser revelados como gatos cuando el comprador llegaba a casa y abría el saco.

El argumento del "gato fuera de la bolsa," en relación con la segunda confesión después de la renuncia a los derechos *Miranda*, es que, en la mente del sospechoso, es inútil afirmar su derecho al silencio y exigir que un abogado esté presente para el interrogatorio después de haber confesado. El gato ya está fuera de la bolsa.

La Suprema Corte rechazó específicamente este argumento en el caso *Oregon vs. Elstad.* En ese caso, un sospechoso de dieciocho años fue interrogado en la sala de estar de su familia sobre un robo, sin el beneficio de las advertencias sobre los derechos *Miranda.* El sospechoso confesó, y la policía lo arrestó. Luego, la policía le dio al sospechoso las advertencias de los derechos *Miranda.* Después de eso, el sospechoso renunció a sus derechos y dio una segunda confesión en la estación de policía. En el juicio, el tribunal admitió la segunda confesión como evidencia.[19] No es sorprendente que la acusación en el juicio sólo necesitara una confesión para obtener una condena, por lo que las declaraciones previas a la renuncia a *Miranda* se vuelven irrelevantes cuando la policía asegura una confesión posterior a la renuncia a los derechos *Miranda.*

Además, muchos sospechosos simplemente renuncian a sus derechos después de que la policía les dice que es una "mera formalidad" y una "oportunidad para que su versión de los hechos quede registrada", o que "solo las personas culpables que tienen algo que ocultar se niegan a renunciar a sus derechos y a hablar."

Con base en su investigación, Ofshe y Leo lo explican de la siguiente manera:

> No es probable que una persona inocente o una culpable comprenda plenamente la importancia de los derechos *Miranda*. Una persona inocente probablemente creerá que no está en peligro al renunciar a sus derechos de *Miranda* y responder preguntas porque la policía ha buscado su ayuda para resolver el crimen, y, después de todo, es inocente. También puede creer que los derechos *Miranda* son simplemente una formalidad burocrática que solo es significativa para las personas culpables. La persona culpable probablemente se arriesgará y renunciará a sus derechos porque no cree que la policía haya decidido arrestarlo, quiere averiguar qué pruebas tienen y espera desviar su atención hacia otro lugar.[20]

Desde que la Corte Suprema dictó la decisión en *Miranda*, los oficiales de policía han estado buscando maneras de operar en conformidad formal con las reglas, pero en profundo contraste con el espíritu de las salvaguardias. Chuck Weisselberg, profesor en la Universidad de California, Berkeley, y ex defensor federal, escribió en su artículo "Mourning Miranda" (Luto por Miranda) que, tras revisar las diversas técnicas policiales para eludir las reglas de *Miranda*, concluyó que, queda poco de las célebres salvaguardias de *Miranda* y lo que queda no merece ser conservado."[21]

Miranda también ha tenido un efecto negativo en la ley relacionado a la definición de una confesión "voluntaria". Ya en 1897, en el caso *Bram vs. Estados Unidos*[22], la Corte Suprema discutió el principio de que las confesiones obtenidas de manera involuntaria violaban la Quinta Enmienda. En 1968, en el caso *Greenwald vs. Wisconsin*[23], la Corte sostuvo que cuando la policía obtenía una confesión de un sospechoso después de haberlo privado de comida, sueño y medicación, la confesión era inadmisible porque, al considerar la "totalidad de las circunstancias" en cómo se obtuvo la confesión, esta era involuntaria. Más recientemente, sin embargo, hemos visto que los tribunales ignoran indicadores claros de que una confesión es involuntaria cuando la policía obtiene una renuncia a los derechos de *Miranda*.[24]

Finalmente, *Miranda* solo protege a los acusados si la policía está dispuesta a seguir las reglas. Cuando no lo hace, lo más probable es que se confronte la palabra de un acusado denunciando juego sucio contra la afirmación de un oficial de policía de que todo se realizó de acuerdo con el procedimiento.

Cuando conocí a Marilyn Mulero por primera vez, me dijo que les había repetido a los policías que no quería hablar y que quería un abogado durante el interrogatorio. La solicitud de un abogado durante un interrogatorio se supone que debe poner fin al interrogatorio.[25] En cambio, los detectives la mantuvieron despierta toda la noche, diciéndole que iba a ser ejecutada si no confesaba y que el coacusado la había traicionado. En las primeras horas de la mañana, antes de su comparecencia en el tribunal, cuando se le asignó un abogado, la policía obtuvo su confesión. Más tarde, negaron que Marilyn hubiera invocado sus derechos *Miranda*, y el juez, que era un ex detective de homicidios, le creyó a la policía y no a Marilyn.

NUEVAS Y CUESTIONABLES TÉCNICAS DE INTERROGACIÓN

A medida que la Técnica Reid ha comenzado a caer en desuso, otras técnicas de interrogatorio cuestionables han empezado a llenar el vacío.

El Análisis de Contenido Científico (SCAN) es un sistema en el que los sospechosos escriben respuestas a preguntas que luego los oficiales de policía "analizan" para determinar su veracidad. Según el sitio web de los creadores, "SCAN transforma al investigador de un simple recopilador de información en un polígrafo andante".[26] El sistema descompone el proceso de investigación en tres pasos sencillos:

1. Entregue al sujeto un bolígrafo y papel.
2. Pídale al sujeto que escriba su versión de lo que pasó
3. ¡Analice la declaración y resuelva el crimen![27]

¿Parece esto demasiado bueno para ser verdad? Probablemente porque lo es. Según el sitio web del Laboratorio de Interrogación Científica, donde se promociona el método SCAN, "se basa en la idea de que cada persona se expresa con un 'código lingüístico' diferente, y aquellos que toman el entrenamiento SCAN aprenderán a interpretar ese código". Además, afirman: "SCAN transforma el proceso de obtención de información de un arte a una ciencia". Y "cada palabra en la declaración del sujeto—los pronombres y las conexiones, el tiempo subjetivo, los cambios en el lenguaje—'hablarán' contigo y te mostrarán la respuesta". Y, "mientras otros están buscando evidencia física, tú ya has resuelto el caso—utilizando sólo las palabras del sujeto".[28]

Basado en esta "técnica," las autoridades podrían creer que un sospechoso está mintiendo si se expresa de maneras extrañas o incómodas, o simplemente si tiene una gramática deficiente. Según Ken Armstrong, quien escribió el artículo "¿Por qué están usando los policías de todo el mundo esta extravagante herramienta de lectura mental?"[29], no hay evidencia científica que sugiera que el método SCAN funcione. No se ha cuestionado lo suficiente porque los tribunales no han admitido los resultados como evidencia. Por lo tanto, la técnica no ha sido sometida a un contraexamen.

El profesor Drizin es citado en el mismo artículo diciendo que "SCAN y otras herramientas de detección de mentiras sufren del 'síndrome de las grandes afirmaciones'—grandes afirmaciones hechas sin fundamento científico". Cuando se le preguntó por qué la policía confiaría en tales herramientas, Drizin respondió: "Mucho tiene que ver con la arrogancia—una creencia por parte de los oficiales de policía de que pueden detectar cuándo alguien les está mintiendo con un alto grado de precisión. Estas herramientas refuerzan esa creencia y la confirman".[30]

Han surgido también varias técnicas de interrogatorio nuevas centradas en "abrir" al sospechoso a la mayor cantidad de conversación posible. Una técnica proviene del HIG (Grupo de Interrogación de Detenidos de Alto Valor), un esfuerzo conjunto de la CIA, el FBI y el Pentágono destinado a ser utilizado en investigaciones de terrorismo potencial, pero que ahora está siendo utilizada por las fuerzas de procuración de justicia locales. La segunda es la "entrevista cognitiva" utilizada por la policía canadiense. La tercera es la técnica de Planificación y Preparación, Involucrar y Explicar, Obtener una Declaración, Cierre y Evaluación (PEACE) utilizada por la policía británica. A diferencia del entrenamiento Reid, estas técnicas no se basan en pequeñas habitaciones aisladas ni en mentir a los sospechosos. Se centran en construir una relación de confianza y obtener la mayor cantidad de información posible del sospechoso, que luego puede ser verificada o comprobada como falsa en comparación con otras pruebas.[31] Aunque estas técnicas parecen ser menos coercitivas, aún no está claro si a veces pueden generar confesiones falsas.

Quizás lo más sorprendente es que la hipnosis aún es utilizada por los investigadores para obtener confesiones. En el caso de *Charles Don Flores vs. Texas* de 2021, la Corte Suprema de EE.UU. se negó a revisar un caso en el que el testimonio de testigo fue obtenido mediante "hipnosis investigativa." Charles fue condenado a muerte por el asesinato de Elizabeth Black. Inicialmente, la vecina de Elizabeth no pudo identificar a Charles en una serie de fotos, pero después de la hipnosis, y para el momento del juicio, ella lo identificó.[32]

Este tipo de manipulación de recuerdos es muy sospechosa. Al igual que las identificaciones de testigos oculares, las confesiones sufren de las debilidades de la capacidad humana para proporcionar información precisa basada en recuerdos reconstruidos. Y, al igual que las identificaciones de testigos oculares, los procesos que usamos para obtener confesiones pueden llevar a pruebas erróneas y a una condena injusta. Los trucos no deberían ser la base de las acusaciones.

REFORMAS SOBRE INTERROGATORIOS

Hablando de buenas noticias, algunas mejoras recientes podrían reducir las posibilidades de que vayas a prisión después de confesar un crimen que no cometiste. Más de 170 años después de que Édouard-Léon Scott de Martinville inventara la grabación de sonido en París, algunas jurisdicciones finalmente están exigiendo la grabación de los interrogatorios. Los argumentos en contra de la grabación han perdido cualquier mérito que pudieron haber tenido, especialmente la excusa de que es demasiado costoso. Eso pudo haber sido un argumento válido hace unas décadas, en la era pre-digital, pero ahora que cada oficial lleva un dispositivo de grabación sofisticado en el bolsillo (es decir, un teléfono celular), resulta difícil sostener el argumento del costo. Sin embargo, esta reforma no ha prosperado en la mayor parte del mundo y, al momento de escribir esto, sólo veinticinco estados de los EE.UU. tienen requisitos de grabación.[33]

Debemos ir más allá en nuestras reformas. Debemos eliminar todos los procesos que manipulan a los testigos de tal manera de que sean probables de crear confesiones falsas. Esto es fundamental porque sabemos que los jurados condenarán basándose únicamente en una sola confesión, verdadera o falsa, incluso en casos en los que existan pruebas contundentes que contrarresten esa confesión.

El caso de Jeffrey Deskovic es un claro ejemplo de esta realidad. Tenía dieciséis años cuando los investigadores lo sometieron a múltiples sesiones de preguntas e interrogatorios para investigar la violación y asesinato de una compañera de clase. Esas sesiones desembocaron en una confesión y en el enjuiciamiento. A pesar de que las pruebas de ADN del semen del kit de violación excluían a Jeffrey, el jurado le condenó basándose en su confesión. Jeffrey pasó más de quince años en prisión antes de que el Proyecto Inocencia de Nueva York lo exonerara por completo. Después estudió derecho y se tituló para ayudar a otras personas en situaciones similares.[34]

En 2018, California se convirtió en el primer estado en exigir que los menores de dieciséis años deban hablar con un abogado antes de renunciar a sus derechos *Miranda*.[35] Esto ocurrió después de que se reportara que el 42 por ciento de los exonerados, que eran menores en el momento de su arresto, confesaron falsamente.[36] En 2021, Illinois se convirtió en el primer estado en prohibir mentir a los menores durante los interrogatorios. Uno de los co-patrocinadores de la ley fue el líder de la minoría en la Cámara de Representantes de Illinois, Jim Durkin, un republicano y ex fiscal de Chicago, quien dijo: "Nunca se me acusará de ser blando con el crimen, pero estoy más interesado en buscar la verdad que en obtener una condena. Nunca deberíamos tolerar, bajo ninguna circunstancia, el uso de engaños para obtener una declaración o una confesión de cualquier acusado, y mucho menos de un adolescente."[37] Durkin reconoce que las mentiras por parte de la policía durante los interrogatorios no son el mejor camino para llegar a la verdad de quienes están siendo interrogados. Oregón siguió a Illinois al aprobar una ley similar. Me enorgullece que California también aprobara una ley similar en 2022, gracias a la recomendación de mi oficina y a otras organizaciones de inocencia en California. Todos los demás estados deberían seguir este ejemplo y ampliar esta regla a los interrogatorios de adultos.

Los críticos de las reformas que buscan eliminar la manipulación, las mentiras e incluso, en ocasiones, la tortura en las técnicas de interrogación, a menudo argumentan que saber la verdad y la solución a los crímenes son más importantes que proteger a las personas que están siendo interrogadas. Sin embargo, la verdad a menudo puede perderse en el proceso.

Una vez escuché a Paul McCartney hablar sobre cómo había visto recientemente una cinta de los Beatles grabando *Let It Be*, el último álbum que lanzó la banda. Dijo que le sorprendió ver lo mucho que se reía con John Lennon y disfrutaba de su compañía porque, en los cincuenta años transcurridos desde que grabaron el álbum, había aceptado la versión de los medios de comunicación de que los dos estaban enfadados el uno con el otro durante las sesiones de grabación.

McCartney adoptó una narrativa externa sobre su propia vida, a pesar de que él era claramente el mejor testigo de primera mano. Sus recuerdos habían sido manipulados.

Cualquiera puede ser víctima de su propia memoria imperfecta y de sus palabras mal expresadas. En el peor de los casos, esto puede llevar a una condena injusta.

6 Tienes o cuidas a un hijo enfermo

Me senté en el sucio y húmedo suelo de cemento con mi traje negro, sabiendo que un viaje a la tintorería estaba en mi futuro inmediato. Era la única manera de mirar a Ken Marsh a los ojos mientras hablaba con él a través de la pequeña abertura en la pared de acero que nos separaba.

"El fiscal del distrito te ofrece considerar cumplida la condena si te declaras culpable de homicidio involuntario".

Sacudió la cabeza.

"Podemos sacarte de aquí mañana", le ofrecí.

Me miró con una intensidad que rara vez veo fuera de los muros de una prisión. "No voy a aceptar ningún trato".

Me pareció ridículo explicarle el riesgo de no declararse culpable. No era como si estuviera hablando con alguien de la cárcel del condado que sólo hubiera pasado uno o dos meses encerrado y no tuviera ni idea de lo que era pasar toda una vida en prisión. Nunca he pasado una noche en la celda de una cárcel y, en ese momento, Ken ya llevaba encerrado más de veinte años. Sabía a lo que se enfrentaba mucho mejor que yo. Aun así, intenté hablar con él sobre la decisión durante la hora siguiente, evaluando las fortalezas y debilidades de nuestro caso.

"Mañana volveré y te haré la misma pregunta", le dije al levantarme.

"¿Qué pregunta?", preguntó, como si no hubiera otra pregunta en el mundo en la que debiera estar pensando en ese momento.

"Si quieres declararte culpable".

"No te molestes. Ya tienes tu respuesta, Justin. Nunca diré que maté a ese bebé. Moriré aquí antes de mentir sobre eso. El bebé se cayó del sofá".

HEIDI

Conocí a mi esposa Heidi en una barbacoa el 15 de mayo de 1988. Ella tenía veintiún años y yo veintidós. Yo estaba en mi primer año de la escuela de derecho y la barbacoa tuvo lugar en el patio trasero de Jeff Chinn, mi amigo de la facultad. Normalmente, los estudiantes de primer año de derecho poblaban las barbacoas, y todos los fines de semana teníamos las mismas conversaciones sobre la facultad. Uno de los compañeros de piso de Jeff conoció a un grupo de niñeras europeas y las invitó, pensando que animarían el evento. Mi futura esposa, Heidi, era una de las niñeras europeas.

Heidi y yo éramos los únicos vegetarianos de la barbacoa. Pasarían años antes de que se perfeccionara la hamburguesa vegetariana, así que teníamos poco que comer y un motivo inmediato para relacionarnos. También teníamos algo más en común. Heidi era de Derby, en las Tierras Medias de Inglaterra. Mi madre era escocesa y había crecido en Liverpool, setenta y dos millas al norte de Derby. Ambos fuimos criados por madres británicas que nos inculcaron valores comunes que reconocemos hasta hoy.

Cuando conocí a Heidi, sólo llevaba unos meses en Estados Unidos. Vivía con una familia en los suburbios de Washington y cuidaba de dos gemelos de un año y un niño de tres. Antes de venir a Estados Unidos, había trabajado un año como niñera para parte de la familia real italiana en Milán. Era, y sigue siendo, una cuidadora increíble, pero me contó que muchas de sus amigas niñeras no habían recibido más que dos días de capacitación en Nueva York antes de que las enviaran por todo el país a vivir con familias y cuidar de sus hijos. Muy poca de la capacitación se centraba en el cuidado real de los niños, y la mayor parte tenía que ver con la idiosincrasia de los estadounidenses (incluida nuestra preferencia por las duchas en lugar de los baños).

A los ocho meses de relación, el visado de Heidi se venció, y tuvo que volver al Reino Unido. Yo estaba locamente enamorado de ella, así que apliqué para cursar un programa de derecho en Londres y la seguí. Consiguió trabajo como secretaria, y yo trabajé como busker (músico callejero) tocando mi guitarra y mi armónica, y cantando en el metro de Londres. Era una existencia sencilla, hasta que un día llegué a casa y ella tenía una prueba de embarazo en la mano. Adelantamos la fecha de nuestra boda y volvimos a Estados Unidos para prepararnos para nuestro bebé. Yo planeaba terminar la carrera de Derecho y, con suerte, conseguir un trabajo que pagara más que una funda de guitarra llena de cambio.

Durante el resto de mis estudios y mi carrera como abogado, Heidi cuidó de nuestro hijo Alec. También cuidó de otros niños para complementar mi escaso sueldo como abogado público. Incluso pusimos en marcha una guardería familiar en nuestra casa, a la que venían tres o cuatro niños a diario y Heidi cuidaba de ellos mientras sus padres trabajaban. Si hubiese sabido entonces lo que sé ahora, nunca me habría dedicado al cuidado de ningún niño más allá de nuestra propia familia, y le habría dicho a Heidi la noche que la conocí en aquella barbacoa que lo dejara inmediatamente.

LOUISE WOODWARD

En 1997, estaba pegado a la televisión viendo el juicio de Louise Woodward, una niñera inglesa de diecinueve años. Barry Scheck, cofundador del Innocence Project de la Facultad de Derecho de Cardozo en Nueva York era su abogado defensor. Mi interés por el caso iba mucho más allá de mi interés habitual por los procesos penales. Al ver a Louise, vi a Heidi y lo fácil que podría haber sido estar en las mismas circunstancias.

Viendo el juicio, fue la primera vez que oí el término «hematoma subdural» (hemorragia cerebral), que es uno de los síntomas que los médicos están entrenados a buscar en los casos de maltrato infantil. El llamado «síndrome del bebé sacudido» se diagnosticaba siempre que un bebé presentaba los síntomas de hematomas subdurales, junto con edema cerebral y hemorragia retiniana. Se conocían como la "tríada" de síntomas indicativos de maltrato.

Louise cuidaba a Matthew Eappen, de ocho meses, en Newton, Massachusetts, cuando entró en coma y murió. El Dr. Patrick Barnes, que más tarde se convertiría en uno de los grandes críticos del diagnóstico del bebé sacudido, testificó para la fiscalía que estaba seguro de que la tríada de síntomas existía en el caso y, por tanto, Matthew murió por maltrato. Los síntomas simplemente no podían haber sido causados por otra cosa.

Fue desgarrador ver el juicio. Louise era una adolescente sin mucha experiencia en el cuidado de niños, lo que la convertía en un blanco fácil. Como muchas de las mujeres británicas de mi vida, sonreía y se reía nerviosamente en momentos inadecuados, causando una extraña impresión en los miembros del jurado estadounidense. Al igual que Amanda Knox, sufrió interpretaciones culturales erróneas de su comportamiento.

Barry presentó un testimonio experto claro y detallado y pruebas de que las lesiones que mataron a Matthew debieron producirse semanas antes de la supuesta sacudida de Louise. Recuerdo vívidamente cómo agitaba ante el jurado una foto ampliada de un escáner cerebral y gritaba: "¡Esto es duda razonable; es el fin del caso!".

No obstante, Louise fue declarada culpable de asesinato en segundo grado y condenada a cadena perpetua. Cuando el jurado leyó el veredicto, una audiencia mundial la vio derrumbarse. Entre sollozos, dijo: "¿Por qué han hecho esto? Yo no hice nada".

Posteriormente, el juez de primera instancia redujo la condena de Louise a homicidio involuntario y determinó que había cumplido su pena mientras estaba encarcelada durante el proceso. Declaró: "Estoy moralmente seguro de que permitir que esta acusada, con estas pruebas, permanezca condenada por asesinato en segundo grado sería un desvío de justicia".[1] Más tarde, el Dr. Barnes cambió de opinión sobre las pruebas y declaró al *New York Times* que los síntomas de Matthew no eran necesariamente el resultado de abusos y "podrían haber sido accidentales."[2]

Siete años después del juicio de Louise Woodward, me encontré sentado en el suelo de una prisión hablando con mi cliente sobre una tragedia similar.

KEN MARSH

Ken Marsh vivía en San Diego con su novia Brenda y sus dos hijos, Jessica (de casi dos años) y Phillip (de casi tres). Ken trabajaba de noche en una planta embotelladora y Brenda de día en un mercado mayorista de flores. Se turnaban en el cuidado de los niños.

El 27 de abril de 1983, Brenda estaba trabajando mientras Ken cuidaba a los niños. Mientras los niños jugaban alegremente, Ken fue a recoger un juguete de detrás del sofá y vio algo de basura. Decidió limpiar la zona y salió de la habitación para buscar una aspiradora. Mientras Ken estaba fuera de la habitación, Phillip se subió al brazo del sofá y alcanzó un cenicero de cristal que había sobre la repisa de la chimenea. Lo tiró de la repisa y se hizo pedazos. Perdió el equilibrio, cayó y se golpeó la cabeza contra la chimenea de ladrillo.

Ken regresó corriendo al salón, donde vio a Phillip tirado junto a la chimenea, casi sin respirar y con sangre en la nuca. Ken lo levantó despacio, lo llevó al comedor, lo acostó sobre una toalla y llamó al 911.

Cuando llegaron los paramédicos, Phillip estaba pálido e inmóvil en el suelo. No parecía respirar, pero tenía pulso. Los paramédicos intentaron hacerle la respiración boca a boca y Phillip jadeó un poco. Tenía una hemorragia en una zona blanda de la nuca.

Los paramédicos llegaron al lugar cinco minutos después. Vieron que Phillip tenía los ojos fijos y dilatados, pero no informaron de hematomas ni lesiones en la parte frontal de su cabeza. En algún momento, Phillip entró en paro respiratorio y pudo haber convulsionado. Los paramédicos intentaron abrir las vías respiratorias de Phillip, pero no le llegaba suficiente aire. Decidieron ponerle sacos de arena a ambos lados de la cabeza para estabilizarlo y trasladarlo con seguridad a urgencias del hospital más cercano.

Cuando ingresó en el hospital, Phillip estaba inconsciente, tenía la piel pálida y fría y no se movía en absoluto. Se le hicieron radiografías del cuello y la columna cervical. La principal preocupación era un posible edema cerebral, por lo que Phillip fue trasladado al Hospital Infantil de San Diego para recibir tratamiento adicional.

Durante el traslado, a Phillip se le administraron ocho gramos de manitol vía intravenosa en la yugular. Esto se hizo para administrarle la máxima cantidad de medicamento en el menor tiempo posible para disminuir el edema cerebral. Sin embargo, su presión arterial comenzó a bajar drásticamente, su ritmo cardíaco se ralentizó profusamente y murió al cabo de veinticuatro horas.

Antes de la caída que le causó la muerte, Phillip había sido un niño muy enfermo. Brenda lo había llevado repetidamente al médico por vómitos, distensión abdominal, caída del cabello, dolores de estómago y hematomas graves. También le habían diagnosticado mononucleosis. La autopsia de Phillip documentó tres pequeñas laceraciones en el cuello y hematomas en la frente, la mejilla, la barbilla y la oreja. También había edema cerebral y hemorragia cerebral y retiniana.

El Hospital Infantil de San Diego era único. Contaba con un equipo de médicos, dirigido por el Dr. David Chadwick, que analizaba los casos de sospecha de maltrato infantil e informaba de ellos a la policía y a la Fiscalía. El Dr. Chadwick se convirtió en uno de los principales defensores del síndrome del bebé sacudido en el país, y el equipo evolucionó hasta convertirse en lo que hoy se denomina The Chadwick Center for Children & Families. Ofrecen "programas y servicios de prevención, identificación y tratamiento de niños maltratados y traumatizados".[3]

El equipo del Dr. Chadwick sospechaba de la muerte de Phillip. Creían que la hinchazón y la hemorragia interna eran excesivas para una caída corta, y las laceraciones parecían heridas de "tajo" que no podían haber sido causadas por una caída contra la base de la chimenea de ladrillo donde se encontró su cuerpo. Los médicos descartaron la posibilidad de que el cristal roto del cenicero pudiera haber causado los cortes porque el cristal no estaba manchado de sangre. Llamaron a la policía y Ken fue detenido y acusado de asesinato.

Ken mantuvo su inocencia durante toda la investigación y se negó a aceptar ninguna oferta de declaración de culpabilidad. En el juicio, un equipo de expertos declaró que creía que las lesiones de Phillip eran consecuencia de maltrato. El Dr. Chadwick testificó que los hematomas de Phillip no podían ser el resultado de una caída corta y que tales hematomas habrían requerido una caída de al menos nueve metros. Ken fue declarado culpable y condenado a un periodo de quince años a cadena perpetua.

Veinte años después, en 2003, conocí a Brenda, junto con Tracy Emblem, una abogada defensora de San Diego que había trabajado en el caso de Ken durante varios años. Entre lágrimas, Brenda me contó que siempre había creído que Ken era inocente.

Desde la condena de Ken, hemos aprendido mucho sobre casos de muertes de bebés. En primer lugar, los médicos declararon que Phillip no pudo sufrir las lesiones mortales en una caída corta. Durante décadas, expertos testificaron regularmente que los niños no podían morir por caídas cortas. Cada día se caen millones de niños en todo el mundo, y aunque casi todos ellos están bien o presentan lesiones leves, ahora sabemos que hay ocasiones en que las caídas cortas provocan lesiones mortales. Estas caídas cortas también pueden ocasionar la tríada de síntomas que los médicos han sido entrenados para reconocer como indicadores de maltrato.

En 2018, pediatras expertos en maltrato infantil publicaron un estudio en el que examinaban ocho caídas de niños, cada una presenciada en promedio por cuatro personas, todas ellas provocaron hemorragias subdurales y retinianas.[4] La Asociación Americana de Pediatras—una organización que agrupa a sesenta y siete mil pediatras en Estados Unidos—ya no aconseja a los médicos determinar que las caídas cortas no pueden provocar la muerte ni las lesiones que durante tanto tiempo se han diagnosticado como indicativas de maltrato.[5]

También hemos aprendido que la tríada de síntomas puede estar causada por enfermedades como la encefalitis, la meningitis y el Síndrome de los Huesos Frágiles.[6] También pueden estar causados por reacciones a vacunas, deficiencias vitamínicas e incluso la presión de un parto vaginal normal.[7]

A menudo, estos síntomas no se descubren al nacer porque no se realizan radiografías ni tomografías computarizadas si el bebé está sano. El bebé es enviado a casa y, por lo general, la hinchazón y los hematomas desaparecen. Pero quizá el niño sufra una caída corta del sofá o del cambiador que le provoque la muerte. La autopsia revelará entonces estos síntomas, lo que puede dar lugar a un diagnóstico erróneo de maltrato.

Un estudio reveló que aproximadamente el 30% de los niños estudiados nacieron con hematomas subdurales y hemorragias retinianas tras un parto vaginal normal. Esta cifra era aún mayor en los partos vaginales asistidos y significativamente menor en los partos por cesárea programada.[8] Estos bebés suelen considerarse sanos y son enviados a casa.

En el caso de Ken, tuvimos suerte de que Bonnie Dumanis hubiera sido elegida recientemente fiscal del distrito del condado de San Diego. Había entablado una buena relación con Bonnie después de que asumiera el cargo, y decidimos presentarle el caso de Ken antes de seguir litigando. Bonnie estuvo de acuerdo en que el caso debía ser revisado, así que contratamos a unos cuantos expertos neutrales para que examinaran las pruebas. Esos expertos concluyeron que Phillip tenía un trastorno sanguíneo no diagnosticado (derivado de la mononucleosis) que explicaba los extensos hematomas. Las lesiones eran compatibles con una caída corta sobre una chimenea de ladrillo.

Incluso con estas pruebas, no había forma de estar seguros de que pudiéramos conseguir la libertad de Ken con una petición de reapertura del caso basada en la nueva evidencia. Cada estado de los Estados Unidos tiene su propio estándar para reabrir casos con nueva evidencia, y en aquel entonces, California tenía el estándar más estricto del país. Lo sé porque investigué cada uno de ellos junto con Alex Simpson y la abogada del Innocence Project del Norte de California, Paige Kaneb. Escribimos un artículo en una revista jurídica en el que documentábamos que no eran los estados conservadores del sur los que hacían casi imposible obtener la revisión judicial de las condenas cuando había pruebas sólidas de inocencia. En su lugar, era la buena vieja California hippie y liberal.[9]

En la mayoría de los estados, el criterio para presentar nuevas pruebas y conseguir la revocación de una condena es si las nuevas pruebas habrían cambiado el resultado del juicio. En California, los tribunales exigían nuevas pruebas que socavaran por completo el caso de la fiscalía y apuntaran inequívocamente hacia la inocencia.[10] En otras palabras, aunque pudiéramos aportar pruebas científicas que demostraran que era muy probable que Phillip hubiera muerto por una caída accidental, un juez podría considerar que nuestras alegaciones no "apuntaban inequívocamente a la inocencia". El jurado lo había declarado culpable cuando la fiscalía tenía la carga de probar la culpabilidad. Cuando tuvimos el caso, teníamos la carga de probar la inocencia.

Después de recibir los resultados de los expertos, Bonnie propuso una resolución—Ken se declararía culpable de homicidio involuntario. Se le sentenciaría a tiempo cumplido por los más de veinte años que había estado en prisión y se iría a casa sin enfrentar un litigio. Eso llevó a la escena que dio comienzo a este capítulo, con Ken negándose de forma vehemente.

Conocía los riesgos y se los expliqué. Bonnie podía abandonar la negociación. Entonces tendríamos que solicitar una audiencia al tribunal y, aunque la consiguiéramos, no había ninguna seguridad de que ganaríamos. Me preocupaba que Ken se estuviera jugando el resto de su vida porque sentía que estaría defraudando a su novia Brenda, a su otra abogada Tracy Emblem y a todas las personas que habían luchado por su inocencia. Siempre me preocupo por eso cuando presento una oferta de declaración de culpabilidad.

Cuando informamos a Bonnie de que Ken no aceptaría la declaración, contuvimos la respiración. Bonnie finalmente accedió a unirse a nosotros en una moción para revocar la condena y luego retiró todos los cargos contra él. Tal vez la negativa de Ken a aceptar un acuerdo finalmente la convenció de su inocencia. No lo sé.

La decisión de Bonnie de desestimar el caso fue audaz y refrescante en una ciudad conservadora como San Diego. Me enteré por los rumores que recibió muchas críticas de su personal. Los casos de muertes de bebés son los casos de homicidio más emotivos y reciben mucha publicidad. El público no entiende la ciencia, y la desestimación del caso fue un repudio del testimonio de médicos muy respetados en la comunidad.

La liberación de Ken también fue extremadamente emotiva. Pasaron sólo unas horas entre la presentación de la moción para su puesta en libertad y el momento en que todos nosotros estábamos detrás de él en la escalinata del tribunal frente a un gran grupo de periodistas y cámaras.

Ken estaba atónito. Se le salían las lágrimas mientras apretaba la mano de Brenda e intentaba encontrar las palabras para expresar lo que sentía. Habló de cómo mantuvo su inocencia desde el día de su detención, durante todo el juicio, las apelaciones y las audiencias de libertad condicional, en las que podría haber sido puesto en libertad si hubiese dicho que era culpable. "Soy inocente y no iba a conformarme con menos que la exoneración", dijo a los periodistas.[11]

Unos días después de la liberación de Ken, organizamos un evento en la facultad de derecho para darle la bienvenida a casa. Bonnie pasó por ahí y se reunió con él en mi oficina. Le dijo lo agradecido que estaba por al fin estar en libertad y le dio las gracias por haber accedido a que se revocara su condena. Ella preguntó por sus planes y le animó a dejar atrás el pasado y empezar una nueva vida.

Ver a la fiscal más poderosa del condado manteniendo esta conversación amistosa con un hombre que pocos días antes estaba condenado a morir en prisión me dio esperanzas. Era posible liberar a inocentes sin las habituales guerras entre fiscales y abogados defensores.

SUZANNE JOHNSON

Suzanne Johnson es otra persona en San Diego condenada por la muerte de una bebé. Ella trabajaba en una guardería patrocinada por la YMCA, y el 24 de junio de 1997 cuidaba a una niña llamada Jasmine, que se cayó de su silla alta. Jasmine parecía estar bien, pero aproximadamente treinta minutos después empezó a vomitar y tenía dificultades para respirar. Suzanne llamó al 911 y le practicó la reanimación cardiopulmonar hasta que llegó la ambulancia y trasladó a Jasmine al hospital. Al cabo de una hora, Jasmine fue declarada muerta.

Durante la autopsia se descubrieron lesiones similares a las que sufrió Phillip: fractura de cráneo, hemorragia cerebral y hemorragia retiniana. El médico también encontró un hematoma subdural previo que Jasmine había sufrido entre dos y cuatro semanas antes de su muerte. Al igual que en el juicio de Ken Marsh, los expertos declararon que Jasmine no podía haber sufrido tales lesiones por una caída corta, y que las lesiones craneales de Jasmine eran equivalentes a las sufridas por un bebé que cae desde una ventana de un tercer piso o por no ir sujeto en un accidente de coche.

Los fiscales argumentaron que Suzanne causó las lesiones por maltrato, y que no era posible que Jasmine pareciera normal después de sufrir tales lesiones. Así que, como mínimo, argumentaron, la negligencia de Suzanne fue la causa de la muerte porque no llamó inmediatamente al 911 tras la supuesta caída. El 30 de abril de 1999, Suzanne fue declarada culpable de agresión a una niña, causándole la muerte y por ello fue condenada a una pena de prisión de veinticinco años a cadena perpetua.

Como se ha discutido, ahora sabemos que los bebés pueden morir por caídas cortas. Recordando la infancia de mis dos hijos, Alec y Zach, me alegro de que no sea frecuente, porque se caían mucho. Me acuerdo de un incidente en particular cuando era un papá muy joven. Puse a Alec en su silla alta y me di la vuelta para sacar su comida de la nevera. Escuché un golpe, y cuando voltee, él estaba llorando a gritos desde el suelo. No lo había atado bien y se había deslizado por debajo de la bandeja y de la silla al suelo. Estaba bien, pero desde el primer momento en que leí el expediente del caso de Suzanne, he vuelto a ese momento y me he dado cuenta de que yo pude haber estado en la misma situación.

Una década después del juicio de Suzanne, el mundo se enteró de la posibilidad de parecer estar bien tras un traumatismo craneal (es decir, experimentar un "intervalo lúcido") antes de morir. En 2009, la actriz Natasha Richardson esquiaba en Quebec (Canadá). Se cayó y se golpeó la cabeza en una pista para principiantes, pero parecía estar bien. En una entrevista, su esposo, el actor Liam Neeson, dijo que ella descartó la idea de cualquier lesión grave y se limitó a decir: "Oh, cariño, me he dado un revolcón en la nieve". Horas después, su estado empeoró y fue evacuada a un hospital. Le hicieron radiografías de la cabeza y, tras verlas, su marido describió su cerebro como "aplastado contra el lado de su cráneo". Poco después, Natasha fue declarada con muerte cerebral y estuvo con respiración asistida hasta que falleció.[12]

El destino de Jasmine fue similar. Sufrió heridas en la cabeza por la caída que acabó matándola, pero durante un tiempo experimentó un intervalo de lucidez en el que parecía ilesa.

Durante mis visitas a Suzanne en la cárcel, era imposible ver el mérito de encerrarla. Era una mujer mayor, amable, con el pelo blanco como la nieve, que hablaba de cosas como decorar los dormitorios de la prisión para las fiestas. El tema del que más hablaba era lo mucho que deseaba visitar a sus nietos, pero la ley de California lo hacía imposible. Estaba en prisión por un delito contra un menor, por lo que la ley impedía que recibiera visitas de menores de dieciocho años, incluso de sus propios nietos.[13]

Con nuevos datos médicos que refutaban su culpabilidad, presentamos el caso de Suzanne a la Fiscalía del Distrito de San Diego. Esperábamos obtener la misma cooperación que obtuvimos en el caso de Ken Marsh, pero la familia de Jasmine seguía creyendo que Suzanne era culpable y nunca pude convencer a Bonnie Dumanis de que se uniera a nosotros para revocar la condena. Con el indulto como última opción, Suzanne fue una de las doce peticiones que llevamos a pie de San Diego a Sacramento y presentamos al gobernador Jerry Brown. No le concedió el indulto durante su mandato, pero en la campaña de 2020 para liberar a quienes estaban atrapados en las prisiones plagadas de COVID y no debían estar allí, el gobernador Gavin Newsom le concedió el indulto.

El 3 de abril de 2020, Suzanne salió del Centro Penitenciario para Mujeres de California Central como una mujer libre y se dirigió a los amorosos brazos de su familia. Había pasado veintiún años en prisión por un delito que no cometió.

AUDREY EDMUNDS

Como lo comenté en el capítulo 3, la persona que encuentra un cadáver puede convertirse en la principal sospechosa, lo mismo ocurre con frecuencia en los casos de muertes de bebés. Incluso si la lesión mortal se produjo antes, la persona que cuidaba al bebé en el momento de la muerte puede ser condenada a menudo injustamente. Eso es lo que le ocurrió a una cuidadora de niños llamada Audrey Edmunds.

Audrey cuidaba a niños del vecindario en su casa de Waunakee, Wisconsin. El 16 de octubre de 1995 cuidaba a Natalie Beard, de siete meses. Esa mañana, Natalie estaba inquieta y su madre, Cindy, le explicó que tenía una infección en el oído. Audrey le dio un biberón de leche de fórmula y la dejó sola en la sala. Cuando Audrey regresó, Natalie estaba sin vida, con leche de fórmula escurriendo por su nariz.

Audrey describió la escena en su autobiografía: "Mi corazón latía con fuerza y supe que algo estaba muy mal. ¿Se había atragantado con la leche? La adrenalina se apoderó de mí mientras corría por la casa, el garaje y el jardín, con la bebé en brazos pidiendo ayuda a gritos. Nunca había sentido tanto miedo en mi vida. Era obvio que Natalie estaba en serios problemas".[14]

Audrey llamó al 911 y Natalie fue trasladada al hospital, donde murió esa misma noche. Sólo había estado al cuidado de Audrey una hora ese día.

Como en los otros casos tratados en este capítulo, la autopsia de Natalie reveló importantes daños cerebrales. Se sospechó que había habido maltrato y, tras una investigación superficial, Audrey fue acusada de homicidio imprudente en primer grado.

En el juicio, amigos y vecinos testificaron que Audrey era una cuidadora de niños cariñosa y atenta, y se reveló que Natalie había sido una niña muy enfermiza antes de su muerte. Natalie tenía un largo historial de visitas al médico, incluida una revisión varios días antes de su muerte. Se informó que estaba aletargada, irritable y vomitaba— todos ellos posibles signos de una lesión cerebral. Contrarrestando estas pruebas, varios expertos declararon a favor de la fiscalía que Natalie fue víctima del síndrome del bebé sacudido. Audrey fue declarada culpable y condenada a dieciocho años de prisión.

Cuando pusimos en marcha el Innocence Project de California en 1999, me puse en contacto con Keith Findley, profesor de la Facultad de Derecho de la Universidad de Wisconsin. Keith había puesto en marcha el Innocence Project de Wisconsin el año anterior, con el profesor de derecho John Pray, y modelé gran parte de nuestro proyecto sobre el suyo. Keith, John y yo trabajamos juntos en la junta de la Red Inocencia durante muchos años, ayudando a crear y gestionar organizaciones de inocencia en todo el país y en todo el mundo.

Con los años, Keith se ha convertido en un especialista en condenas injustas por muertes de bebés. Se hizo cargo del caso de Audrey diez años después de que fuera condenada, y presentó una moción para un nuevo juicio basada en todos los datos científicos novedosos que cuestionaban los diagnósticos del síndrome del bebé sacudido.

La nueva ciencia había suscitado dudas en la mente del médico que realizó la autopsia de Natalie. En la audiencia sobre la petición de un nuevo juicio, declaró que ya no estaba seguro de que la muerte de Natalie hubiera sido causada por las lesiones que sufrió esa mañana mientras estaba al cuidado de Audrey. Otros cinco médicos también declararon que las pruebas no permitían concluir que Audrey fuera responsable de la muerte de Natalie. El Dr. Patrick Barnes, que testificó para la fiscalía en el caso de Louise Woodward, declaró que algo tan mundano como la infección de oído que Natalie tenía la mañana de su muerte pudo haberse extendido al cerebro con consecuencias fatales.

La moción de Keith fue denegada, pero en la apelación ante el Tribunal de Apelación de Wisconsin, el tribunal determinó que "las pruebas recién descubiertas, en este caso, demuestran que ha habido un cambio en la opinión médica dominante desde el momento del juicio de Edmunds en cuanto a las causas de los tipos de traumatismos que presentaba Natalie". El tribunal revocó la condena, declarando que "el expediente establece que existe una probabilidad razonable de que un jurado, considerando tanto el nuevo testimonio médico como el antiguo, tuviera una duda razonable en cuanto a la culpabilidad de Edmunds".[15]

Claramente, Natalie no era una bebé sana. Tenía condiciones preexistentes que la llevaron a la muerte. Audrey tuvo la trágica desgracia de ser la cuidadora cuando Natalie entró en la situación crítica que finalmente llevó a su muerte, lo que generó que la atención se centrara en ella. Audrey fue exonerada y puesta en libertad en 2008 tras pasar más de una década en prisión por un delito que no cometió.

ALAN GIMENEZ

Las condenas erróneas en casos de muerte de bebés no sólo afectan a cuidadores como Ken, Suzanne y Audrey. A menudo son los padres los que son enviados a prisión.

Trate de imaginar algo peor. Su hijo muere trágicamente. Mientras intenta sobrellevar esta tragedia que le ha cambiado la vida, le interrogan como sospechoso. Le detienen y le acusan de asesinar a su propio hijo. La gente de su comunidad, de su trabajo e incluso de su familia comienzan a pensar que ha cometido este acto atroz. Se gasta hasta el último centavo en su defensa mientras está en la cárcel. Y entonces, le condenan como asesino de niños y le envían a la cárcel, donde es lo más bajo de lo bajo en la jerarquía de los reclusos.

Alan Gimenez sufrió este destino. Su hija, Priscilla, era una niña muy enfermiza que sobrelleva un parto largo, difícil y traumático. Tras el cual, le practicaron una punción lumbar y una radiografía de tórax que reveló retención de líquidos y una costilla fracturada. Estuvo conectada a oxígeno los dos primeros días de vida.

Una vez dada de alta del hospital, Priscilla empezó a mostrar síntomas de fiebre y empezó a vomitar en proyectil y a tener convulsiones. Alan y su esposa la llevaron de nuevo al hospital, pero no le hicieron ningún análisis. Simplemente la dieron de alta con instrucciones a los padres de reducir la fórmula, alimentarla en posición vertical y hacerla eructar con frecuencia durante las tomas.

Siete semanas después de nacer, Priscilla vomitó, convulsionó y perdió el conocimiento mientras Alan la alimentaba. Alan llamó a emergencias y le practicó reanimación cardiopulmonar. La llevaron al hospital, donde los médicos le hicieron numerosas pruebas para determinar el origen de sus problemas. Los análisis de sangre mostraron que Priscilla tenía anemia. Una punción lumbar reveló que tenía sangre en la columna vertebral. Tenía una infección en la boca y un desgarre reciente del tejido bajo la lengua, probablemente causado por la convulsión. También parecía tener un problema de coagulación que impedía la extracción de sangre. Además, los médicos descubrieron que la madre de Priscilla tenía hepatitis A. A pesar de estos problemas, los médicos no pudieron determinar con exactitud la causa de los vómitos en proyectil y las convulsiones, y Priscilla fue dada de alta tres días después.

Horas después de su alta, mientras Alan intentaba alimentarla nuevamente, Priscilla vomitó con fuerza y tuvo otra convulsión. Alan la llevó al servicio de urgencias y en el hospital le realizaron una tomografía computarizada por primera vez. La tomografía mostró una fractura de costilla desde el nacimiento y sangrado en el cerebro de Priscilla (un hematoma subdural). Al día siguiente, falleció.

Alan fue acusado de asesinato con base en la autopsia de Priscilla, que reveló que su cerebro estaba inflamado y sufría hemorragias retinianas, además del hematoma subdural ya descubierto. Una vez más, la tríada de síntomas llevó a la determinación de abuso, aunque era muy probable que los síntomas fueran resultado de su nacimiento traumático.

Alan fue declarado culpable de asesinato en segundo grado y condenado a un periodo de quince años a cadena perpetua. Unimos fuerzas con Janeen D'Angelo, una dedicada abogada pro bono que había pasado años intentando liberarlo. Cuando visité a Alan en la cárcel, me encontré con un tipo apacible y amable que no podía imaginar que hubiera sobrevivido tantos años en prisión como asesino de bebés convicto. Me contó cómo había ocultado sus cargos a la gente con la que estaba encarcelado e incluso cambiado su documentación por otros cargos cuando uno de los líderes de la prisión exigió verla.

Varios expertos concluyeron que Priscilla había tenido lesiones en la cabeza y el cuello que no hubiesen existido si la hubieran sacudido violentamente hasta matarla, como afirmaba la fiscalía. Y había pruebas del parto que no se revelaron a la defensa, de que había hemorragias retinianas al nacer. Era muy probable que los tres síntomas estuvieran presentes al nacer. Incluso si no lo estaban, todas las pruebas combinadas apuntaban a la inocencia de Alan.

No obstante, con el altísimo nivel de pruebas requerido para revocar una condena injusta y con los médicos aferrándose todavía a la ciencia anticuada relacionada con las muertes de bebés, todas las peticiones de Alan al tribunal no tuvieron éxito. Finalmente, fue puesto en libertad condicional en 2015 tras veinticuatro años en prisión por un delito que no cometió.

MATT AND GRACE HUANG

El caso de muerte infantil más extraño en el que he trabajado en mi carrera fue el de dos padres acusados de asesinato basado en la teoría de que habían matado de hambre a su hija para extraerle los órganos. Me enteré del caso cuando recorríamos California con las peticiones de clemencia. Recibí una llamada de Eric Volz, un hombre que había sido condenado injustamente por asesinar a su novia en Nicaragua. Tras su liberación, Eric comenzó a ayudar a otras personas condenadas injustamente en todo el mundo a recuperar su libertad. Ya habíamos trabajado juntos en la liberación de Jason Puracal, ex voluntario de los Cuerpos de Paz, acusado y condenado falsamente por tráfico de drogas en Nicaragua.

"Repite eso, Eric", dije en mi celular mientras caminaba junto a una carretera ruidosa.

"Fueron acusados de asesinar a su hija para extraerle los órganos".

Lo había escuchado bien.

"¿Por qué la matarían de hambre para extraerle los órganos? ¿La inanición no destruiría los órganos y los volvería inútiles?".

"Sí, nada de eso tiene sentido".

Matt y Grace Huang eran una pareja de estadounidenses de origen asiático que se mudó a Doha (Qatar) con sus tres hijos adoptivos en 2012. Matt, ingeniero formado en Stanford, estaba allí para ayudar a supervisar un proyecto de infraestructura relacionado con las mejoras que se estaban realizando para la preparación de la Copa del Mundo de la FIFA 2022.

El 15 de enero de 2013, la hija adoptiva de ocho años de los Huang, Gloria, murió inesperadamente. No había signos de traumatismo ni nada que indicara que Gloria hubiera muerto por malos tratos. Sin embargo, la policía qatarí sospechó de que una pareja asiática tuviera hijos negros. La adopción, sobre todo de niños de raza distinta a la de los padres, no es habitual en la cultura qatarí. Según la ley qatarí, basada en la Sharia Islámica, es ilegal adoptar niños qataríes.

Qatar tiene muchas leyes que sorprenden a los extranjeros que no están familiarizados con su cultura. Es ilegal introducir al país carne de cerdo, alcohol, semillas comestibles o especias. Es ilegal que las parejas no casadas vivan juntas. La flagelación aún se utiliza como castigo, y el adulterio se castiga con la muerte.

Aparentemente, tomar fotos de edificios gubernamentales también es ilegal. Alex Simpson, mi director asociado, y el hermano de Matt fueron arrestados por este delito durante los procedimientos legales cuando el hermano de Matt decidió tomar una foto del palacio de justicia. En ese punto, teníamos cuatro clientes que liberar, aunque el caso de la foto era un poco menos complicado. Alex y el hermano de Matt fueron liberados poco después tras firmar una confesión y una carta de advertencia.

Los niños Huang nacieron en Ghana, donde vivían en absoluta pobreza. No había alimentos suficientes y los niños desarrollaron hábitos alimenticios poco saludables. Regularmente, Gloria se negaba a comer, y cuando la policía qatarí se enteró de ello, evolucionó hacia la extraña teoría de que los Huang la estaban matando de hambre. La pareja fue acusada de asesinato y se enfrentó a la pena de muerte, mientras que sus otros dos hijos fueron internados en un orfanato.

Cuando volé a Qatar para ayudar en la defensa de los Huang, era mi primer viaje a Medio Oriente. El vuelo estaba lleno de tropas que se dirigían a Afganistán, la mayoría de las cuales tenían un aspecto desgarradoramente joven. Después de veintidós horas de viaje, estaba aturdido mientras mi chofer me llevaba al hotel, pasando por delante de relucientes rascacielos ultramodernos de cristal que sobresalían de un desierto estéril.

La noche previa al juicio, ayudé a preparar a los testigos de la defensa con Eric y el abogado local que la empresa de Matt había contratado. Tuvimos muchos problemas para conseguir testigos expertos en Qatar que testificaran en el caso. Parecía existir un temor común a las represalias del gobierno. Encontramos expertos de fuera de Qatar que revisaron las pruebas y determinaron que Gloria no había muerto de hambre. Testigos la vieron corriendo el día anterior a su muerte, lo que es imposible para alguien que está muriendo de hambre. La inanición es un proceso que dura semanas, y el cuerpo se ralentiza a medida que desaparece la energía. Si Gloria hubiera muerto de hambre, no habría podido moverse el día anterior a su muerte, mucho menos correr.

En la sala del tribunal, la cabeza y el cuerpo de Grace estaban completamente cubiertos con tela negra, y no se le permitía hablar con nosotros. Matt llevaba ropa occidental y podía hablar libremente. No podía imaginar cómo se sentían los dos. Habían perdido a su hija, sus otros dos hijos estaban en un orfanato y se enfrentaban a la pena de muerte en un país extranjero donde no hablaban el idioma ni entendían la cultura.

Los procedimientos del juicio no se parecían a nada que hubiera visto antes. Cuando llamábamos a un testigo, en lugar de que se nos permitiese hacerle preguntas, tanto el juez como el fiscal tenían la oportunidad de ponerlo nervioso gritándole preguntas durante un largo periodo de tiempo. Tampoco parecía haber algún registro de los procedimientos. Cuando el juez quería que se documentara algo, le gritaba a un tipo con un cuaderno que lo anotaba. El carácter surrealista del proceso se vio reforzado por el hecho de que se celebraba en árabe (un idioma que no hablo) y el huso horario era prácticamente el opuesto al de California, por lo que, para mí, el juicio tenía lugar a la mitad de la noche.

Para el momento en que llegamos al juicio, el caso Huang se había convertido en noticia global. El *New York Times* había publicado varios artículos sobre el caso y la sala del tribunal estaba llena de agencias de noticias internacionales. La difícil situación de los Huang también atrajo la atención del gobierno estadounidense, y la embajada envió representantes al tribunal.

Mucha gente piensa que cuando algo así ocurre en el extranjero, el gobierno estadounidense vendrá a sacarles del apuro, pero no es tan sencillo. Estados Unidos mantiene una relación importante con Qatar. Tenemos una base militar allí, y los puntos de apoyo en Medio Oriente son estratégicamente importantes. El gobierno estadounidense quería dejar que las cosas se desarrollaran en el sistema judicial qatarí, con la esperanza de que se produjera una interrupción mínima en la relación entre Estados Unidos y Qatar, a pesar de que el caso era escandaloso y los procesos judiciales inadecuados.

A medida que avanzaba el juicio, quedó claro que la fiscalía no tenía pruebas de que Gloria hubiera muerto por motivos criminales. Cuando Gloria llegó a Estados Unidos procedente de África, tenía giardia, una enfermedad parasitaria difícil de erradicar y que puede causar graves problemas nutricionales que merman la capacidad del organismo para absorber los nutrientes de los alimentos. Más tarde dio positivo en un análisis de deficiencia de vitamina D y se sometió a otros análisis de sangre inusuales que, en retrospectiva, indicaban un problema continuo de malabsorción. Es probable que Gloria muriera de una enfermedad que contrajo en África, pero no hubo forma de demostrarlo porque la autopsia fue totalmente inadecuada y no se hicieron las pruebas que debieron haberse hecho. En cuanto la policía y los fiscales desarrollaron una visión de túnel sobre los Huang como traficantes de esclavos y asesinos, la investigación se centró en buscar pruebas que apoyaran su teoría carente de fundamento.

En Qatar ocurría la trata de esclavos. Estaba bien documentado que se importaban trabajadores de otros países con falsas promesas. A algunos les prometían trabajos de oficina bien remunerados, pero cuando llegaban a Qatar les confiscaban los pasaportes y los ponían a trabajar construyendo rascacielos en el desierto por una fracción de la paga prometida. Muchos murieron en esos trabajos.[16]

Sin embargo, aunque la idea de que los Huang habían dejado morir de hambre a su hija para cosechar sus órganos era ridícula, aún más ridículo era pensar que eran traficantes de esclavos. Eran simplemente una familia cariñosa. Teníamos fotos que se presentaron en el juicio de la familia montando a caballo juntos, haciendo viajes a Europa, y viviendo una gran vida.

El día en que el juez iba a anunciar el veredicto, los Huang tenían boletos de avión y estaban listos para regresar a Estados Unidos. No se había presentado alguna prueba creíble contra ellos y su defensa era muy sólida. Era impensable que hubiera otro veredicto que no fuera inocente. Pero con toda la publicidad internacional, y la importante relación entre Estados Unidos y Qatar, el gobierno de Qatar no quería que pareciera que habían detenido irracionalmente a una pareja estadounidense y que les habían acusado de asesinato. La misma presión existió en el caso de Amanda Knox con los funcionarios italianos, y en muchos otros que he visto en los que se encierra a ciudadanos estadounidenses en el extranjero.

En todos los demás asuntos en la lista de casos del día de la decisión sobre los Huang, el juez dio explicaciones detalladas de sus veredictos y sentencias. En el caso de los Huang, se limitó a decir "tres años", sin dar alguna explicación de por qué este caso de pena de muerte se había reducido a una condena de tres años.

En ese momento, el gobierno estadounidense supo que el caso carecía de fundamento. El Departamento de Estado de EE.UU. emitió un comunicado en el que afirmaba que "estaban sorprendidos y decepcionados por la decisión del tribunal" y que "no todas las pruebas fueron sopesadas por el tribunal" y que "algunos malentendidos culturales pudieron haber dado lugar a un juicio injusto". Matt habló con los periodistas y dijo, "Acabamos de ser condenados injustamente y nos sentimos como si estuviéramos siendo secuestrados por el sistema judicial de Qatar".[17]

Como resultado de la presión del gobierno estadounidense, incluida la implicación específica del Secretario de Estado John Kerry, se revocó la condena de los Huang y se les permitió regresar a Estados Unidos.[18]

Cuando mueren niños, la gente quiere respuestas y quiere que alguien rinda cuentas. En todos los casos que he analizado en este capítulo, ese deseo ha conducido a condenas erróneas en procedimientos impulsados por la emoción. Por eso es importante eliminar la emoción de estos casos y llevar a cabo investigaciones basadas en hechos.

En el infame caso australiano de la muerte de un bebé en 1980, en el que una madre (Lindy Chamberlain) fue condenada por asesinar a su hija de nueve semanas, era bien sabido que al jurado no le caía bien la madre. Lindy estaba enfadada y resentida por ser juzgada por el asesinato de su bebé cuando había presenciado cómo un dingo (perro salvaje) atacaba y se llevaba a su hija. La emoción de la muerte de un bebé y los sentimientos del jurado hacia Lindy llevaron el caso a la condena. Décadas después, se demostró que, en efecto, la bebé había sido atacada, llevada y asesinada por un dingo, y Lindy fue exonerada.[19]

En el Reino Unido, después de varias condenas erróneas de alto perfil por actos terroristas, se creó la Comisión de Revisión de Casos Criminales (CCRC) y se le otorgó el poder de reinvestigar casos de presuntos errores judiciales. La comisión ha sido criticada por tardar demasiado en revisar los casos y sólo actuar en un pequeño porcentaje de ellos. No obstante, a principios de la década de los 2000, la CCRC comenzó a revisar condenas por muertes de bebés en todo el país basadas en mala ciencia. Este tipo de investigación y revisión necesita realizarse en la etapa inicial de los casos para evitar condenas erróneas y en la etapa final para corregirlas.

En el sistema jurídico estadounidense, es imposible crear comisiones nacionales con poder para conseguir la revocación de las condenas. Cada estado y territorio actúa con arreglo a su propio código de delitos y procedimientos, y los tribunales federales no pueden interceder en un caso penal estatal a menos que el caso presente problemas constitucionales federales. Incluso dentro de un mismo estado, existen grandes inconsistencias en la aplicación de la ley porque los fiscales locales tienen gran parte del poder. Esos fiscales tienen la tendencia inherente a defender el trabajo de sus propias oficinas. Este sesgo a menudo se impone a las pruebas científicas sólidas que demuestran que una condena era contundentemente errónea.

Casos como el de Ken Marsh, en el que la fiscal del distrito acepta la revocación de una condena por la muerte de un bebé, son raros. De nuevo, estos casos son muy emotivos y reciben mucha publicidad. A menudo hay padres afligidos que quieren que los cuidadores permanezcan en prisión el mayor tiempo posible, e incluso algunos casos en los que uno de los progenitores cree falsamente que el otro es responsable de la muerte de su hijo.

Más allá de la emoción de estos casos, estos son muy complicados, y a menudo es mucho más fácil demostrar que el jurado escuchó pruebas basadas en mala ciencia que demostrar la inocencia definitiva. En otras palabras, podríamos demostrar que el testimonio de un médico es falso cuando afirma que un niño no puede morir por una caída corta, pero no necesariamente niega la teoría de que el niño murió por maltrato.

Normalmente, cuando mi oficina presenta un caso de inocencia relacionado con una condena por la muerte de un bebé a una fiscalía de distrito, esta otorga una gran deferencia al fiscal que llevó el caso en el juicio. Esos fiscales a menudo pasaron meses, a veces años, aprendiendo sobre las pruebas y sacando conclusiones. Suelen saber más sobre los hechos y las pruebas que cualquier otro abogado de su oficina, por lo que sus jefes a menudo se remiten a su juicio en cuanto a si el caso debe ser revisado y si la condena debe ser revocada. Sin embargo, esos fiscales suelen ser también las personas más parciales de su oficina, ya que están revisando su propio trabajo. Los experton que utilizaron en el juicio también suelen seguir apoyando su propio testimonio porque adolecen de la misma parcialidad. Esto hace que conseguir la revocación de estos casos mediante la cooperación sea muy difícil.

También es muy difícil conseguir la revocación de estos casos a través del litigio. Normalmente, los casos se devuelven al juez de primera instancia cuando tenemos nuevas pruebas de inocencia, incluidos nuevos datos científicos que minan las condenas por muerte de bebés. Los jueces incluyen nuestras audiencias en sus ya apretados calendarios y nunca se muestran entusiastas ante la gran cantidad de pruebas científicas que se presentan en ellas, sobre todo cuando son contrarias a las pruebas que el juez ya ha escuchado en un juicio. Los jueces sufren de sus propios prejuicios, al igual que los fiscales, los expertos y el resto de los seres humanos.

Otro reto con los jueces es que a menudo son elegidos y dependen del apoyo de fiscales, policías y la comunidad en general para mantener sus puestos. Aparecer en las noticias como el juez que puso en libertad a un presunto asesino de bebés puede ser contrario a ese esfuerzo. Los votantes pueden recordarlo en época de elecciones y castigar al juez en la cabina electoral. Y aunque el público se haya perdido esa noticia, los fiscales, los policías y, lo que es más importante, sus sindicatos estarán encantados de recordárselo a todo el mundo el día de las elecciones.

Por eso amo a los jueces mayores. Dame al juez que busca retirarse. Claro, hay algunos viejos cascarrabias que nunca le darían a nuestros casos una segunda mirada, pero al menos no están sintiendo la presión de perder sus empleos.

Los casos de muertes de bebés tienen efectos devastadores en las familias que pierden a sus hijos y, en los casos de condenas injustas, en quienes son enviados a prisión por delitos que no cometieron. Estos casos también tienen un fuerte efecto en las personas que trabajan en este ámbito. Los médicos que realizan los diagnósticos, incluidos muchos que han cambiado de opinión en casos en los que han testificado y participado en el encarcelamiento de personas inocentes, se ven profundamente afectados. También lo están los abogados que litigan los casos. A menudo hablo con abogados que hacen este trabajo, y me cuentan sobre lo nerviosos que están cuidando a sus propios bebés, sabiendo con qué facilidad un accidente puede convertirse en un delito.

Katherine Bonaguidi, antigua abogada del California Innocence Project, estaba especializada en estos casos. Hace varios años, estaba con Katherine en Washington, DC, cuando recibió una llamada de su marido, Mike, desde San Diego. Le dijo que estaba en urgencias con su bebé de nueve meses, que había rodado de la cama al suelo. Mike, que también es abogado, dijo que la bebé parecía estar bien, pero que había vomitado y le dio sueño tras la caída. Se puso nervioso, llamó al 911 y los paramédicos que acudieron la llevaron al hospital.

En cuanto colgó el teléfono, Katherine llamó a su madre.

"Ve a urgencias, siéntate junto a Mike y asegúrate de que no diga alguna tontería".

Incluso como madre preocupada por su bebé, como abogada que se pasa el día revisando presuntos casos de abusos a menores, sabía que Mike podía estar en peligro. Le preocupaba que se creara una narrativa sobre una madre fuera de la ciudad y un padre estresado por ser el único que cuida de una bebé. Quería que su madre vigilara las preguntas que se le hacían a Mike y las respuestas que daba, sabiendo que a menudo se convierten en algo nefasto.

Los padres y cuidadores de niños siempre se sienten responsables cuando un niño a su cargo se lesiona, incluso cuando se trata de un accidente inevitable. Cuando los cuidadores dicen cosas como "me siento responsable" a los médicos en las salas de urgencias, eso puede transformarse rápidamente en "soy culpable" en un informe policial. Afortunadamente, tanto el bebé como Mike estaban bien, pero es fácil imaginar otro desenlace.

La tragedia de una condena injusta no debe seguir agravando la tragedia de la muerte de un infante. Los análisis científicos obsoletos deben eliminarse de nuestro sistema jurídico penal y sustituirse por lo que ahora sabemos que es la verdad. Sin investigaciones adecuadas, buena ciencia y juicios justos, todos los que cuidamos de niños pequeños corremos el riesgo de ser condenados injustamente algún día.

7 Tienes un jurado cegado por la "Ciencia"

Dos veces he estado a punto de formar parte de un jurado. La primera vez fue un juicio civil. No sé mucho sobre los hechos porque me echaron antes de que empezara el juicio. Sé que el caso tenía que ver con un accidente de coche, y sé que alguien manejaba un U-Haul (empresa en EE.UU. que alquila equipos de mudanzas y almacenamiento) porque había un abogado allí representando a la compañía. Durante la selección del jurado, un proceso conocido como voir dire (expresión francesa que significa "ver y decir" y que tiene muchas pronunciaciones diferentes en Estados Unidos), un abogado que representaba a una compañía de seguros interrogó a varios miembros del posible jurado. El abogado preguntó a cada uno de nosotros qué opinábamos sobre el caso McDonald's, en el que la empresa fue demandada por tener un café demasiado caliente que causó lesiones cuando una mujer se lo derramó encima.

"Escandalosa", "estúpida" y "fue su maldita culpa por derramarse el café", fueron algunas de las respuestas que dieron mis potenciales compañeros del jurado. Cuando fue mi turno de responder la pregunta, dije "A veces las empresas necesitan ser sancionadas para que cambien políticas peligrosas". El abogado de la compañía de seguros fue llamado a la mesa por el abogado de U-Haul. Mantuvieron una breve plática.

"Que tenga un buen día Sr. Brooks, está excusado del jurado" dijo sonriendo el abogado de la compañía de seguros.

La segunda vez que fui rechazado de un jurado fue en un juicio penal. Realmente quería formar parte de ese jurado. Fue un caso muy sonado de conducción agresiva en el que dos hombres salieron de sus coches, se agredieron mutuamente y luego uno de ellos golpeó al otro y lo mató de un solo golpe. Hablé bastante del incidente en mi clase de derecho penal porque era un gran caso que permitía analizar las diferencias entre asesinato en primer y segundo grado, así como entre homicidio involuntario y legítima defensa.

Desafortunadamente, cuando llegué al tribunal, sabía que mis posibilidades de formar parte del jurado eran mínimas. Conocía tanto a la defensa como a la fiscalía. El juez era un profesor adscrito a la Escuela de Leyes en la que era docente en ese momento. Y yo como defensor, sabía que la fiscalía no me iba a querer cerca de ese jurado. Durante el proceso de selección, la fiscalía intentó retratarme como parcial, basado en mis conocimientos y experiencia previos. Seguí diciendo que mantendría la mente abierta y seguiría las instrucciones del juez, pero ella sabía que la realidad era que yo no estaba de acuerdo con el resto de los miembros del jurado, no iba a apoyar su decisión. Estoy seguro de que la fiscal pensó que iba a tener que volver a juzgar el caso en la sala de deliberaciones. Y si no conseguía que se pusieran de acuerdo conmigo, el jurado se declararía indeciso (hang the jury, expresión que denota que el jurado no puede llegar a un acuerdo sobre el caso).

"Está excusado, Sr. Brooks", lo escuché por segunda vez.

En ambos casos, fui sacado del jurado porque los abogados pensaban que era más propenso a tener una postura a favor de su oponente. Me midieron basándose en lo que sabían de mí por el proceso de selección del jurado, aplicaron sus propios prejuicios inherentes a lo que percibían que eran mis prejuicios y tomaron una decisión.

Yo también he estado en su posición cuando me ha tocado seleccionar un jurado. He llegado a conclusiones sobre personas basándome en muy poca información para decidir si resolverían a favor o no de mi caso. En el caso de Marilyn Mulero, ella fue enviada de vuelta al tribunal para que volviera a dictar sentencia después de que el Tribunal Supremo de Illinois revocara su sentencia de muerte. Un panel de aproximadamente cincuenta posibles jurados fue convocado y preparado para que la fiscalía y yo los entrevistáramos como parte del proceso de selección.

En un caso de pena de muerte, la fiscalía llega a hacer una de sus preguntas favoritas. Basados en el caso de la Suprema Corte de los Estados Unidos, *Witherspoon vs. Illinois,* los fiscales pueden preguntar a los posibles jurados si tienen sentimientos tan fuertes contra la pena de muerte que no estarían dispuestos a imponer una sentencia de muerte.[1] En el caso de Marilyn, cuando se formuló esa pregunta, casi la mitad del jurado levantó la mano. Todos ellos fueron excusados del servicio. La razón por la que los fiscales tienen permitido hacer estos cuestionamientos de Witherspoon a los potenciales jurados, es porque ellos tienen permitido quitar a cualquiera que se rehúse a aplicar la ley. Si la pena de muerte es una sentencia legal, los potenciales jurados que digan que no impondrán esa sentencia pueden ser eliminados. El problema es que cuando se elimina del grupo a los posibles jurados que se oponen a la pena de muerte, los que quedan son más propensos a condenar. Estudios han demostrado que el proceso también elimina a más mujeres y personas de color del grupo de jurados.[2] Se sabe que algunos fiscales solicitan la pena de muerte en algunos casos -incluso cuando no creen que puedan obtener un veredicto de muerte- sólo para aplicar Witherspoon al grupo de posibles jurados y así conseguir un jurado más amigable con la parte acusadora.

Aplicando mis propios prejuicios a ese mismo grupo de jurados en el caso de Marilyn, me esforcé por mantener en el jurado a un hombre mayor, puertorriqueño. Había estado muy callado durante el proceso de selección y no le hice ninguna pregunta porque no quería que el fiscal se centrara en él. Puerto Rico no tiene pena de muerte. No es parte de su cultura. Esperaba que viera a su hija o a su nieta en Marilyn y que eso le hiciera desistir de una sentencia de muerte. Desafortunadamente, durante un descanso en el proceso, él pasó por mi mesa y me dijo "Justin, el nombre de mi hijo es Justin". Apenas lo volteé a ver y me limité a asentir con la cabeza, pero el fiscal alegó que hubo comunicación impropia entre nosotros dos y fue excusado.

Afortunadamente, aún así tuvimos un buen jurado que no sentenció a Marilyn a pena de muerte. Como se discutió en el primer capítulo, la sentenciaron a la única alternativa que le fue ofrecida, ya que la Corte no le permitió que retirara su declaración de culpabilidad. La condenaron a cadena perpetua sin posibilidad de libertad condicional, y todavía pasarían veinticinco años más hasta que fuera puesta en libertad.

El sistema de jurado estadounidense tiene sus raíces en el Sistema Británico. Se basa en las tradiciones traídas a Gran Bretaña por Guillermo el Conquistador en 1066, pero data incluso de antes, de la antigua Grecia y Roma.[3] Sin embargo, el derecho a un juicio con jurado en los procesos penales estatales, donde ocurre la mayoría de los casos penales en Estados Unidos, no existió hasta el caso *Duncan vs. Luisiana*[4], de 1968. En ese caso, la Suprema Corte de EUA dictaminó que la Cláusula del Debido Proceso de la Decimocuarta Enmienda obligaba a los estados a proporcionar jurados en los casos graves, definidos posteriormente como aquellos casos con una posible condena de más de seis meses.[5]

Sin embargo, los jurados no son un sistema universal para impartir justicia. Antiguas colonias británicas como Estados Unidos, Australia y Nueva Zelanda, y así como cuarenta países más, utilizan jurados.[6] Con la excepción de Argentina, los jurados no forman parte de los sistemas jurídicos latinoamericanos.[7] En la mayoría de los países, los jurados no existen.

Cuando doy conferencias sobre derecho penal fuera de Estados Unidos, escucho a menudo: "En Estados Unidos hay tantas condenas erróneas porque tienen jurados". No creo que esto sea cierto. En un juicio sólo con Juez, un fiscal simplemente debe convencer al juez de que un acusado es culpable. El juez suele ser un antiguo fiscal que probablemente se ha hastiado de las alegaciones de inocencia tras años de ejercer la acusación y sentarse en el banquillo. Como se mencionó en el capítulo anterior, los jueces están sujetos a presiones políticas, ya que a menudo son elegidos y no quieren parecer "blandos con el crimen". Con un jurado, la acusación debe demostrar la culpabilidad ante doce personas que, con suerte, están al margen de ese cinismo, parcialidad y presión política.

Pero no es tan sencillo. Hay problemas con los jurados y obstáculos importantes para reunir un grupo de doce personas diversas, enfocadas, comprometidas y competentes para considerar los hechos de cada caso y aplicar la ley según las instrucciones. Esto es particularmente difícil en casos con evidencia científica compleja.

Primero, existe un problema con las personas que ignoran las citaciones de los jurados y no se presentan a su deber como jurado. El nueve por ciento de los convocados a servir como jurado en Estados Unidos ignoran la citación, pero esa tasa llega al 50 por ciento en algunas jurisdicciones.[8] Una encuesta de Pew Research de 2017 encontró que solo el 67 por ciento de los ciudadanos estadounidenses creían que el servicio de jurado es parte de ser un buen ciudadano. Dentro de ese número, solo el 61 por ciento de los ciudadanos latinos y el 58 por ciento de los ciudadanos negros estuvieron de acuerdo. Y todas esas cifras tienen una tendencia a la baja, porque solo el 50 por ciento de las personas entre dieciocho y veintinueve años creen que el servicio de jurado es parte de ser un buen ciudadano.[9]

Segundo, los posibles jurados pueden ser desestimados por parcialidad, y tanto la defensa como la fiscalía en un caso penal obtienen un cierto número de impugnaciones imperativas que pueden utilizarse para destituir a un jurado sin mostrar parcialidad. Esto a menudo lleva a que jurados perfectamente calificados sean destituidos debido a algún sesgo o rasgo de personalidad percibido, como lo es el ser demasiado obstinado.

Como abogado, quiero ser el maestro de los hechos y del derecho para el jurado. No quiero que algún miembro del jurado sabelotodo enseñe durante las deliberaciones del jurado. Supongo que es por eso que me siguen eximiendo del jurado.

Tercero, los jurados tienen una capacidad limitada para comprender la ciencia forense. Estados Unidos lideró una vez el mundo en educación científica, pero eso ya no es cierto. En 2018, el Pew Research Center reportó que Estados Unidos ocupaba el trigésimo lugar en educación matemática y el decimonoveno en educación científica de los treinta y cinco países denominados "desarrollados" de la Organización para la Cooperación y el Desarrollo Económico.[10]

Cuarto, la falta de educación científica se ve a menudo sustituida por la desinformación de la cultura popular, que genera expectativas poco realistas sobre la capacidad de la ciencia para resolver crímenes. El llamado "efecto *CSI*", donde los jurados esperan ver pruebas científicas sofisticadas en la sala del tribunal, se viene comentando desde que se emitió la primera versión del programa de televisión *CSI* en el año 2000.[11]

Quinto, se espera que los jurados apliquen la ley a los hechos y a las pruebas de los casos mediante instrucciones para el jurado. Estas instrucciones se llevan a la sala del jurado y se discuten durante las deliberaciones fuera de la presencia del juez y de los abogados. Aunque las instrucciones pretenden aportar claridad a cuestiones complejas, hay pruebas de que los jurados a menudo no entienden las instrucciones y las aplican incorrectamente.[12]

Nunca he visto *CSI*, *La ley y el orden*, ni la mayoría de las series policíacas. No lo digo para parecer un profesor de derecho distante que no ve la televisión. De hecho, veo mucha, sobre todo *reality shows* basura. No veo programas policíacos porque me hacen pensar en mis propios casos cuando intento relajarme, y es muy molesto para mi mujer oírme criticar todas las premisas poco realistas. Aunque las series policíacas no me atraen, son increíblemente populares. En 2012, *CSI* fue el programa más visto del mundo.[13] Millones de personas que ven estos programas acaban formando parte de jurados, y esperan ver pruebas científicas en cada caso criminal, aunque esas pruebas no tengan ninguna relevancia.

Una encuesta de 2008 publicada por el National Institute of Justice reveló lo siguiente:

- El 46 por ciento de los jurados espera ver algún tipo de prueba científica en *todos* los casos penales.
- El 22 por ciento espera ver pruebas de ADN en *todos* los casos penales.
- El 36 por ciento espera ver pruebas de huellas dactilares en *todos* los casos penales.
- El 32 por ciento espera ver pruebas de balística u otras pruebas de laboratorio de armas de fuego en *todos* los casos penales.[14]

Un fiscal, antiguo alumno mío, me contó que tenía un caso de violación en el que el acusado no negaba haber mantenido relaciones sexuales con la denunciante, sino que alegaba el consentimiento. Este argumento hacía que el ADN fuera irrelevante, pero mi antiguo alumno introdujo las pruebas de ADN de todos modos, simplemente porque "los jurados esperan ver pruebas de ADN en un caso de violación".

Dado que los jurados suelen tener niveles inadecuados de formación científica más allá de los programas de televisión inexactos, confían en gran medida en el testimonio de expertos cuando se arrojan pruebas científicas complicadas en la sala del tribunal. A diferencia de los testigos de hechos, cuyo testimonio y credibilidad son examinados por los jurados para decidir si les creen o no, los jurados suelen ser excesivamente diferentes con el testimonio y las conclusiones de los testigos expertos. Algunos estudiosos han sugerido que adoptemos "jurados de cinta azul" conformados por jurados con amplios conocimientos de matemáticas y ciencias.[15] Este concepto parece contrario a la participación democrática en los juicios con jurado y a la idea de que somos juzgados por nuestros "iguales". Independientemente de si es una buena o mala idea, en la actualidad, el grupo de jurados para los casos de posesión de marihuana es el mismo que para los casos que implican complicados testimonios científicos.

El problema de que los jurados confíen tanto en el testimonio de los expertos (y en la ciencia que éstos divulgan) es que a menudo el testimonio tiene poca o ninguna base científica.

Por ejemplo, en los casos de muerte de bebés comentados en el capítulo anterior, los jurados confiaron en expertos cuyo testimonio se basaba en lo que ahora sabemos que son conclusiones profundamente erróneas sobre la tríada de síntomas. En cada uno de esos casos, el jurado escuchó la historia de una muerte trágica y observó a los expertos señalar con el dedo a personas inocentes y explicar por qué eran culpables. No hay forma de exagerar el poder de este tipo de testimonio experto y el impacto que tiene en los jurados.

Cuando los jurados se enteran de los abultados currículos de peritos que tienen credenciales sobresalientes de las mejores escuelas y amplia experiencia en sus campos, y luego los oyen testificar con total confianza, es difícil para los jurados evaluar la calidad de la ciencia involucrada en el caso. Las ciencias cuestionables pueden elevarse al nivel del ADN en la mente de los jurados.

Como comenté en el capítulo 2, Skip Sperber, el odontólogo forense, deslumbró al jurado con su pericia cuando testificó a favor de la acusación en el caso de Bill Richards. Llevaba casi cincuenta años ejerciendo como dentista. Testificó en casos de gran repercusión como los de Jeffrey Dahmer y Ted Bundy, identificó cadáveres en la Zona Cero tras los atentados del 11 de septiembre, testificó en más de doscientos juicios y fue el dentista forense jefe del Departamento de Justicia de California, donde desarrolló un Sistema de Identificación Dental. En resumen, fue posiblemente el mejor dentista forense del mundo.

Aunque la odontología forense es más bien un juego de adivinanzas, cuando el Dr. Sperber dijo al jurado que sólo el 1-2 por ciento de la población coincidiría con las pruebas dentales del caso, y Bill Richards coincidía, ¿quién era el jurado para cuestionarlo? Bill fue condenado tan pronto como esas palabras fueron pronunciadas, y permaneció en prisión hasta mucho después de que esas palabras fueron retractadas.

Ray Krone fue otra víctima de la mala odontología forense. En 1992 fue condenado por asesinato, secuestro y agresión sexual de una mujer que trabajaba en un bar que él frecuentaba. Los expertos declararon en su juicio que una marca de mordedura encontrada en el cuerpo de la víctima coincidía con los dientes torcidos de Ray, lo que le valió el apodo de "asesino de los dientes torcidos". El jurado no era experto en marcas de mordeduras. Se basó en el testimonio de los expertos, que fue suficiente para condenar a Ray y enviarlo al pasillo de la muerte.

Tras su condena, Ray fue representado por Christopher Plourd (ahora Juez Plourd), uno de los mejores abogados con los que he trabajado. Se ganó la rara reputación de ser un abogado que realmente entendía y utilizaba eficazmente las pruebas científicas. Chris fue capaz de echar por tierra las pruebas de las mordeduras cuando las pruebas de ADN condujeron al verdadero asesino.

Cené con Ray poco después de que saliera de la cárcel en 2002, después de su pesadilla de una década. Me explicó el proceso de asimilar lentamente la realidad de su situación de una forma que solo alguien que hubiera pasado por esa experiencia podría comprender de verdad.

> "Al principio, estaba desanimada porque sabía que me perdería mi partido de softball mientras la policía me interrogaba. Luego, cuando no me soltaron, pensé que todo se aclararía rápidamente, pero me preocupaba faltar al trabajo. Un mes después, cuando todavía estaba en la cárcel, me preocupaba no poder pagar el alquiler y perder mi departamento. No fue rápido, pero mi vida fue desapareciendo poco a poco hasta que lo perdí todo y me senté en el pasillo de la muerte a la espera de que me ejecutaran."

Cuando Ray fue liberado, se hizo famoso por dos razones: (1) fue la centésima persona en Estados Unidos liberada del pasillo de la muerte tras ser declarada inocente; y (2) apareció en *Extreme Makeover*, un programa de televisión dedicado a mejorar físicamente el aspecto de sus invitados. Un dentista le reparó el "diente de gancho", cambiando para siempre la marca de la mordedura de Ray.

INCENDIO PROVOCADO

Otra área de la ciencia forense en la que los jurados se han basado a menudo en testimonios periciales erróneos es la ciencia del fuego. Al igual que la conexión causal errónea entre la tríada de síntomas presentes en los casos de muerte de bebés y las supuestas acciones ilícitas de los cuidadores, muchos expertos han cambiado sus análisis en los últimos años en cuanto a los indicadores de un incendio provocado intencionadamente. Al igual que Patrick Barnes cambió sus opiniones sobre las causas de la muerte de bebés tras el caso de Louise Woodward, John Lentini, uno de los principales expertos en investigación de incendios, cambió de opinión sobre la ciencia del fuego en 1991. Ese año se produjo un incendio forestal masivo en Oakland, California, que destruyó más de tres mil viviendas y creó un laboratorio para que los expertos en incendios estudiaran las causas del fuego. Estaba claro que las casas fueron destruidas por el fuego que se propagó de casa en casa y que no fue provocado intencionadamente. Sin embargo, cuando Lentini examinó las casas, encontró pruebas que siempre había creído que eran signos de incendio provocado.

Por ejemplo, las redes de grietas en las ventanas tras un incendio, conocidas como vidrios cuarteados, siempre habían sido el sello distintivo de un pirómano que utilizaba un acelerante (como la gasolina) para crear fuegos de altas temperaturas. Sin embargo, una de cada cuatro casas destruidas presentaba signos de vidrio agrietado. Tras realizar más experimentos, los forenses descubrieron que el "agrietamiento" se debía a un enfriamiento rápido, no a un calentamiento rápido.[16] Las tuberías y los resortes metálicos de las camas se derritieron por toda la casa, lo que también suele asociarse a los incendios provocados y al uso de acelerantes.[17]

Cuando Lentini examinó el incendio de Oakland, venía de una investigación reciente en Florida donde un hombre se enfrentaba a la pena de muerte por provocar un incendio en el que murieron su mujer embarazada, su hermana y sus cuatro sobrinas y sobrinos. El hombre alegó que su hijo estaba jugando con un mechero y provocó accidentalmente el incendio en el sofá de la sala. Como parecía que había múltiples puntos de combustión en la casa, como es típico en los casos de incendio provocado, la conclusión inicial de los investigadores fue que el fuego debía haber sido provocado intencionadamente con el pirómano vertiendo acelerantes y iniciando el incendio por toda la casa.[18]

Fortuitamente, se estaba derribando una casa similar en el barrio de Oakland, así que Lentini decidió hacer un experimento. Escenificó la casa de la misma forma que la incendiada y colocó cámaras por toda la casa. A continuación, provocó un incendio en el sofá, tal y como el acusado afirmaba que se había producido. Lentini esperaba que eso demostrara que el hombre mentía, pero demostró lo contrario.

Había quemaduras en forma de V por toda la casa, del mismo estilo que se utilizaba antes para determinar dónde se había iniciado un incendio. El fenómeno conocido como "*flashover*", por el que el contenido de una habitación puede incendiarse repentina y simultáneamente, daba la impresión de que había varios puntos de combustión en la casa cuando, en realidad, solo había uno. La combinación de casi enviar a un hombre al pasillo de la muerte basándose en conclusiones erróneas y lo que aprendió del incendio de Oakland, hizo que Lentini se cuestionara todo lo que había aprendido.[19]

JOANN PARKS

JoAnn Parks fue durante mucho tiempo cliente del California Innocence Project, con quien pasé muchas visitas en las vacaciones de Navidad en la cárcel, mientras luchábamos por su libertad. En 1989, se despertó en medio de una pesadilla cuando se dio cuenta de que el pequeño garaje en el que vivía con su marido y sus tres hijos estaba ardiendo. Su marido no estaba en casa, pero sus hijos sí. JoAnn entró en pánico y salió corriendo de la casa para pedir ayuda a los vecinos. Un vecino intentó entrar en la casa y rescatar a los niños. No lo consiguió, al igual que la policía y los bomberos. Los tres niños murieron.

Inicialmente, se creyó que el incendio había sido accidental, pero cuando la policía descubrió que JoAnn había sufrido previamente un incendio no fatal que también resultó ser accidental, empezó a sospechar. Una antigua amiga que estaba enfadada con JoAnn (y afirmaba que le había robado un cheque de viaje de su casa) le dijo a la policía que JoAnn había dicho que podría haberse hecho rica si su hija hubiera muerto en el incendio anterior. Esa declaración desencadenó una investigación por homicidio, aunque se transformó en tantas declaraciones incoherentes que la ex-amiga ni siquiera testificó en el juicio de JoAnn.

Cuando los investigadores de incendios inspeccionaron la casa de JoAnn, ellos ya conocían la evidencia previa del incendio provocado. Uno de los investigadores había inspeccionado el incendio anterior de JoAnn y creyó que le habían engañado para que no declarara que había sido provocado. La segunda vez estaba decidido a no cometer el mismo error.

Este es un ejemplo perfecto de cómo muchos expertos forenses criminales no siguen el método científico. La buena ciencia elimina del proceso tantos sesgos como sea posible. Ya sea un agente de policía que sabe quién es el sospechoso en una rueda de reconocimiento, un radiólogo que escucha hablar de posibles abusos antes de mirar la radiografía de un niño o un investigador de incendios que sabe del incendio anterior de un residente, eso es mala ciencia. Los investigadores de incendios no deberían tener ninguna información sobre sospechosos o sospechas antes de analizar una escena. Cualquier información extraña puede sesgar su análisis. Ese sesgo infecta las conclusiones a las que llegan y los testimonios que ofrecen en los tribunales. Los jurados a menudo no entienden estos sesgos y confían en el testimonio del experto como científicamente preciso, dándole mucho más peso que al testimonio de un testigo de hecho.

Por supuesto, esto se agrava si el abogado defensor no entiende la ciencia, los protocolos o el sesgo lo suficientemente bien como para hacer un contrainterrogatorio competente y revelar estos problemas al jurado.

Un ejemplo de lo poderosos que pueden ser los prejuicios creados por la información facilitada a los analistas es un estudio en el que cuarenta y un antropólogos forenses experimentados se dividieron en tres grupos y se les pidió que evaluaran un esqueleto medieval. Aunque el esqueleto tenía algunos rasgos ambiguos que dificultaban la determinación del sexo, se había determinado que lo más probable era que fuera una mujer. A un grupo se le dijo que el esqueleto era femenino, y el 100 por ciento de los participantes estuvo de acuerdo. Al segundo grupo se le dijo que el esqueleto era masculino, y el 72 por ciento estuvo de acuerdo. Al tercer grupo no se le dio información sobre el sexo del esqueleto, y el 31 por ciento concluyó que era masculino. Este estudio ilustra cómo la información sesga las conclusiones, incluso en el caso de expertos experimentados.[20]

Una vez escuché una impresionante presentación de Bill Thompson, profesor de la Universidad de California en Irvine, sobre la parcialidad en las llamadas pruebas científicas. Mostró diapositiva tras diapositiva a agentes de policía que habían dado información a técnicos de laboratorios de criminalística que conducía a resultados inexactos. Una de las diapositivas era una nota de un técnico a un detective que decía: "He hecho las pruebas varias veces, pero siguen saliendo mal. Sigue sin coincidir con su sospechoso". Eso no es ciencia.

Basándose en la misma ciencia defectuosa de incendios provocados refutada por los incendios de Oakland, los investigadores parciales en el caso de JoAnn determinaron que había múltiples puntos de combustión en la casa de los Parkses. Los investigadores ignoraron que el tipo de televisor viejo que tenía JoAnn era propenso a encenderse espontáneamente. Ignoraron la evidencia de que la trayectoria del fuego era consistente con un incendio accidental. Ignoraron, y específicamente rechazaron, que se hubiera producido un *flashover* en el incendio. Y cuando su propio experto en ingeniería refutó su teoría inicial de que el principal punto de origen del incendio era un cable alargado saboteado, se limitaron a afirmar que JoAnn debía haber iniciado el fuego en el mismo lugar con una cerilla.

También hubo declaraciones sin fundamento de los expertos de la acusación en el juicio (basadas en ciencia obsoleta) que afirmaban definitivamente que no había otra explicación más que JoAnn iniciara intencionadamente el incendio. Otra vez, ¿quiénes eran los miembros del jurado para cuestionar a los expertos del gobierno? A pesar de que JoAnn no tenía motivos para incendiar su propia casa, el jurado la condenó. JoAnn no tenía pólizas de seguro. Perdió a sus tres hijos. Perdió todas sus pertenencias materiales. Y fue condenada a prisión por el resto de su vida.

Todos los abogados de mi despacho tienen una experiencia que va más allá de ser un gran abogado. Alissa Bjerkhoel es nuestra experta residente en ADN. Mike Semanchik es experto en marcas de herramientas y balas. Audrey McGinn es experta en la evaluación de casos de violación y abuso sexual. Alex Simpson es nuestro experto en política y legislación. Raquel Cohen es nuestra experta en incendios.

Raquel creció en la cruel ciudad de Las Vegas, dedicando la mayor parte de su tiempo al cruel deporte de la gimnasia. Puede ser tan dura y contundente como un croupier de casino que limpia la mesa de cartas de los ahorros de toda la vida de un jugador desafortunado. También tiene un gran corazón y cuando se mete en un caso es implacable.

Raquel se hizo cargo del caso JoAnn Parks cuando ella misma tenía hijos pequeños. La lectura del material y el estudio del caso le resultaron psicológicamente difíciles. Se imaginaba a su propia familia pereciendo en un incendio semejante.

El escritor Ed Humes, ganador del Premio Pulitzer, se interesó en el caso. Ed tiene un impresionante currículum de libros de no ficción que ha escrito sobre temas tan diversos como el transporte, la basura y el sistema penal. Ed siguió la investigación y el litigio del caso de JoAnn, que dio lugar al libro *Burned.* Como parte de su investigación, pasó un tiempo en casa de Raquel y fue testigo de cómo explicaba su trabajo a sus hijos pequeños. "La cárcel es como un lugar para adultos que tienen que pasar un tiempo fuera", dijo. "Para algunos de ellos, es como si te pusieran en tiempo fuera pero no hiciste nada malo y no te parece justo. Así que mi trabajo es sacar a esa gente del tiempo fuera".[21]

Raquel pasó años intentando liberar a JoAnn del "tiempo fuera". Cuando por fin nos concedieron una audiencia, tanto Raquel como Alex presentaron pruebas de testigos expertos que demostraban que el incendio había sido accidental, al tiempo que desacreditaban todas las pruebas que sugerían que JoAnn había provocado el incendio. La fiscalía se mantuvo firme. Dieron vueltas alrededor del testimonio original y de los expertos originales que pusieron a JoAnn en prisión. Nos sentíamos bien después de la audiencia. Habíamos presentado un gran caso basado en todo lo que hemos aprendido en las décadas que pasaron desde que JoAnn fue a prisión.

Sin embargo, en virtud de las normas de las vistas posteriores a la condena que plagan nuestras vidas como abogados de inocencia, el juez consideró que nuestras pruebas "no eran suficientemente nuevas" ni suficientemente contradictorias como para demostrar que las pruebas que el jurado escuchó en el juicio de JoAnn debían considerarse falsas. El juez trató el caso como una "batalla de expertos", con diferentes expertos diciendo cosas diferentes. No lo suficiente para liberar a JoAnn.

Tras el fallo del juez, JoAnn pasó tres años más en prisión hasta que finalmente fue puesta en libertad. En 2021, la petición de clemencia que habíamos llevado de San Diego a Sacramento en la Marcha de la Inocencia fue concedida por el gobernador Newsom en forma de una reducción de la condena que la hacía elegible para la libertad condicional. La junta de libertad condicional le concedió la libertad, y quedó libre tras pasar veintinueve años de su vida entre rejas por un horrible crimen que no cometió.

Cuando los fiscales y los abogados defensores suben a los expertos al estrado en casos complejos como el de JoAnn, quien tenga los "mejores" testigos suele ganar el caso. "Mejor" no significa necesariamente el testigo con la mejor ciencia; significa el experto al que el jurado tiene más probabilidades de creer. Los prejuicios desempeñan un papel muy importante en este proceso en función de la edad, el sexo, la educación, la experiencia, los modales, el tono y muchos otros factores que pueden hacer que un perito sea más creíble -o esté más en sintonía- con un determinado miembro del jurado. Puede que el perito le recuerde a su padre o a su profesor de ciencias de sexto curso. Tal vez odiaban a su padre o a su profesor de ciencias de sexto curso.

A menudo, los miembros del jurado ya están predispuestos en contra del acusado. Por lo tanto, el experto que confirma ese prejuicio es al que se le creerá. En el caso de JoAnn, estoy seguro de que hubo jurados que creyeron que ella debió haber rescatado a sus hijos antes de correr a casa del vecino. Es difícil ponerse realmente en la situación en la que estaba JoAnn y entender su miedo y su pánico. Probablemente hubo miembros del jurado que estaban convencidos de que era culpable cuando se enteraron del incendio anterior. Es posible que nunca hayan vivido en unas condiciones tan deficientes que pudieran provocar dos incendios eléctricos distintos.

Otro factor en la condena de JoAnn pudo haber sido el hecho de que su abogado aplazara el alegato inicial hasta que la acusación hubiera presentado todo su caso. Es una creencia común entre los abogados litigantes que la mayoría de los miembros del jurado ya han tomado una decisión cuando termina el alegato inicial y antes de que se presente el testimonio.[22] En el caso de JoAnn, es posible que los miembros del jurado estuvieran demasiado inclinados hacia la culpabilidad como para dar marcha atrás cuando escucharon la versión de JoAnn.

LA CIENCIA DEL CABELLO ES CIENCIA BASURA

El análisis microscópico del cabello es un ejemplo de procedimiento científico tan viciado que cabe preguntarse si es siquiera ciencia forense. Consiste en que un forense examine con un microscopio el cabello de una escena del crimen y lo compare con el cabello de un sospechoso. El sesgo desempeña inmediatamente un papel en este proceso, ya que el examinador está buscando una "coincidencia" entre las dos muestras, y obviamente hay una razón para creer que habrá una coincidencia (de lo contrario, ¿por qué estaría el analista mirando el cabello?). Sin una rueda de reconocimiento en la que se comparen los cabellos, el proceso es tan intrínsecamente sugestivo como si se utilizara la rueda de reconocimiento de una sola persona para una identificación.

Aun así, el análisis microscópico del cabello se utilizó por primera vez en un juicio por asesinato en 1934 y, en la década de 1970, se convirtió en una práctica habitual en los laboratorios del FBI. Los analistas utilizan descripciones del cabello -como el color y la textura- para realizar sus identificaciones. Estas descripciones son vagas y no cuantificables. Se basan en la opinión subjetiva del examinador. Un examinador puede ver el pelo castaño. Otro puede ver pelo castaño o rubio. Cuando se declara que los cabellos "coinciden", no hay ningún apoyo estadístico que lo demuestre, porque no hay forma de saber el porcentaje de la población que también "coincide" con la misma descripción.

En 2015, la ciencia del análisis microscópico del cabello había sido desacreditada. El FBI llevó a cabo una Revisión del Análisis de Comparación de Cabello Microscópico analizando las transcripciones de los juicios. Llegaron a la conclusión de que al menos el 90% de las transcripciones revisadas contenían declaraciones erróneas. Veintiséis de los veintiocho analistas capilares del FBI proporcionaron declaraciones erróneas o informes erróneos.[23] Treinta y tres de los treinta y cinco casos de pena de muerte incluidos en el estudio contenían declaraciones falsas. La "ciencia" del análisis microscópico del cabello era tan defectuosa que, al menos en un caso, el examinador hizo coincidir el ADN de pelo humano con lo que más tarde se demostró que era pelo de perro. [24]

CASQUILLOS Y BALAS

El análisis de los casquillos usados era una técnica utilizada para cotejar las marcas de los casquillos encontrados en la escena de la masacre de San Valentín de 1929 con las encontradas en la casa de Al Capone.[25] El proceso consiste en disparar la munición del arma de un sospechoso y luego examinar los casquillos gastados al microscopio para ver si las marcas coinciden con las de los casquillos recogidos en la escena del crimen. Aunque a los jurados esta prueba puede parecerles convincente y condenatoria, hay dos razones por las que no debe dársele mucha importancia.

En primer lugar, la capacidad de hacer comparaciones microscópicas de las marcas de los casquillos y cotejarlas depende de los conocimientos técnicos del analista y de la calidad de las máquinas utilizadas. A veces, se trata de un examinador totalmente parcial que utiliza un método primitivo, como sostener los casquillos frente a una bombilla, frente a un examinador bien cualificado que utiliza pruebas a ciegas y maquinaria de alta tecnología.

En segundo lugar, no hay base estadística para decir cuántas otras armas pueden dejar las mismas marcas. En el pasado, el cañón se martillaba a mano, dejando una textura inconsistente en el interior del cañón del arma. En teoría, en esas circunstancias se podían encontrar marcas únicas en los casquillos gastados. Ahora, el cañón se fabrica con máquinas con mucha más consistencia. Si había una anomalía en el cañón del arma, también podría haberla en los cien cañones siguientes fabricados por esa máquina.

Aún más preocupantes que los testimonios sobre los casquillos han sido los relativos a la composición metálica de las balas. El análisis comparativo del plomo de las balas también tiene una larga historia, que comenzó con el asesinato del presidente Kennedy, cuando se utilizó para determinar si había un segundo tirador.[26] Durante décadas, el FBI declaró que disponía de métodos científicos para analizar si las balas tenían la misma composición química. Si la composición química coincidía, el FBI afirmaba que las balas procedían de la caja de munición del acusado, y los resultados de estas pruebas enviaron gente a la cárcel.

Imagínate que afirmas que no disparaste una bala y luego un analista del FBI sube al estrado y testifica que la bala de la escena del crimen coincide exactamente con la munición encontrada en tu casa. Los analistas del FBI hicieron estas audaces afirmaciones hasta 2005, cuando el FBI anunció que dejaría de realizar las pruebas, declarando: "Aunque el laboratorio del FBI sigue apoyando firmemente el fundamento científico del análisis del plomo de las balas, dados los costes de mantenimiento del equipo, los recursos necesarios para realizar el examen y su relativo valor probatorio, el Laboratorio del FBI ha decidido que ya no realizará este examen".[27]

Aunque el FBI seguía apoyando firmemente el fundamento científico del análisis comparativo del plomo de las balas, los tribunales no han sido tan generosos en sus valoraciones. En 2006, al evaluar el testimonio de una agente del FBI que había realizado análisis comparativos de plomo de bala, el Tribunal Supremo de Kentucky determinó que su testimonio era engañoso. La analista había testificado que las balas de la escena de un crimen -donde un estudiante universitario que celebraba su vigésimo primer cumpleaños fue tiroteado y asesinado- eran "analíticamente indistintas" de las balas encontradas en la casa del acusado.

La conclusión del tribunal se basó en parte en el hecho de que las balas se fabrican a partir de calderas gigantes de metales fundidos, y millones de balas se fabrican del mismo lote. Las balas dentro del mismo lote pueden ser indistinguibles y, basándose en las pruebas que estaba realizando el FBI, se podría llegar a la misma conclusión sobre las balas de otros lotes. Por lo tanto, el tribunal no encontró forma de aplicar importancia estadística a dos balas con la misma composición metálica.

HUELLAS DACTILARES

Aunque las huellas dactilares son mucho más fiables que los análisis comparativos de plomo de bala, la idea de que son infalibles se tambaleó en 2004. Brandon Mayfield, un abogado de Portland (Oregón), fue detenido y acusado falsamente de participar en el atentado de Madrid que causó 193 muertos y casi 2,000 heridos. Un analista del FBI declaró que había una coincidencia del 100 por ciento con Mayfield, aunque una determinación posterior hizo coincidir la huella dactilar con la del ciudadano argelino Ouhnana Daoud, que también fue visto en video cerca del lugar del crimen.

El análisis de huellas dactilares se basa en la idea de que existen patrones únicos en los dedos que pueden compararse con las huellas que todos dejamos a diario en las superficies y objetos que tocamos. La dactiloscopia tradicional, desarrollada por Sir Hem Chandra Bose en la India a finales del siglo XIX, se basa en tres patrones comunes de la piel de los dedos: bucles, verticilos y arcos. Los sistemas modernos se basan en este concepto, pero dividen estos patrones en subsecciones.

El problema de la comparación de huellas dactilares es que el sesgo subjetivo y la capacidad subjetiva para determinar una coincidencia varían de un experto a otro. Es evidente que se pueden cometer errores, como demostró el caso de Brandon Mayfield.

De hecho, un estudio utilizó el caso de Brandon Mayfield para mostrar cómo el sesgo cognitivo afecta a las conclusiones de los expertos en huellas dactilares del mismo modo que afecta a los antropólogos forenses que intentan determinar el sexo de un esqueleto. Cinco expertos en huellas dactilares creían estar comparando las huellas de Brandon Mayfield con las encontradas en el lugar del atentado de Madrid, a sabiendas de que no coincidían. De hecho, les dieron dos huellas dactilares que personalmente habían encontrado coincidentes en casos anteriores. Cuatro de los cinco cambiaron de opinión, diciendo que no había coincidencia.[28]

El Sistema Automático de Identificación Dactilar ha eliminado parte del elemento humano del proceso de identificación de huellas dactilares. Sin embargo, sigue siendo necesario que los seres humanos tomen la decisión final a partir de un puñado de posibles coincidencias extraídas de la base de datos de huellas dactilares.

El profesor de Derecho de Duke y director del Wilson Center for Science and Justice, Brandon Garrett, plantea varias reformas en el uso de las huellas dactilares en su libro *Autopsy of a Crime Lab*. Las reformas incluyen la verificación a ciegas por un segundo experto. También pide reformas en la forma en que los expertos testifican sobre la certeza de las conclusiones porque "una vez que los jurados oyen que el experto examinó las huellas dactilares y encontró algún tipo de conexión entre ellas, entran en juego los más de cien años de asociación cultural entre las huellas dactilares y la individualidad única. La gente no conoce todos los supuestos y la subjetividad del método."[29]

Confiar en las huellas dactilares puede dar lugar a condenas erróneas por falsos positivos, pero también puede llevar a que personas culpables queden libres como resultado de falsos negativos. Un estudio del FBI sobre examinadores de huellas dactilares reveló que el 85 por ciento de los 169 examinadores cometieron al menos un error falso negativo.[30]

ADN

En 2009, la Academia Nacional de Ciencias publicó un informe en el que criticaba todas las ciencias forenses cuestionables que se analizan en este capítulo. El informe consideraba dos cuestiones que deberían plantearse a cada una de las ciencias forense cuando se considera su admisión en juicios penales:

1. La medida en que una disciplina forense en particular se basa en una metodología científica fiable que le confiere la capacidad de analizar con precisión las pruebas y comunicar sus conclusiones; y

2. La medida en que los profesionales de una disciplina forense en particular dependen de una interpretación humana que podría estar viciada por errores, la amenaza de parcialidad o la ausencia de procedimientos operativos sólidos y normas de actuación sólidas.[31]

El ADN es la única ciencia forense que pasa la prueba de la exactitud científica respaldada por estadísticas impresionantes en su capacidad para excluir e incluir a un acusado criminal en sus resultados. En lo que respecta a la exclusión de acusados, la tecnología del ADN permite a los expertos afirmar con una precisión del 100 por ciento que una muestra de ADN del lugar del delito no procede de un acusado concreto; sencillamente, no es su ADN. En términos de incluir a un acusado como alguien que podría haber dejado el ADN en la escena del crimen, con buenas muestras y fuertes similitudes, la probabilidad de que no sea el acusado se puede afirmar en términos de uno en trillones o incluso quintillones (es decir, significativamente más de los que hay humanos en la tierra). Básicamente, las probabilidades de que no sea el acusado son las mismas que las probabilidades de que tengan un gemelo idéntico desconocido y malvado que corre por ahí y comete crímenes.

Horace Roberts

El ADN tiene el poder tanto de exonerar como de condenar, y ningún caso cuenta esa historia con más fuerza en el California Innocence Project que el caso de Horace Roberts. En 1998, Horace fue acusado de asesinar a una mujer con quien mantenía una aventura. Cuando la policía lo interrogó, Horace mintió sobre la relación y eso se tergiversó en la teoría de que mentía sobre no haberla matado. Se encontró un reloj cerca del cuerpo de la víctima y, tras horas de interrogatorio policial, Horace empezó a pensar que el reloj podría haber sido suyo. Fueron necesarios tres juicios, pero finalmente Horace fue declarado culpable de asesinato en segundo grado y obtuvo una condena de quince años a cadena perpetua.

Mike Semanchik pasó años trabajando en el caso, centrando gran parte de su atención en el reloj y en el marido de la víctima del cual estaba ya separada. Al final, Horace se dio cuenta de que el reloj no era suyo, sino similar a otro que tenía, así que Mike lo sometió a pruebas de ADN. Horace quedó excluido de una mezcla de ADN de varias personas en el reloj, pero el ADN del hijastro estaba incluido en la mezcla. A continuación, Mike mandó a analizar la ropa de la víctima y el material biológico de debajo de sus uñas. La investigación original pasó por alto una mancha de sangre en los pantalones de la víctima. Las pruebas confirmaron que la sangre pertenecía al marido de la víctima. El perfil de ADN del material de debajo de las uñas se introdujo en la base de datos nacional de ADN. Coincidió con el ADN del sobrino del marido.

La policía no tardó en detener y acusar del asesinato al hijastro, al marido de la víctima y a su sobrino. Horace fue puesto en libertad tras haber pasado veinte años en prisión por un delito que no cometió.

A diferencia de las pruebas de ADN, Brandon Garrett afirma en su libro *Autopsy of a Crime Lab* que "no existen estadísticas de población para las características observadas en las marcas de mordeduras, el pelo, las huellas dactilares u otros objetos como lo son las armas de fuego o marcas de herramientas. No tenemos ni idea de lo comunes o raros que son los detalles en los que se basan los examinadores para estas pruebas forenses".[32]

Además, incluso las pruebas de ADN están sujetas a errores humanos, y solo son tan buenas como (1) las personas que recogen el material biológico que se va a analizar; (2) las personas que realizan las pruebas; y (3), las personas que evalúan los resultados.

La contaminación, por ejemplo, es un problema grave con los resultados de ADN. Piensa en lo que le habría ocurrido a Uriah Courtney (analizado en el capítulo 4) si el agente que había hablado inicialmente con Natalie, de dieciséis años, hubiera recogido la ropa que llevaba puesta durante la agresión sexual, la hubiera puesto en el asiento trasero de su patrulla, se hubiera dirigido a casa de Uriah, lo hubiera detenido y lo hubiera metido en el mismo coche. La proximidad de Uriah a las pruebas pudo dar lugar fácilmente a que apareciera su ADN cuando se analizó la ropa. Junto con la identificación de Natalie, nuestras pruebas posteriores a la condena habrían sido consideradas como una confirmación de su culpabilidad, y Uriah seguiría en prisión.

La contaminación por ADN puede suceder en cualquier punto de la cadena de custodia de las pruebas— desde la escena del crimen, al laboratorio, a la sala del tribunal. Nos gusta creer que los agentes son meticulosos y están bien entrenados en la recolección de pruebas, pero a menudo no es cierto. En Los Ángeles, hubo un caso en el que unos agentes de policía fumaron y tiraron colillas en la escena de un crimen que estaban investigando. Esas colillas fueron recogidas y se les hicieron pruebas de ADN, con un alto coste para el contribuyente, sólo para ser vergonzosamente comparadas con las de los agentes.

Y luego están los agentes que no son simplemente incompetentes, sino que fabrican pruebas intencionadamente. Estos funcionarios corruptos a menudo justifican su comportamiento creyendo que no están fabricando pruebas para condenar a una persona inocente, sino que simplemente se aseguran de que una persona culpable sea condenada. Esto se conoce como "corrupción por causas nobles", en la que el fin justifica los medios. Creen que están "inculpando al culpable".

Fraude de laboratorio

Durante más de una década, Fred Zain se labró la reputación de ser el mejor analista de ADN de West Virginia porque siempre obtenía un resultado en sus pruebas. Las pruebas de ADN suelen fallar por varias razones, entre ellas, muestras insuficientes o contaminadas. La razón por la que Zain siempre tenía éxito era porque se limitaba a fabricar los resultados para que coincidieran con las sospechas del agente investigador, y a menudo ni siquiera realizaba las pruebas.

Una investigación criminal del trabajo de Zain descubrió una cantidad asombrosa de fraude, incluida la fabricación de resultados científicamente inverosímiles tanto en su trabajo en el laboratorio criminalístico de West Virginia, como en su trabajo posterior en Texas en una oficina de médicos forenses. Aunque es difícil determinar con exactitud en qué medida su trabajo condujo a condenas erróneas debido a las complicaciones para desentrañar sus pruebas fabricadas a partir de pruebas reales, pudo haber sido responsable de condenar erróneamente a cientos de personas.[33]

El fraude de laboratorio, por desgracia, no se limita a Fred Zain. Se han producido escándalos en laboratorios de Chicago, Houston, San Francisco, Oklahoma City, St. Paul, Detroit, Nueva York, Filadelfia y en el laboratorio del FBI. Sólo en Estados Unidos se han documentado más de 130 escándalos en laboratorios de criminalística.[34]

Más de siete mil resultados de pruebas de un laboratorio criminalístico de Nueva Jersey fueron cuestionados en 2015 después de que las pruebas revelaran que un técnico de laboratorio había estado falsificando resultados.[35] En 2022, Massachusetts llegó a un acuerdo por 14,000,000 de dólares con más de treinta y un mil acusados de delitos cuyos casos se vieron empañados por un escándalo de laboratorio criminalístico.

La combinación de jurados sin conocimientos científicos, la ciencia basura, las investigaciones descuidadas, el incumplimiento de los protocolos científicos y el fraude descarado ha dado lugar a muchas condenas erróneas. Se trata de un ámbito en el que la reforma es desesperadamente necesaria.

La única manera de remediar el problema de las condenas erróneas que se producen porque los jurados están cegados por la mala ciencia, es asegurarse de que los jurados (y los jueces) realmente obtengan una imagen completa de las pruebas en el juicio y asignen el peso adecuado a las pruebas. Para ello es necesario que se divulguen todas las pruebas y que los expertos en la materia impartan la formación adecuada en la sala del tribunal. Además, debe haber un mayor escrutinio de las pruebas científicas y de los procedimientos utilizados para obtener resultados antes de que esas pruebas lleguen a un tribunal. Algunas ciencias basura, como el análisis microscópico del cabello y el análisis del plomo de las balas, nunca deberían admitirse como prueba. Otras pruebas, como las huellas dactilares, deben presentarse con un cuadro completo de todas las posibilidades de coincidencias erróneas para que el juez y el jurado las tengan en cuenta.

Mientras haya personas implicadas en el proceso de recolección de evidencia y personas implicadas en el proceso judicial de toma de decisiones, habrá errores. Por muy buena que sea la ciencia, el error humano puede dar lugar a condenas erróneas. Como dijo una vez Albert Einstein: "Sólo dos cosas son infinitas, el universo y la estupidez humana, y no estoy seguro de la primera".

8 Trabajas con niños o los dejas entrar a tu casa

Recibimos miles de solicitudes de ayuda cada año en el California Innocence Project. La mayoría comienzan con una carta de parte de una persona encarcelada, escrita a mano con meticuloso detalle, afirmando básicamente lo mismo: "Soy inocente". Estas cartas inician nuestro proceso de decidir qué casos recibirán nuestros limitados recursos.

Las cartas son abiertas por voluntarios. La mayoría son estudiantes de derecho, algunos estudiantes universitarios, algunos son adultos, e incluso algunos son estudiantes de preparatoria. Mi hijo Zach y mi sobrina Zerina hicieron prácticas en nuestra oficina cuando eran adolescentes. Una vez tuvimos un voluntario que era un guardia de prisión retirado de San Quentin.

En respuesta a las cartas, los voluntarios envían nuestra solicitud de admisión: diez páginas de preguntas enfocadas en obtener la mayor cantidad de información posible sobre el caso del posible cliente. También solicitan algunos documentos legales básicos necesarios para completar la revisión y evaluar qué procesos legales ya se han agotado.

Con esta información a la mano, se redacta un memo que resume el caso, el cual es revisado por un abogado en nuestra oficina. Ese abogado decide si el caso avanza a investigación adicional o se cierra. Al tomar esta decisión, se hacen dos preguntas: (1) si el abogado cree que el caso es uno en donde una persona inocente puede haber sido condenada injustamente; y (2) si el abogado cree que el caso podría ser ganable (es decir, si hay potencial para descubrir evidencia de inocencia).

Una de las partes desgarradoras de nuestro trabajo es cuando la respuesta a la primera pregunta es "sí" pero a la segunda es "no". Contrario a los que algunos fiscales creen, no tomamos esos casos. Es trágico cuando un caso parece ser uno en el cual una persona inocente fue condenada injustamente, pero no hay posibilidad de éxito para revertir la condena. Puede que la representación en el juicio haya sido terrible, se hayan realizado malos procesos de identificación, interrogatorios coactivos, y todos los problemas discutidos en este libro, pero sin ninguna prueba nueva y fuerte de inocencia, el caso puede ser irremediable. Esto ocurre de forma abrumadora en casos de abuso sexual.

La abogada de la organización Audrey McGinn, nuestra experta interna en casos de abuso sexual, creció en un pueblo pequeño en los maizales de Nebraska. Proviene de generaciones de agricultores. De niña fue la campeona nacional junior de tiro de tractor, y su vida consistía en amigos, familia, agricultura e iglesia. Audrey es una abogada talentosa. Es inteligente, divertida y ruidosa. Ella es esa persona que elegirías para ir a un largo viaje por la carretera porque ella es interminablemente entretenida y está llena de grandes historias de la vida agrícola en Nebraska.

En nuestra oficina, Audrey tiene la nada envidiable tarea de decidir cuál caso de abuso sexual de menores tomamos y cuáles reciben una carta de rechazo. Todos en nuestra oficina entienden el peso de las cartas de rechazo. Típicamente somos la última línea de defensa, y cuando les decimos que no a las personas con sentencias vitalicias, es probable que mueran en prisión.

La selección de casos de abuso sexual de menores es muy difícil. A menudo, el cliente potencial ha sido condenado basándose en el testimonio de sus propios hijos, o hijo de su familia que ahora puede estar dispuesto a retractarse de su testimonio. Cualquier corte que examine las retractaciones las tratará como altamente sospechosas y probablemente motivadas por la relación. Comúnmente, el cliente potencial era un ciudadano honrado en la comunidad, con un buen trabajo y sin condenas penales previas. Casi siempre recibimos cartas de apoyo de amigos y familia. Ellos juran que el cliente potencial jamás haría algo como abusar de un niño, pero sabemos que es el tipo de delito que a menudo es ocultado de todos menos de las víctimas.

Al seleccionar los casos, Audrey debe considerar todo esto. Debe imaginar cómo podría litigar el caso en corte y presentar la evidencia de forma que pueda superar la inmensa carga de demostrar la inocencia. La mayoría de los casos no tienen posibilidad de éxito, pero eso no significa que no haya una gran cantidad de casos falsos de abuso sexual de menores. Estos casos son particularmente trágicos, porque cuando cualquiera -inocente o culpable- va a la cárcel por abuso sexual de menores, como ocurre con los homicidas de bebés, son tratados como lo más bajo de lo bajo en la jerarquía penitenciaria.

JOHN STOLL

John Stoll fue una de esas personas. Escuché por primera vez su caso por nuestro proyecto hermano, el Innocence Project de California del Norte (NCIP por sus siglas en inglés). En ese entonces, el proyecto era dirigido por Cookie Ridolfi, quien comenzó su carrera legal en los 70 cuando se defendió a sí misma después de ser arrestada por esposarse a un puente como protesta contra la guerra de Vietnam. Cookie y su esposa, Linda Starr, una brillante abogada de apelación que ahora dirige NCIP, me llamó y preguntó si queríamos trabajar en el caso de John juntos. Usualmente ellos manejan casos en California del Norte, y nosotros manejamos el Sur de California. El caso era en Bakersfield, una pequeña ciudad en el desierto a 179 kilómetros de Los Ángeles. Estaba en nuestro terreno, pero ellos estaban entusiasmados sobre el caso y ya habían empezado a trabajar en él, así que decidimos unir fuerzas.

Una de las razones por las que Cookie y Linda estaban entusiasmadas acerca del caso era que Bakersfield era un punto conocido por condenas injustas. En ese momento, Ed Jagels era el fiscal del distrito. Era famoso por procesar casos falsos de abuso a menores, incluyendo una presunta red de veintisiete casos entre 1982 y 1985, veinticinco de los cuales fueron anulados posteriormente.[1]

Este tipo de procesos falsos no estaba limitado a Bakersfield en la década de 1980. El caso del preescolar McMartin recibió atención global cuando los miembros de la familia McMartin, quienes trabajaban en el preescolar de Manhattan Beach, fueron acusados de abusar sexualmente de niños bajo su cuidado. Los entrevistadores usaron técnicas altamente sugestivas al entrevistar a los niños. Los entrevistadores le dieron a los niños información sobre actos sexuales que al final los niños añadieron a sus propias historias. Las historias se convirtieron en extrañas historias de sodomía, bestialidad, rituales satánicos, brujas y orgías. Los niños alegaron que los abusos ocurrieron en túneles y cámaras subterráneas, que la excavación de la propiedad comprobó que no existían. El juicio duró siete años y, en ese tiempo, era el más costoso en la historia de EUA. Finalmente, las acusaciones fueron comprobadas como falsas, y todos los acusados fueron liberados.[2]

El caso de John Stoll tiene muchos de los elementos del caso de McMartin. Comenzó cuando John tuvo una amarga batalla de custodia de su hijo con su exesposa. Estratégicamente, acusó a John de abusar de su hijo, lo que desencadenó una investigación.

John era una de las personas afortunadas en Bakersfield que tenía una alberca. En un lugar donde las temperaturas del verano usualmente exceden los treinta y siete grados, era literalmente un bien preciado. John tenía un grupo de amigos que llevaban a sus hijos a su casa para disfrutar la alberca en esos calurosos días.

A raíz de las acusaciones de la exesposa de John, la policía y trabajadores sociales cuestionaron al hijo de John y a otros cinco niños con los que John había tenido contacto en su casa. Los niños tenían entre cinco y seis años. A uno de los niños se le amenazó con deportar a sus papás si no cooperaba.

Los investigadores usaron técnicas de interrogatorio altamente sugestivas. Como en el caso del preescolar McMartin, los investigadores sugirieron actos sexuales a los niños, que en última instancia los repitieron como loros. Algunos niños detallaron actos sexuales que habrían sido físicamente imposibles.

Al final, los niños acusaron a John y a un hombre que le alquilaba una casa de invitados de abuso. Dos de los niños acusaron a su propia madre y su novio de participar en orgías sexuales con John y los niños. Cuando los niños empezaron a implicar a la policía y a los fiscales en sus historias, se interrumpió el interrogatorio.

Con las declaraciones falsas, John, su inquilino y sus amigos fueron arrestados y llevados a juicio. Durante el proceso, la defensa intentó presentar evaluaciones psicológicas de los acusados que demostraban que no tenían propensión a abusar de menores. El juez no admitió las pruebas y todos fueron condenados. El tribunal condenó a John a cuarenta años de prisión.

Cuatro años después del juicio, las condenas de los amigos de John fueron revertidas basándose en que el juez había excluido indebidamente la evidencia psicológica relacionada con la propensión hacia el abuso de menores. Irónicamente, aunque el nombre de John aparecía en primer lugar en los documentos de apelación (y este tipo de pruebas se conocen desde entonces como "pruebas Stoll"), John no fue puesto en libertad porque su abogado no se opuso debidamente a la denegación por el juez de la petición de introducir las pruebas en el juicio. Los abogados de los amigos de John se opusieron a la decisión del juez, así que se fueron a casa. John permaneció en prisión.

Durante los años qué John estuvo encarcelado, los niños crecieron y comenzaron a entender las implicaciones de su falso testimonio. Casi no tenían contacto entre ellos, salvo dos que eran hermanos. Cuando hablamos con ellos, todos dijeron lo mismo: habían inventado sus historias a la policía y a los trabajadores sociales. El único niño que no se retractó de su testimonio original en el juicio fue el hijo de John. Era el menor de los niños en el momento de los supuestos incidentes. Se negó a hablar con nosotros.

La audiencia hábeas de John no fue como ninguna en las que yo haya participado. El juez John Kelly estaba malhumorado y parecía disfrutar gritarle a nuestro equipo. El caso recibió mucha atención de los medios de comunicación y la sala estaba llena todos los días. Un día, un hombre entró en la sala con pantalones cortos, infringiendo el código de vestimenta del juez. El hombre se negó a salir, así que el juez desalojó a todos los demás e hizo que los alguaciles arrastraran al hombre con las piernas desnudas, gritando por el pasillo hasta la puerta principal.

El juez Kelly nos gritó a nosotros, culpándonos de la presencia del señor pantalones cortos. Nosotros calmadamente le explicamos que no teníamos ni idea de quién era, y que solo los estudiantes de derecho bien vestidos en la audiencia estaban con nosotros.

Nuestra oponente en la audiencia era la ayudante del fiscal Lisa Green. Se sentó sola en su mesa, mientras que la nuestra estaba llena con Cookie, Linda, Jan, Stanley Simrin (abogado local de Bakersfield), Jill Kent (abogada del Innocence Project del Norte de California), John Stoll y yo. Me senté lo más cerca posible de la fiscal, que se irritó al ver que nuestra multitud se movía contra su espacio en la sala. En un momento de la audiencia, ella hizo la petición al juez para que me alejara de ella. Le hice caso.

Nuestro comportamiento en la sala de juicios no fue la única cosa que le molestó. Mientras se preparaba para interrogar a uno de los peritos del fiscal, Linda se puso en contacto con él. Mientras trabajaba en su doctorado, la experta escribió un artículo en el que afirmaba que los niños no mienten sobre el abuso sexual. Cuando Linda habló con ella, la testigo dijo que pensó que el tribunal la llamaba a declarar a ella, no a la fiscalía. Al parecer, había pasado la mayor parte de su carrera alejándose del artículo y no quería testificar para la fiscalía. Linda le dijo que el juez Kelly no la estaba llamando como testigo, y nosotros tampoco. Ella venía al tribunal como testigo de la fiscalía.

No había nada de malo en que Linda contactara a la perito o le dijera esta información. Sin embargo, cuando la perito le dijo a Lisa Green que no estaba testificando para la fiscalía, Lisa fue con el juez y nos acusó de manipulación de testigos. La mañana siguiente, el juez nos regañó y hubo una sugerencia de que se podrían presentar cargos penales en contra nuestra. Afortunadamente, eso no pasó.

Alrededor de la condena de John y todos los supuestos crímenes sexuales en Bakersfield había alegaciones de que altos funcionarios de la ciudad estaban involucrados en una red de abuso sexual con niños. Una serie de artículos titulados "Los Señores de Bakersfield" fueron publicados por el periódico *Bakersfield Californian*, afirmando que cuatro de estos funcionarios fueron asesinados por sus víctimas juveniles.[3] En 2021, todavía había demandas pendientes en casos relacionados con estas alegaciones.[4]

En el momento de la audiencia de John, los niños que lo habían acusado de abuso sexual estaban en los últimos años de sus veintes. A excepción del hijo de John, declararon consistentemente que habían dado testimonios falsos cuando eran niños. Fue tan triste escuchar cómo el falso testimonio los había atormentado todas sus vidas. Verlos disculparse con John con lágrimas en los ojos fue desgarrador en muchos niveles. John no les guardaba ningún rencor, sabiendo que ellos, también, eran víctimas de la policía y los fiscales que obtuvieron los testimonios falsos.

Tuve la difícil tarea de interrogar al hijo de John. Entró a la sala con la cabeza en alto, listo para refutar lo que él percibía eran falsas retractaciones de los otros chicos. El interrogatorio directo del fiscal fue bastante corto. Ella apenas y confirmó con él que mantenía su testimonio de cuando tenía seis años. Lo guíe a través de ese testimonio, y pronto quedó claro que aunque había pasado una semana en un cuarto de hotel en Bakersfield esperando testificar, nadie lo había repasado con él.

Le pregunté acerca de varios de los actos sexuales que él testificó en el juicio, donde supuestamente había mantenido relaciones sexuales con niños y niñas antes de que tuviera seis años. Aquí está un ejemplo de la transcripción de esa audiencia:

PREGUNTA: ¿Recuerdas a una niña llamada Mandy?
RESPUESTA: Sí, ¿lo recuerdo?
PREGUNTA: ¿Y qué recuerdas sobre ella?
RESPUESTA: Solamente recuerdo que era una niña que me besaba. Solo recuerdo su nombre porque era el mismo que mi hermana pequeña.
PREGUNTA: Entonces, ¿solamente recuerdas a ella besándote?
RESPUESTA: Sí.[5]

Después le leí su testimonio del juicio, donde el había afirmado que Mandy le había tocado el pene, que tuvo sexo con ella, y que tanto ella como otra niña le habían "hecho cosas desagradables" en la escuela. Él negó que eso hubiera sucedido.

Después de contradecir varias veces su memoria con su testimonio anterior, el hijo de John pasó a decir que recordaba muy poco de su infancia. Mientras leía cada incidente sexual que había denunciado cuando era niño, él dijo que no podía recordar ninguno de ellos. En otras palabras, no tenía ningún recuerdo de algún abuso sexual. Su confusión sobre lo que era real y lo que los investigadores le habían hecho creer era triste. La policía y los trabajadores sociales, mediante interrogatorios improcedentes y sugestivos cuando era niño, habían convertido sus recuerdos de la infancia y adultez en una sopa distorsionada de mentiras.

Al final de la audiencia, pero antes de que el juez diera la sentencia, John le agradeció a nuestro equipo, y dijo: "Espero esto salga bien, porque si no, cuando vuelva a la cárcel, estoy muerto".

John vivió una mentira en la cárcel afirmando que estaba bajo otros cargos. La audiencia tuvo una cobertura informativa sustancial, incluyendo a CNN, así que no podía esconder su condena por más tiempo. En ese momento, recuerdo que estaba feliz sabiendo que se le mantendría aislado en la cárcel del condado hasta que el juez diera su veredicto.

Aunque el juez Kelly se quejaba de la sala de audiencia llena y los medios de comunicación, yo creo que secretamente disfrutaba toda la atención. Mientras los jueces a veces nos mandan sus fallos por email, él nos citó en Bakersfield para que pudiera leernos el fallo desde el estrado.

Se podía oír caer un alfiler en la sala de juicios llena mientras repasaba cada problema que había tenido con nuestro caso. Parecía que había pasado una hora, pero no podían haber sido más de diez minutos. Entonces, dio un giro y empezó a hablar de lo preocupado que estaba por cómo habían sido interrogados los niños. Finalmente, dijo las palabras mágicas. Condena revocada.

Todos rompimos en llanto y abrazos. Había sido un largo y agotador caso. Cuatro días después, John fue liberado de la cárcel después de que la oficina del abogado de distrito anunciaría que no volvería a procesar el caso. Era el cumpleaños sesenta y uno de John. Había pasado veinte años en la cárcel por crímenes que nunca se realizaron. (ver fig. 7)

Figura 7. Luchando en la corte para liberar a John Stoll después de veinte años de condena injusta. Fotografiado por el California Innocence Project.

Ed Jagels eventualmente se retiró, y Lisa Green tomó el mando en la Fiscalía del condado de Kern. Sin embargo, Jagels salió del retiro en 2019 para ofrecerse como voluntario en la oficina del fiscal y encontrar maneras en las que la fiscalía podía pelear contra las reformas de sentencias que estaban disminuyendo las sentencias carcelarias.[6]

Los casos de abuso sexual de menores, como los casos de muertes de bebés, provocan indignación debido a la vulnerabilidad de las víctimas. Simplemente, acusar a alguien de abuso sexual de menores sin ninguna prueba para sustentar las afirmaciones puede ser una herramienta política poderosa. Durante la elección presidencial del 2016, una historia falsa conocida como el "pizzagate" afirmaba que Hillary Clinton estaba abusando de niños en el sótano de un restaurante de pizza en Washington, DC.[7]

Por supuesto, nada de esto es para decir que los niños no son abusados. Y, como se ha señalado en las páginas introductorias de este capítulo, es difícil para mi oficina identificar la verdad de la ficción. Sin embargo, cuando los autores de tales abusos no son detectados por muchos años, puede dar lugar a investigaciones que exageradamente buscan abuso sexual de menores donde no existe.

Ni los abusos sexuales de menores ni las investigaciones excesivas son exclusivas de Estados Unidos. Jimmy Savile pasó más de cincuenta años como una celebridad en el Reino Unido antes de su muerte en 2011. Fue presentador de importantes programas de televisión como *Top of the Pop* y era conocido por su trabajo de caridad, particularmente con organizaciones benéficas relacionadas con niños. Fue nombrado caballero tanto por el Vaticano como el Palacio de Buckingham por sus acciones altruistas.[8] Después de su muerte, se inició una investigación sobre las acusaciones de abuso sexual de menores a lo largo de su carrera. El resultado fue un reporte que documentaba cientos de acusaciones de abuso.[9]

Se creía que las acciones de Jimmy eran de conocimiento público y toleradas debido a que era una celebridad. Como sucede comúnmente en el sistema penal, como un péndulo que se mueve en la dirección opuesta con la misma fuerza, la vergüenza que vino del caso de Jimmy Savile causó una agresiva búsqueda de posibles pederastas. Esa búsqueda atrapó a algunas personas inocentes en una gran red.

La operación Midland comenzó en el Reino Unido en 2014 cuando un nombre llamado Carl Beech afirmó, en múltiples denuncias, que había sido abusado de niño por personas de alto perfil que eran parte de un grupo de pedófilos. También afirmó haber visto hombres jóvenes abusados sexualmente y luego asesinados. Sus acusaciones incluían denuncias contra exmiembros del parlamento, antiguos ministros del gabinete, el antiguo director de MI5, el exministro del interior, y el antiguo primer ministro.[10]

A raíz de las revelaciones sobre Jimmy Savile, estas acusaciones se tomaron en serio y se investigaron. La investigación no tardó en hacerse pública y dañó gravemente la reputación de los acusados. Dieciocho meses después, sin pruebas ni testigos que validaran las acusaciones, la investigación terminó con el propio Carl Beech como único acusado formalmente de abuso sexual de menores. Fue condenado por ese cargo, al igual que el cargo de "pervertir la justicia" por engañar a las autoridades. Fue sentenciado a dieciocho años en la cárcel.[11]

Las investigaciones fallidas son comunes en todos los casos criminales, pero los problemas asociados con las interrogaciones a niños son únicos. Esto es un problema global. Como el caso de John Stoll, en el famoso caso francés conocido como "Juicio de Outreau" (nombrado así por el pueblo en Francia donde tomó lugar), cuatro niños fueron interrogados sobre un presunto abuso. Los testimonios de los niños llevaron a que dieciocho personas diferentes fueran acusadas de abuso, incluyendo a los papás de los niños. La mayoría de los acusados fueron absueltos con posterioridad. Uno se suicidó mientras estaba en la cárcel.[12]

En Australia, un reporte gubernamental estimó que una de cada cinco acusaciones en casos de abuso sexual de menores eran falsas. Debido a la gravedad de las consecuencias impuestas por los crímenes de abuso sexual, las acusaciones falsas en Australia son castigables con sentencias de hasta siete años en la cárcel.[13]

Para descartar las acusaciones falsas, y para preservar la verdad de las acusaciones legítimas, técnicas sugestivas o coercitivas deben ser evitadas al entrevistar a niños. El Instituto Nacional de Salud Infantil y Desarrollo Humano (NICHD) ha desarrollado protocolos que aumentan la fiabilidad de la información recolectada de niños.

Los protocolos comienzan con guías de cómo el entrevistador debe introducirse y relacionarse con el niño. Después detallan cómo usar preguntas abiertas y evitar preguntas de sí/no, especulativas, o sugestivas. Sobre todo, la interrogación debe estar enfocada en obtener información, no dar información que pueda ser repetida. Y por supuesto, bajo ninguna circunstancia el niño debe ser amenazado, sobornado, o forzado a hablar.[14]

Las investigaciones de abuso sexual de menores comúnmente comienzan por niños presentando comportamientos que han sido relacionados con el abuso, incluyendo hacerse en la cama, pesadillas, peleas, insultos, comportamiento sexual inapropiado, cambios en hábitos alimenticios, evitar ciertas personas y aferrarse a otras personas. Estos comportamientos también pueden presentarse en niños que no han sufrido de abuso. Cuando los niños no son interrogados apropiadamente sobre lo que está pasando en sus vidas, recuerdos falsos pueden ser creados y los recuerdos reales pueden perderse. Eso puede guiar a que una persona inocente como John Stoll sea acusada erróneamente y condenada mientras las personas culpables evitan ser procesadas.

La vida después de la cárcel no fue fácil para John. Era un hombre en sus sesentas que había perdido a toda su familia y amigos. No tenía dinero, ni a dónde ir. Mis increíblemente generosos amigos, Cookie y Linda, lo cobijaron y lo invitaron a vivir en la pequeña casa de invitados detrás de la casa que Linda había usado como oficina.

Eventualmente, John se recuperó y empezó a trabajar de nuevo. El Estado le dio más de $700,000 dólares por su tiempo en la cárcel, y el condado de Kern acordó darle un monto de $5,000,000 por una demanda que él interpuso. John se enamoró de una ex enfermera de la correccional, y se mudaron a una hermosa casa cerca de la playa en la costa central. Cuando le pregunté a John por qué fue atraído por alguien que trabajó en prisiones, dijo: "ella nunca ha estado encarcelada, pero puede identificarse con el lugar donde estuve durante veinte años".

9 Alguien miente sobre ti

Clasificar las verdades y ficciones en un caso penal no es una tarea fácil. Las personas mienten. A veces es una persona intentando deshacerse de sus propios cargos, que está dispuesta a tirar a alguien más debajo del autobús. A veces es un oficial de policía encubriendo un trabajo policial descuidado o usando mentiras como un intento para llegar a la verdad. A veces, como se discutió en el capítulo 7, es un examinador forense corrupto y/o perezoso que fabrica resultados. A veces es una presunta víctima o un testigo dando un falso testimonio.

Hay millones de razones por las que las personas mienten en la vida, y las consecuencias no suelen ser severas. Pero en el sistema legal penal, las mentiras pueden llevar a personas inocentes a la cárcel.

SOPLONES

En el caso de John Stoll, los niños que testificaron en su contra dieron un falso testimonio debido a un interrogatorio sugestivo. Aun así, hubo un tipo de mentira más vil en su caso que se ha vuelto demasiado común en el sistema legal penal. Había un soplón que había sido encerrado con John. Él afirmó que John les contó a sus compañeros de celda sobre el abuso sexual.

Había tres razones por las que sabíamos que el soplón estaba mintiendo:

Primero, no hay posibilidad que John estuviera hablando con alguien en la cárcel o prisión sobre el abuso sexual, y mucho menos admitiendo que él mismo era un abusador. John mintió sobre sus cargos durante años para mantenerse con vida.

Segundo, el testimonio que el soplón dio en el juicio fue ridículo. Mencionó a cada niño por su nombre, y luego detalló los actos que John supuestamente había admitido hacer. Yo había trabajado en el caso por un tiempo, antes de poder recordar con claridad los nombres de los niños y conectar cada acusación con el niño correcto. Sin embargo, de alguna manera el soplón memorizó cada detalle y pudo decirlo palabra por palabra a la policía.

Tercero, el historial del soplón revelaba que el caso de John no era su primer rodeo. Él tenía una lista de delitos graves que deberían haberlo condenado a cadena perpetua bajo la regla de los tres strikes de California. Sin embargo, él estaba libre en las calles. Era claramente un soplón profesional que había hecho muchos tratos a cambio de testimonios falsos.

Nuestro investigador, Craig Woolard, encontró al soplón viviendo en un parque de camiones en el norte de California. él accedió a hablar con nosotros si nos reuníamos con él en un bar de nombre NASCAR. Encontramos uno y tuvimos una conversación bastante esclarecedora con él. Admitió que John nunca le dijo ni una palabra sobre abuso sexual infantil. En cambio, había accedido a ayudar a la policía, que fueron ellos los que le dieron los informes policiales del caso de John y solo leyó la información ante una grabadora. Me gustaría decir que fue impactante escuchar todo esto, pero no lo fue. Llevaba quince años en mi carrera de defensa penal y ya había visto y oído demasiado.

Al siguiente día, el soplón se presentó en el juzgado a testificar en contra de John en su audiencia hábeas. Yo no podía esperar a que subiera al estrado para poder tener ante el juez la misma conversación que habíamos tenido el día anterior. Sin embargo, la fiscal habló con él sobre nuestro encuentro y cambió de opinión sobre subirlo al estrado.

Los soplones son un gran problema en el mundo de las condenas injustas. El primer caso documentado de una condena injusta en la que estuvo implicado un soplón de la cárcel en Estados Unidos se suscitó en 1819. El soplón afirmó que un hombre llamado Jesse Boorn había confesado haber matado a su cuñado. Como resultado, Jesse y su hermano Stephen fueron declarados culpables del homicidio y condenados a muerte. Jesse vio reducida su condena a cadena perpetua, pero Stephen estaba a la espera de ser ejecutado cuando la presunta víctima del homicidio apareció con vida.[1]

Rob Warden, un legendario periodista de Chicago cofundador del Centro de Condenas Injustas de Northwestern, reportó en 2005 que 51 de las 111 primeras exoneraciones de condenados a muerte implicaban a soplones. Esa cifra convirtió el testimonio de soplones en la principal causa de condenas erróneas en casos de pena de muerte.[2]

En 2011, el enjuiciamiento de Scott Dekraai, un hombre que le disparó y mató a ocho personas en California en una peluquería de Orange County, desencadenó una investigación sobre un escándalo masivo de soplones que implicaba tanto al Departamento del Sheriff de Orange County como a la Oficina del Fiscal de Distrito de Orange County. Un soplón veterano fue alojado intencionalmente en la celda de Scott para obtener información. Pronto se reveló que existía una red de soplones y que el gobierno los estaba colocando en las celdas de los acusados para obtener información que no se podía obtener legalmente mediante interrogatorios.[3]

Como se discutió en capítulos anteriores, el derecho constitucional a un abogado comienza una vez que la persona ha sido acusada formalmente de un delito. En ese momento, la policía ya no puede interrogar a un sospechoso sobre el crimen sin que su abogado esté presente. Los informantes de la cárcel no son policías, por lo que las conversaciones casuales que mantienen con otras personas en la cárcel pueden usarse en los tribunales para obtener condenas. Sin embargo, en Orange County, los soplones no eran compañeros de celda al azar que obtenían información casualmente. Estos soplones eran colocados en las celdas y la policía y los fiscales les decían que obtuvieran información específica. Eso convirtió a los soplones en una extensión de la policía y la fiscalía que intentaban poner fin al derecho constitucional a un abogado.

Más allá de las razones constitucionales para suprimir los testimonios de soplones, este tipo de evidencia carece de credibilidad y ha demostrado una y otra vez que conduce a condenar a inocentes. Cuando un informante de la cárcel no tiene información que ofrecer, se les dan grandes incentivos para inventar información falsa. A veces, como en el caso de Stoll, un soplón puede evitar un tercer strike y una cadena perpetua. A veces hay incentivos menores, como ser trasladado a un mejor centro penitenciario. En San Diego, hubo un escándalo de soplones donde la fiscalía permitió que los soplones se reunieran con mujeres para tener encuentros sexuales en las oficinas del fiscal.[4]

Leslie White, un soplón autodenominado, desmostró en el show de noticias de CBS *60 Minutes* qué fácil es fabricar información. Con las cámaras grabando, se hizo pasar por un policía y llamó a diferentes agencias de gobierno, incluyendo fiscalías y oficinas forenses, y obtuvo detalles sobre diversos casos. Una vez que tenía la información sobre un caso en particular, el hacía los arreglos para ser transportado hacia o desde el tribunal con el acusado en ese caso, para luego afirmar que obtuvo la información de una conversación durante el viaje.[5]

Los testimonios de soplones deberían eliminarse por completo de los tribunales. Nuestras reglas sobre pruebas tienen un principio inquebrantable, que la evidencia no debe ser admitida ante el tribunal cuando su efecto prejudicial sobrepasa el valor probatorio de la evidencia. Los soplones tienen extraordinarios motivos para mentir, y esto normalmente no es comprendido por los jurados. Cuando los soplones mienten en juicio, puede llevar a una persona inocente a recibir una cadena perpetua, o incluso a la pena de muerte. Ese nivel de prejuicio es demasiado grande para permitir este tipo de testimonio.

TESTIGOS

Como se mencionó en el capítulo anterior, recibimos miles de cartas al año en el California Innocence Project. Todas tienen mi nombre y creo que los clientes y sus familias me imaginan leyéndolas, pero si lo hiciera, no haría nada más.

Al principio, cuando era el único abogado de tiempo completo en la oficina, leía todas las cartas. Nunca olvidaré la que recibí de Mike Hanline. Mike afirmó que le habían tendido una trampa y que no fue él quien mató al hombre que lo llevó a obtener cadena perpetua. En cambio, fue un abogado en Ventura (donde ocurrió el homicidio). Quizás fue mi propio prejuicio inherente que no cree que los abogados cometen homicidios y tienden trampas a la gente, pero tenía mis dudas. Luego tuve una conversación con un abogado muy respetado en San Diego que había trabajado para el abogado acusado.

"Recibí está loca carta de un tipo que está encerrado por homicidio que dice que tu ex jefe fue el verdadero homicida", le dije.

Él asintió y dijo: "Sí, podría imaginarlo".

"¿Qué? ¿Por qué?", yo pregunté.

"Él traficaba drogas fuera de la oficina y hacía todo tipo de locuras. Por eso salí de ahí."

Profundizamos y comenzamos a investigar. En 1978, un motociclista llamado J.T. McGarry fue asesinado. Mike fue condenado basándose en la teoría de que estaba en un triángulo amoroso con J.T. y una joven llamada Mary Bischoff. La teoría de la fiscalía sobre el motivo del homicidio era tan antigua como el tiempo: los celos.

Mary tenía diecinueve años cuando testificó contra Mike. Su testimonio fue un desastre confuso. Ella estaba claramente ebria e incluso se cayó del estrado en un momento. Mary fue la clave para la condena de Mike, por lo que la localizamos hasta donde estaba viviendo actualmente en el medio oeste y enviamos a dos estudiantes de derecho a entrevistarla.

Más tarde ella me dijo que pensaba que nuestros elegantes estudiantes de derecho, eran sicarios enviados a matarla. Ella había huido al medio oeste después del homicidio de J.T. y evidentemente vivió con miedo desde entonces.

Confirmamos con ella que el abogado que Mike sospechaba que había cometido el homicidio la había manipulado a ella y toda la investigación. Cuando la policía la trajo de regreso a California en 1978, el abogado se reunió con ella en el aeropuerto y la llevó por unas bebidas antes de que hiciera su declaración. El abogado asistió a su entrevista con la policía y detuvo el interrogatorio cuando Mary comenzaba a desviarse del caso que estaban creando contra Mike. Al final de la entrevista, la policía y la fiscalía tenían todo lo que necesitaban. Mike era el homicida. Él fue a prisión.

En el caso de Mike, el mayor desafío que tuvimos fue el obtener acceso a los registros judiciales. Debido a que el juicio involucró a pandillas de motociclistas e informantes, algunos de los informes policiales y transcripciones fueron sellados. Alex Simpson y Mario Conte litigaron a nombre de nuestra oficina en un tribunal federal solo para obtener que se desclasificaron los registros. Cuando lo lograron, nos enteramos sobre informes que habrían cambiado el resultado del caso si la defensa hubiera tenido conocimiento de ellos durante el juicio. Los informes incluían pistas dadas a la policía que apuntaban claramente a otros sospechosos, incluyendo al abogado que Mike sospechaba era el homicida.

En el caso *Brady vs. Maryland* de la Suprema Corte, dos hombres (Charles Boblit y John Brady) fueron juzgados y condenados por separado por homicidio y sentenciados a muerte por su participación en el mismo homicidio. Boblit dio una declaración a la policía en la que confesó ser el tirador, pero esa declaración no fue entregada al abogado de Brady. La Suprema Corte dictaminó que la declaración probablemente no habría cambiado el veredicto de culpabilidad ya que el homicidio se había producido durante un robo. Por lo tanto, ambos hombres serían culpables de homicidio grave independientemente de quién fuera el tirador. Sin embargo, la Corte también concluyó que la declaración podría haber cambiado la sentencia de

Brady; esto debido a que el jurado tenía la opción de imponer una sentencia menor que la muerte, y saber que Brady no era el tirador probablemente habría influido en esa decisión. La Corte dictaminó que "la omisión por parte de la fiscalía de pruebas favorables a un acusado cuando fue solicitada viola el debido proceso cuando las pruebas son importantes para determinar la culpabilidad o el castigo, independientemente de la buena o mala fe de la fiscalía".[6]

Brady fue una decisión histórica. Dejó claro que la policía y los fiscales ya no podían ocultar a la defensa pruebas potencialmente exculpatorias o cualquier prueba que pudiera reducir una sentencia. Dio lugar a décadas de litigios sobre lo que constituye "favorable a un acusado", y más de cincuenta años después de *Brady*, todavía me sorprenden las interpretaciones subjetivas de las pruebas que hacen los agentes de policía y los fiscales teniendo en cuenta este estándar. Siempre me ha parecido que entregar todo lo que tiene la fiscalía y la policía es el mejor curso de acción para evitar una violación constitucional.

La audiencia de hábeas de Mike fue un proceso largo ante un tribunal federal. Después de tener en nuestras manos los informes retenidos, argumentamos que constituían "pruebas de *Brady*" y, por lo tanto, eran motivos suficientes para revocar la condena de Mike. El juez federal Andrew Wistrich estuvo de acuerdo, y el 22 de octubre de 2010 emitió un informe de cincuenta páginas y una recomendación que comenzaba con la letra de mi héroe musical de toda la vida, Bruce Springsteen, y la canción "Long Walk Home".

"Esa bandera ondeando sobre el juzgado significa que ciertas cosas están escritas en piedra: quiénes somos, qué haremos y qué no haremos."

Tan pronto como leí la letra en la primera página de la decisión, supe que habíamos ganado. De hecho, había sido un largo camino hasta casa. En ese momento, Mike ya había pasado treinta y dos años en prisión. El juez Wistrich estuvo de acuerdo con nosotros en que las pruebas que apuntaban a otros sospechosos debieron haber sido reveladas al abogado de Mike en el juicio y, por lo tanto, hubo una violación constitucional. El juez Wistrich escribió lo siguiente:

> Considerando el efecto acumulativo de las pruebas no divulgadas y los argumentos que habrían sustentado en el juicio del peticionario, existe una probabilidad razonable de un resultado diferente si las pruebas hubieran sido reveladas a la defensa.[7]

Wistrich fue particularmente crítico con la fiscalía:

> La fiscalía tuvo tanto éxito en violar las órdenes del tribunal de primera instancia y su obligación constitucional, que cuando las pruebas exculpatorias salieron a la luz (casi tres décadas después) muchos de los testigos importantes habían muerto o desaparecido. Permitir que el fiscal participara en este tipo de juegos con impunidad indica que las reglas constitucionales establecidas en *Brady* y sus descendientes son simplemente "reglas ficticias" que no necesitan tomarse en serio.[8]

Recuerdo celebrar la victoria de Mike en 2010. Muchas personas habían trabajado en el caso a lo largo de los años. Nuestros estudiantes y personal, particularmente nuestra directora de programa, Kim Hernandez, había pasado interminables horas investigando la evidencia, buscando la verdad. Yo escribí la petición del hábeas original que habíamos presentado hace casi una década, pero Alex Simpson y Mario Conte se encargaron de la mayor parte del litigio desde allí. Fue una gran victoria de equipo.

Desafortunadamente, nuestra celebración duró poco. Los magistrados, como el juez Wistrich, son designados para apoyar a los jueces de los tribunales de distrito. El "informe y recomendación" de Wistrich fue solo eso, una recomendación a la jueza de distrito Virginia Phillips. Aunque Wistrich había pasado años conectando los puntos a través de las audiencias y oficios, y él fue el juez que escuchó la evidencia de primera mano de testigos de forma presencial en su sala, la jueza Phillips no estuvo de acuerdo. Ella consideró que las pruebas presentadas no eran "suficientes para establecer mediante pruebas claras y convincentes que ningún investigador razonable habría declarado culpable al peticionario".[9]

Esto es lo que te hace arrancarte los pelos en nuestro extraño mundo de litigar demandas de personas inocentes. Revisamos miles de casos que llegan a nuestra oficina, siempre buscando aquellos donde creemos que podemos desarrollar pruebas de inocencia. Pasamos años deconstruyendo esos casos, buscando todos los errores y mentiras que pudieron haber llevado a una persona inocente a ser condenada. Luego construimos un caso de inocencia, poniendo a testigos como Mary Bischoff en el estrado, quien admitió todas sus mentiras, las cuales combinadas con las malas conductas del gobierno, llevaron a la condena de Mike. Un juez escucha toda la evidencia y está de acuerdo con nosotros. Pero al final, otro juez simplemente lee el expediente, sin escuchar la evidencia de primera mano, y no está de acuerdo.

Quedamos devastados por la decisión de la Jueza Phillips, pero no derrotados. Regresamos con el fiscal de distrito para ver si podíamos obtener cooperación para volver a investigar el caso basado en todo lo que habíamos aprendido a través del proceso de la audiencia federal. Ellos sabían, como nosotros, que Mary Bischoff había mentido, y que ella era la clave para la condena de Mike. Pero eso no era suficiente para convencerlos de que Mike era inocente. Ellos querían pruebas reales.

Antes de que J.T. McGarry fuera asesinado, sus manos fueron atadas con cinta adhesiva. Esa cinta había permanecido en evidencia durante tres décadas, y gracias al milagro de las pruebas de ADN, se le había encontrado un perfil. Después de tres años más de discutir y negociar ante un tribunal estatal, el fiscal de distrito asignado al caso, nos dijo que aceptaría desestimar el caso si ni el ADN de Mike ni de su coacusado aparecían en la cinta. Se hicieron las pruebas. Ni el ADN de Mike ni el de su coacusado estaban en la cinta. El fiscal de distrito estuvo de acuerdo que la combinación de los informes policiales ocultos y las nuevas pruebas de ADN significaban que su condena debía ser revocada.

Cuatro años después de que el juez Wistrich recomendara la liberación de Mike, finalmente fue liberado. Mike había pasado treinta y seis años en prisión por un delito que no cometió, en ese momento más que nadie en la historia de California. Alex Simpson y yo lo acompañamos, junto con su esposa Sandee, quien esperó todos esos años a que volviera a casa (ver figura 8).

Como con todos nuestros exonerados, le preguntamos a Mike que quería para su primera comida. Es una de las grandes alegrías de nuestro trabajo acompañar a nuestros clientes en esa comida. Mike dijo que había visto anuncios de Carl's Jr. en prisión y que su comida se veía excelente. La mayoría de nuestros clientes quieren bistec o langosta, pero Mike solo quería una hamburguesa de comida rápida.

Nuestro equipo de abogados y estudiantes se unieron a Mike en Carl's Jr., junto con su esposa, Sandee. Lo grabamos ordenando su comida y declarando "¡Así sabe la carne!", después de su primer bocado de la hamburguesa. Publicamos el video en línea e inmediatamente se hizo viral, obteniendo millones de visitas de alrededor del mundo. Enviamos el video a Carl's Jr., pidiéndoles que hicieran algo bueno por Mike a cambio de toda la publicidad gratuita que les proporcionó. Le dieron comida gratis por un año. Mira el vídeo de YouTube. Se llama *Michael Hanline liberado después de 36 años [de] encarcelamiento injusto.*[10]

Figura 8. Mike Hanline habla con los medios sobre sus treinta y seis años de encarcelamiento injusto. Crédito de la foto: Heidi Brooks.

AGENTES DE POLICÍA

A veces no son los soplones los que mienten ante los tribunales como agentes de la policía; a veces, son los propios agentes de policía los que mienten. Según un informe de 2020 del Registro Nacional de Exoneraciones, el 54 por ciento de las condenas injustas implican algún tipo de mala conducta por parte de oficiales de policía. La mala conducta se dividió en cinco categorías: manipulación de testigos, mala conducta al obtener confesiones falsas, fabricación de evidencia, ocultamiento de pruebas exculpatorias y mala conducta en el juicio. En el 35 por ciento de las exoneraciones, la mala conducta involucró a oficiales de policía. En el 13 por ciento de las exoneraciones, los agentes de policía testificaron falsamente en el juicio.[11] Cuando trabajaba en Chicago, los agentes de policía comúnmente se referían a su propio testimonio como "testimentir".

En el capítulo sobre interrogatorios, hablé sobre cómo las técnicas de interrogación pueden conducir a confesiones falsas. Una de las técnicas consiste en mentirle a los sospechosos para que confiesen. En el caso de *Frazier vs. Cupp* de 1969, los agentes de policía le mintieron a un sospechoso, diciéndole falsamente que su coacusado confesó. La Suprema Corte validó el mentirles a sospechosos, diciendo, "El hecho de que la policía haya malinterpretado las declaraciones que Rawls hizo, si bien relevante, es insuficiente en nuestra opinión para hacer inadmisible la confesión que de otro modo sería voluntaria".[12]

Durante los interrogatorios, las mentiras que dice la policía no se limitan a afirmar que los coacusados ya han confesado. La policía también miente sobre los resultados del polígrafo, las pruebas encontradas en las escenas del crimen que implican a sospechosos, los vídeos de vigilancia de sospechosos cometiendo crímenes que no existen y una serie de otras mentiras creativas. Y, por supuesto, existe la mentira clásica de que los sospechosos pueden recibir cargos y sentencias menores si cooperan con la policía y le dicen lo que quieren oír. Pero, por supuesto, esas decisiones las toman los fiscales y la policía no tiene autoridad para respaldar esas promesas.

Marty Tankleff es un abogado de derechos civiles de Nueva York y profesor adjunto en la Universidad de Georgetown. Cuando era un estudiante de último año de secundaria de diecisiete años, se despertó con una pesadilla inimaginable. Su madre había sido asesinada a puñaladas en su cama y su padre había sido golpeado tan brutalmente que apenas estaba vivo. La policía interrogó a Marty durante horas, diciéndole mentira tras mentira, culminando con una llamada telefónica falsa en la que la policía afirmó que el propio padre de Marty (que había entrado en coma y muerto) les dijo que Marty era el agresor. Creyendo que su padre nunca mentiría, Marty comenzó a pensar que tal vez había matado a sus padres y había sufrido un bloqueo mental. Hizo declaraciones incriminatorias que lo llevaron a su condena por los homicidios. Marty pasó diecisiete años en prisión antes de ser exonerado después de una investigación realizada por sus abogados defensores donde encontraron veinte testigos que confirmaron que los homicidios de los padres de Marty fueron orquestados por el socio comercial de su padre.[13]

También hay situaciones en las que la policía miente sobre lo que le dijo a un sospechoso durante un interrogatorio para darle más credibilidad a una confesión. Por ejemplo, en los casos de Christopher Ochoa y Richard Danziger, ambos hombres fueron condenados por violación y homicidio basándose en la confesión hecha con cuchara de Christopher (la connotación de confesión hecha con cuchara se refiere a dar información de más durante el interrogatorio para incriminarlo). En Austin, Texas, una gerente de Pizza Hut fue atacada, atada con su sostén, violada y baleada en la cabeza durante un robo. La policía afirmó que tuvieron mucho cuidado de no darle ningún dato sobre el crimen a Christopher cuando lo interrogaron, cuando, de hecho, le dieron toda la información. También lo obligaron a confesar con amenazas de pena de muerte y, por supuesto, también le mintieron al afirmar falsamente que Richard ya había confesado e implicado a ambos.

Al final, el verdadero culpable se presentó y admitió su culpabilidad por los crímenes, y el Innocence Project de Wisconsin logró utilizar pruebas de ADN para exonerar a Christopher y Richard después de que cumplieron más de una década de prisión por crímenes que no cometieron.[14]

Una vez tuve un estudiante en mi clase de procesal penal que era un ex detective de homicidios. Se jubiló y decidió ir a la escuela de derecho. Cuando estaba enseñando sobre la legislación relacionada con la confesión, él compartió con la clase su técnica favorita para obtener confesiones, que implicaba usar una calculadora conectada a un micrófono al que se refirió como "Medidor Fromm". Él introducía números aleatorios en la calculadora y luego pasaba el micrófono por todo el cuerpo del sospechoso. Luego, su compañero entraba en la habitación y decía: "Tenemos la lectura de Fromm de la escena del crimen", y luego leía de una hoja de papel el mismo número que estaba marcado en la calculadora. Luego, mi antiguo alumno le mostraba dramáticamente la calculadora al sospechoso y le decía: "Tenemos tus Fromms, puedes negar todo lo que quieras, pero sabemos que estuviste en la escena del crimen, así que te condenarán y te irás a prisión. Deberías confesar".

Por supuesto, no existen cosas como "Fromms". Es una marca de comida para perros. Mi alumno afirmó que su técnica nunca condujo a confesiones falsas porque: "¿Por qué una persona inocente confesaría sólo porque le dije algunas tonterías sobre Fromms?"

Quizás el fraude de Fromms por sí solo no provocaría una confesión falsa, pero combinado con otras mentiras u otros factores (como el desmayo del sospechoso relacionado con el alcohol) podría conducir a una confesión falsa. Y, aunque menos común que en el pasado, todavía hay casos en los que la policía utiliza la violencia física combinada con mentiras para obtener confesiones.

También hay situaciones en las que los agentes de policía simplemente inventan crímenes y mienten sobre los hechos para obtener una condena. Danny Larsen fue víctima de este tipo de corrupción policial cuando fue condenado en un tribunal de California por un "tercer strike" y enviado a prisión de por vida. La condena surgió de un incidente en el que agentes de policía se acercaron a Danny y a otras personas en un estacionamiento y uno de ellos arrojó un cuchillo debajo de un carro. Danny coincidía con la descripción dada en una llamada al 911 de un hombre que tenía un arma, por lo que la policía se centró en él. Al no tener arma, lo arrestaron, afirmando falsamente que lo vieron arrojar el cuchillo.

Milagrosamente, un exjefe de policía de Carolina del Norte se encontraba en el estacionamiento. Él y su esposa vieron que no fue Danny quien arrojó el cuchillo y les dijeron a los oficiales que era otro hombre. Los oficiales no estaban interesados en lo que la pareja tenía que decir y les pidieron que se fueran. No se hizo ningún informe sobre sus observaciones.

El caso de Danny fue desestimado en la audiencia preliminar porque no había pruebas de que hubiera ocultado el cuchillo, un elemento necesario del crimen. Los agentes de policía entonces cambiaron sus declaraciones iniciales. Afirmaron que vieron a Danny sacar el cuchillo de un lugar oculto en su cintura.

El abogado defensor de Danny no llamó al exjefe de policía, a su esposa ni a ninguno de los otros testigos en el estacionamiento. Debido a que Danny tenía dos condenas por delitos graves de una década antes, fue declarado culpable de ser un "ex delincuente en posesión de un puñal o una daga" según la ley de California y sentenciado a entre veintisiete años y cadena perpetua.

Litigamos el caso de Danny durante varios años. Incluso después de que revocamos su condena, Jan Stiglitz tuvo que luchar contra una apelación presentada por la oficina de la entonces fiscal general Kamala Harris. Su oficina afirmó que, aunque el tribunal había declarado inocente a Danny y dictaminó que recibió asistencia ineficaz, Danny aún debería permanecer en prisión porque su demanda no se presentó a tiempo. A menudo se escucha la retórica de personas que "evaden la justicia con tecnicismos"; este fue un ejemplo de alguien que fue mantenido en prisión por un tecnicismo. Al final, ganamos las apelaciones y Danny finalmente fue liberado después de nueve años de encarcelamiento injusto.

A pesar de todas estas historias, e incluso después de más de tres décadas como abogado defensor penal, sigo creyendo que la mayoría de los agentes de policía se despiertan todos los días y tratan de hacer lo mejor que pueden para servir a su comunidad. Sin embargo, casos como el de Danny no pueden tratarse como incidentes extremadamente raros y aislados.

En 1998, salieron a la luz los crímenes cometidos por agentes de policía de la división Rampart del Departamento de Policía de Los Ángeles (LAPD). Irónicamente, la llamada unidad "Recursos Comunitarios Contra Matones Callejeros" (CRASH), creada para vigilar la violencia de las pandillas, había estado actuando como una pandilla. Los miembros de esta banda policial cometieron delitos graves, incluidos tiroteos ilegales, golpizas, colocación de pruebas, tráfico de drogas, robo a bancos, perjurio y una serie de otros delitos cometidos para encubrir su conducta delictiva.

La investigación sobre los agentes de policía de Rampart comenzó cuando se robaron seis libras de cocaína de la sala de pruebas del LAPD. Los investigadores creían que el oficial Perez de la unidad CRASH estaba involucrado. Fue arrestado, acusado y juzgado por robar drogas y venderlas en la calle a través de su novia. El jurado falló ocho a cuatro a favor de la condena.

Salió a la luz más información que implicaba al oficial Pérez en transacciones de drogas. Para evitar un nuevo juicio, hizo un trato para dar información sobre otras actividades de la unidad CRASH a cambio de una sentencia más leve. Como resultado, el oficial Pérez confesó sobre los delitos cometidos por él mismo, su pareja y más de setenta policías de la unidad.[15]

El escándalo provocó la revocación de 106 condenas y la ciudad pagó más de 100 millones de dólares en acuerdos civiles. Después de que estalló el escándalo, me invitaron a una reunión de abogados y políticos organizada por el legendario abogado defensor penal Johnnie Cochran. Cochran suplicó al grupo que desmantelara la policía de Los Ángeles en lugar de conformarse con la revocación de condenas individuales y una remuneración financiera. Al final, la unidad CRASH se disolvió, el jefe de policía fue despedido y el Departamento de Justicia supervisó las reformas dentro del LAPD. Aun así, miles de oficiales permanecieron en la fuerza que permitió que se desarrollara una impactante cultura de criminalidad y corrupción.

Es difícil creer que otros agentes no estuvieran involucrados en actividades ilegales y simplemente no fueran atrapados.

Este tipo de escándalos no se limitan a Los Ángeles. Decenas de exoneraciones han resultado del trabajo corrupto del detective Reynaldo Guevara en Chicago, el detective que puso a Marilyn Mulero tras las rejas.[16] Y, en 2018, la fiscalía del estado de Illinois desestimó quince condenas obtenidas por un sargento llamado Ronald Watts y su equipo. El sargento Watts extorsionó y fabricó cargos de drogas en los complejos habitacionales del lado sur de Chicago.[17] Un año después, hubo otra exoneración masiva de dieciocho personas a las que el sargento Watts había incriminado.[18] Hasta la fecha, el estado ha anulado 110 condenas relacionadas con él.[19]

En la ciudad de Nueva York, un detective llamado Louis Scarcella trabajó en las calles de Brooklyn durante las décadas de 1980 y 1990. Más de cincuenta de sus casos fueron revisados por presunta mala conducta.[20] Fue acusado, entre otras cosas, de incriminar a ocho hombres por homicidios que no cometieron.[21] La investigación condujo a varias exoneraciones.

En enero de 2022, la fiscal de distrito del Bronx, Darcel Clark, anunció que más de quinientas condenas habían sido o serían revocadas porque todas estaban vinculadas a un ex detective que enfrentaba cargos de perjurio. Ella afirmó en una conferencia de prensa: “No queríamos desestimar o anular rotundamente todos los casos en los que estuvo involucrado; investigamos aquellos que giraban en torno a sus testimonios y declaraciones juradas. Su credibilidad comprometida sugiere una falta de debido proceso en el procesamiento de estos acusados, y no podemos respaldar estas condenas”.[22]

Los fiscales solicitaron desestimaciones similares en Filadelfia cuando los investigadores federales descubrieron que los agentes de policía estaban incriminando a los acusados por cargos de drogas. Desde que el primer oficial fue arrestado en 2013, se han anulado y desestimado más de 1,100 condenas.[23]

Es imposible creer que estos agentes fueran las únicas “manzanas podridas” o que más agentes dentro de estos departamentos de policía no estuvieran cometiendo actos criminales similares (pero quizás con más discreción). Este tipo de corrupción tampoco se limita a Estados Unidos. Sucede en todas partes del mundo. He pasado mucho tiempo trabajando en América Latina durante los últimos treinta años y he sido testigo de niveles impactantes de corrupción.

México, por ejemplo, tiene una de las fuerzas policiales más corruptas del mundo. Los policías en México ganan en promedio unos veinte mil pesos mensuales, unos doce mil dólares al año. Los agentes de policía en Estados Unidos ganan, en promedio, más de sesenta y siete mil dólares al año. La pobreza puede conducir a conductas delictivas, ya seas agente de policía o cualquier otra persona. Y cuando los agentes de policía en México no pueden mantener a sus familias con sus salarios, se corrompen fácilmente.

Dos jóvenes abogados y cineastas, Roberto Hernández y Layda Negrete, revelaron cómo la corrupción y las mentiras conducen a condenas erróneas en México con su documental en 2008 de *Presunto Culpable*. El documental fue prohibido en México, pero aun así se convirtió en el documental más visto en la historia de México.[24] Las cámaras de Roberto y Layda siguen a un hombre llamado Toño durante todo el proceso judicial.

Toño era un vendedor ambulante de veintiséis años y aspirante a bailarín/rapero. El 12 de diciembre de 2005, agentes de policía lo agarraron en una calle de la Ciudad de México y lo metieron a empujones en un patrullero. Fue acusado de disparar y matar a un joven llamado Juan Reyes. Toño fue condenado y enviado a prisión por veinte años basándose en la identificación realizada por un testigo ocular del primo de Reyes que fue manifestada por policías corruptos.[25]

Se concedió un nuevo juicio cuando se descubrió que el primer abogado de Toño tenía una licencia falsa para ejercer como abogado. En el nuevo juicio, el propio Toño, después de ser entrenado por su equipo legal, se involucra en un proceso conocido como careos, donde el acusado puede interrogar a los testigos cara a cara. A través de una serie de preguntas, Toño consigue que el único testigo admita que nunca vio el tiroteo. También muestra claramente que el testigo había sido entrenado por los agentes investigadores. Sin embargo, Toño es condenado nuevamente y su libertad solo se obtiene una vez que un tribunal de apelaciones revisa el video del nuevo juicio creado por los abogados/cineastas.

Otro cineasta sacó a relucir una corrupción similar con la película argentina *El Rati Horror Show*, creada, escrita, narrada, dirigida y protagonizada por Enrique Piñeyro, la persona más interesante que he conocido.

Enrique se presentó en mi oficina hace varios años con la idea de que quería iniciar una organización de inocencia en Argentina. Lo acompañaba Manuel Garrido, un ex fiscal que había ascendido de rango para liderar investigaciones anticorrupción en Argentina, hasta que hizo demasiadas preguntas. Enrique era un ex médico, que luego se convirtió en piloto de una aerolínea comercial en LAPA Airlines, y luego se hizo famoso cuando denunció problemas de seguridad dos meses antes de que el vuelo 3142 de LAPA Airlines se estrellara y matara a sesenta y cinco personas. Se hizo una película sobre el accidente y los esfuerzos de Enrique por llamar la atención sobre los problemas de seguridad que provocaron el accidente. Enrique protagonizó la película como él mismo y luego hizo varias películas como actor y director.

El Rati Horror Show sigue a Enrique mientras investiga y disecciona el caso de Fernando Carrera, un joven empresario que fue condenado a prisión después de que el coche que conducía se estrellara y provocara la muerte de tres personas, entre ellas un niño de seis años, hiriendo además a seis más. Enrique establece con su investigación que Fernando no fue el responsable del accidente. En cambio, fue causado por agentes de policía que le dispararon a Fernando, confundiéndolo con un sospechoso que estaban buscando, y provocaron que se estrellara. Luego, los agentes encubrieron su error acusando falsamente a Fernando de dispararles. Fernando fue declarado culpable de homicidio y sentenciado a treinta años de prisión.

La investigación y la película de Enrique revelaron la verdad de lo sucedido. Eso llevó a un largo proceso de apelación, pero finalmente, el 25 de octubre de 2016, la Suprema Corte de Argentina dictaminó que Fernando había sido condenado injustamente y fue declarado inocente.[26]

"VÍCTIMAS"

A los dieciséis años, Brian Banks era uno de los mejores jugadores de fútbol americano a nivel preparatoria del país y una estrella en la preparatoria Long Beach Poly. No era una tarea fácil ser un jugador destacado en Poly; se graduaron de la escuela más atletas profesionales que cualquier otra preparatoria en los Estados Unidos. Según el último recuento, la misma escuela en la que se graduaron Snoop Dogg y Cameron Diaz también graduó a ocho jugadores de la Asociación Nacional de Baloncesto, veinte jugadores de la Liga Mayor de Béisbol y cincuenta y ocho jugadores de la Liga Nacional de Fútbol Americano. Todos estuvieron de acuerdo en que Brian sería el siguiente en la lista.

En el verano de 2002, Brian asistió a la escuela de verano. Se estaba preparando para su último año y la oportunidad de mostrar su talento en el campo de fútbol americano. Estaba recibiendo cartas de reclutamiento de los mejores equipos de fútbol universitario del país, pero sólo había un lugar donde realmente quería jugar. La Universidad del Sur de California (USC), una potencia tradicional del fútbol, había sido su sueño desde la infancia y se estaba convirtiendo en realidad. El entrenador de la USC, Pete Carroll, ya había venido a sus prácticas y habló con Brian sobre unirse al equipo.

Esos sueños se desmoronaron el 8 de julio de 2002, cuando Brian se topó con una compañera de escuela en el pasillo. Coquetearon entre ellos y luego decidieron ir a una escalera en un edificio que estaba prohibida para los estudiantes. El área era conocida como "el lugar" y los estudiantes solían ir allí para besarse.

Brian y la chica se escabulleron silenciosamente por las puertas abiertas del salón de clases, donde se llevaban a cabo las clases, y entraron a la escalera. Comenzaron a besarse y tocarse, pero no tuvieron relaciones sexuales. Cuando una maestra subió a la escalera de arriba para hablar por teléfono, Brian se puso nervioso porque lo atraparían y lo suspenderían del equipo de fútbol, así que le dijo a la chica que tenía que irse y la dejó sola en la escalera.

Aún se desconoce si la chica estaba avergonzada y enojada por la partida de Brian, o si tenía otras razones, pero después de su breve encuentro, ella le dijo a un amigo que Brian la había violado. El amigo le contó a un maestro, la escuela llamó a la policía y Brian fue arrestado. Fue acusado de violación y también de secuestro por supuestamente arrastrarla hasta la escalera.

Brian pasó el año siguiente en prisión en espera de juicio. Su madre vendió su casa y su coche para pagarle a un abogado quien, el día del juicio, le dijo que tenía dos opciones. Opción número uno: ir a juicio como un "gran adolescente negro" frente a un jurado compuesto exclusivamente por blancos, que probablemente le creería a la chica, y sería sentenciado a entre cuarenta y un años en prisión o cadena perpetua. Opción número dos: no impugnar los cargos y probablemente obtener una sentencia de libertad condicional supervisada o, en el peor de los casos, tendría que pasar dieciocho meses más encerrado.

Aunque era inocente, Brian no quería morir en prisión, por lo que no se opuso a los cargos. Desafortunadamente, el juez tenía otras ideas sobre la sentencia, e incluso después de que Brian recibiera una evaluación favorable de la sentencia, fue sentenciado a seis años de prisión.

En el momento que Brian debió haberse mudado a su dormitorio en USC y haber comenzado su vida en la universidad, estaba navegando por la política brutal y mortal de la vida en el sistema penitenciario de California. Al igual que los abusadores de niños y los asesinos de bebés, los violadores son tratados como si estuvieran entre los más bajos de lo más bajo. Al igual que John Stoll y Alan Gimenez, Brian inventó una historia sobre un crimen falso. Eso no le impidió tener que demostrar su valía cuando los individuos querían luchar contra él, pero sí le salvó de ser asaltado por una banda de vigilantes y apuñalado a muerte, como suele ocurrir con los violadores en prisión.

Brian intentó ser productivo mientras estuvo encarcelado. Terminó la escuela preparatoria, leyó todos los libros que pudo, tomó tantas clases como pudo y se concentró en lo que podía controlar. Pero no fue fácil escuchar sobre los éxitos de los jugadores con los que había jugado, algunos de los cuales habían seguido adelante con el tipo de carrera profesional que le arrebataron a él. Fue particularmente difícil cuando se enteró de que la chica cuya mentira lo llevó a prisión recibió un acuerdo de $1.5 millones del distrito escolar, alegando que los funcionarios escolares no la protegieron del supuesto ataque.

Pasaron los días, las semanas, los meses y los años, y Brian finalmente fue liberado. La escuela preparatoria se había ido, USC se había ido y él era ya un adulto. Se inscribió en una universidad pública y comenzó a jugar fútbol en su equipo, pero eso se volvió imposible cuando California aprobó una ley que exigía que todos los delincuentes sexuales condenados en libertad condicional usaran un monitor de tobillo. Como resultado, las actividades de Brian se vieron severamente restringidas. No pudo asistir a un solo partido fuera del condado. Jugar fútbol ya no era posible.

Como un ex convicto de delitos sexuales, no le resultó fácil encontrar trabajo. Tenía que sentarse junto a un enchufe dos veces al día durante una hora para cargar su monitor de tobillo, una adaptación difícil de conseguir por parte de un empleador potencial que probablemente no contrataría a alguien con los inmerecidos antecedentes penales de Brian. Otros aspectos de la vida fuera de la cárcel también eran difíciles. Un agente de libertad condicional lo vigilaba constantemente, no podía acercarse a parques ni escuelas y figuraba públicamente en todos los sitios web de agresores sexuales.

Un día, Brian estaba buscando trabajo en Internet cuando recibió una solicitud de amistad en Facebook. Sorprendentemente, era de la chica, ahora una mujer de veintitantos años, que lo había acusado falsamente. Él le envió un mensaje y le preguntó por qué se había puesto en contacto con él. Ella respondió que "se veía bien" y que quería "dejar atrás el pasado".

Brian sabía que la única manera de superar su condena penal era si ella admitía que había mentido sobre la violación. De lo contrario, sería un delincuente sexual convicto el resto de su vida. Entonces, arriesgándose a violar su libertad condicional por tener contacto con ella, organizó una reunión en la oficina de un investigador privado y la grabó en secreto en un video confesando que nunca la secuestró ni la violó.

Brian acudió al California Innocence Project con el video. Ya lo habíamos rechazado dos veces para que lo representaran mientras estaba en prisión porque, como Marilyn Mulero, su acuerdo de culpabilidad era extremadamente difícil de revertir y no había pruebas nuevas. Aunque la presunta víctima había afirmado que Brian eyaculó y el kit de violación realizado el día de la supuesta violación no contenía nada de su ADN, esto se sabía en el momento del juicio. La falta de ADN habría sido una prueba convincente de su inocencia si el caso hubiera ido a juicio, pero no fue así porque Brian aceptó un acuerdo de culpabilidad. No era una prueba nueva, por lo que no pudimos usarla en los procesos posteriores a la condena.

El video era nueva evidencia, pero planteaba otro problema. Con más paparazzi que cualquier otro lugar del mundo, California tiene reglas muy estrictas sobre grabar a personas sin su permiso. La grabación en secreto no era legal, y estaba bastante seguro de que un juez no iba a permitir que el video entrara al tribunal. Y, como era previsible, la presunta víctima se retractó de su retractación una vez que se dio cuenta de que el condado la perseguiría por el pago de 1.5 millones de dólares.

Otro problema al que se enfrentó nuestra oficina fue la limitación de nuestros recursos. Con tantos de nuestros clientes cumpliendo cadena perpetua o en el corredor de la muerte, nunca habíamos representado a alguien que estuviera fuera de prisión.

De todas formas, el caso de Brian era convincente. Sabíamos que era inocente y que estaba cumpliendo una especie de sentencia de cadena perpetua como delincuente sexual convicto. Así que nos hicimos cargo del caso.

Figura 9. El momento en que Brian Banks finalmente es exonerado. De izquierda a derecha: Alissa Bjerkhoel, Brian Banks, Justin Brooks. Crédito de la foto: Heidi Brooks.

Alissa Bjerkhoel dirigió el esfuerzo legal, revisó el extenso historial de Brian y redactó una petición de hábeas corpus. Mike Semanchik investigó a fondo. Yo trabajé en una solución política, sabiendo que este caso sería difícil sin la cooperación de la oficina del fiscal de distrito. Pude lograr que el jefe de la unidad de poscondena se sentara con Brian y escuchara su historia. Eso condujo a una investigación conjunta y, en última instancia, a las palabras mágicas que soñamos escuchar de los fiscales de distrito: "Renunciamos" (véase la figura 9).

El día de la exoneración de Brian, el caso recibió una enorme atención de los medios (véase la figura 10). Brian concedió decenas de entrevistas y siempre habló de su sueño de jugar al fútbol americano en la NFL. Como resultado, siete entrenadores principales de equipos de la NFL se pusieron en contacto con él y le dieron pruebas, incluido Pete Carroll. El ex entrenador de la USC que lo había reclutado había pasado a ser entrenador a nivel profesional de los Seattle Seahawks. Brian solo había jugado fútbol americano durante su tercer año en la escuela preparatoria y algunos partidos a nivel universitario. Aunque todos los equipos decían que tenía la capacidad física para jugar a nivel de la NFL, sus conocimientos de fútbol americano eran demasiado limitados para saltar al nivel profesional. Ningún equipo lo contrató.

Figura 10. Brian Banks dirigiéndose a los medios de comunicación sobre una década de sueños perdidos. Crédito de la foto: Heidi Brooks.

Brian no es una persona que se dé por vencida fácilmente. Pasó el año siguiente entrenando y estudiando para intentarlo de nuevo. Vivió con mi familia durante parte de ese tiempo y fue inspirador ver su determinación. Recuerdo entrenar con él en el YMCA local. Necesitaba recoger pesas de todo el gimnasio para hacer un buen ejercicio, mientras que la mayoría de los clientes del gimnasio, incluido yo, nos conformábamos con un par de mancuernas pequeñas y ligeras.

Todo ese trabajo duro dio sus frutos. Brian firmó con los Atlanta Falcons y, el 8 de agosto de 2013, hizo su debut en un partido contra los Cincinnati Bengals. Consiguió dos bloqueos como uno de los novatos más viejos en la historia de la NFL. Sentarme en ese estadio y verlo jugar fue uno de los momentos más destacados de mi carrera.

Brian jugó poco tiempo con Atlanta, pero le bastó. Necesitaba cumplir su sueño de jugar en la NFL y lo logró. Trabajó en la oficina principal de la NFL en la ciudad de Nueva York y ahora tiene un trabajo corporativo mientras apoya a otras personas que han sido condenadas injustamente.

Las acusaciones falsas de violación no se limitan a los Estados Unidos. Darryl Gee, un maestro del Reino Unido fue condenado por violación basándose en una acusación falsa. Fue sentenciado a ocho años de prisión y murió mientras estaba encarcelado. Fue exonerado cuatro años después. Una exalumna afirmó que Darryl la había violado violentamente cuando tenía diez años. Esta misma estudiante hizo acusaciones falsas casi idénticas contra otro hombre llamado John Hudson. John cumplió doce años de prisión antes de que su condena fuera revocada.[27]

Warren Blackwell, también en el Reino Unido, fue acusado falsamente de violación por una mujer que también había hecho acusaciones falsas contra otros siete hombres, incluido su padre. Ella se mudaba y cambiaba de nombre constantemente, por lo que varios departamentos de policía no sabían que estaban tratando con la misma mujer. Warren pasó más de tres años en prisión por un crimen que nunca ocurrió.[28]

Un estudio de investigaciones de violación en Victoria, Australia, entre 2000 y 2003 informó que el 2.1 por ciento de las denuncias se consideraron falsas.[29] Hay muchos otros estudios de todo el mundo que informan de cifras muy diferentes de denuncias falsas por violación, tan altas como la improbable cifra del 41 por ciento[30], todos con diferentes protocolos para recopilar datos, lo que hace que sea difícil confiar en ellos. Lo que está claro es que, aunque las denuncias falsas de violación pueden ser poco frecuentes, y las que llegan a los tribunales y conducen a una condena pueden ser aún más raras, sí ocurren.

Cuando hablo de acusaciones falsas de violación, a menudo me encuentro con la oposición de personas que sostienen que la cantidad de violaciones reales que no se denuncian, no se investigan y no se procesan es mucho mayor que la cantidad de acusaciones falsas. Eso es cierto. En los Estados Unidos, una de cada cinco mujeres ha sido violada, pero la violación es el delito menos denunciado de todos[31]. Los estudios han demostrado que hasta el 80 por ciento de las violaciones no se denuncian en los Estados Unidos.[32]

Una de las razones de la falta de denuncia por parte de las víctimas es que los casos de violación a menudo no se investigan ni se procesan por completo, lo que somete a las víctimas a un trauma adicional durante todo el proceso.[33] En Inglaterra y Gales, un estudio reciente informó que, si bien hay unas 128,000 víctimas de violación cada año, solo 43,000 denuncian el delito a la policía, 3,000 llegan a juicio y solo 2,000 terminan en condenas.[34]

Es evidente que se necesitan hacer cambios. Hace décadas, una defensa estándar en un caso de violación era alegar consentimiento y retratar a la víctima como promiscua simplemente mencionando su historial sexual previo. Las leyes de protección contra la violación, que mantienen estos factores irrelevantes fuera de los juicios por violación, han reducido la victimización continua que suele asociarse a los procesos por violación, pero las denuncias siguen siendo demasiado bajas. Al menos un estudio ha demostrado que la creación de recursos para las víctimas, como agencias de servicios sociales donde se apoyan con trabajadores sociales, aumenta el número de denuncias[35], pero el aumento de éstas no resolverá los problemas asociados con la falta de condenas.

Reconocer que a veces hay acusaciones falsas de violación no es en modo alguno incoherente con reconocer también que las violaciones a menudo no se denuncian, no se investigan y no se procesan. Todas las acusaciones de violación, como cualquier otro delito, deben tomarse en serio e investigarse a fondo. Cuando la investigación arroje dudas significativas sobre la acusación, el caso debe desestimarse. Cuando los casos son sólidos, deben seguirse a fondo.

Las acusaciones falsas de violación son solo una pequeña parte de los casos en los que el falso testimonio de las "víctimas" puede llevar a personas inocentes a prisión. Las personas que participan en todo tipo de casos penales pueden tener razones para mentir. Tal vez sea por dinero, venganza o cualquiera de las muchas motivaciones y debilidades de nuestra especie. La conclusión es la siguiente: a veces la gente miente y, a veces, eso lleva a que personas inocentes vayan a prisión.

FISCALES

En el competitivo mundo de nuestro sistema judicial adversarial, los abogados a veces pueden crear la ilusión de que las pruebas débiles son en realidad más sólidas de lo que parecen a primera vista. Esto sucede en ambos lados de la sala del tribunal. Del lado de la defensa, por ejemplo, la preparación de un testigo de coartada puede hacer que la coartada sea más sólida de lo que es. Eso podría llevar a que una persona culpable salga libre. Del lado de la acusación, la preparación de los testigos puede llevar a condenas erróneas.

Mark Godsey describe el problema del "testimonio sintetizado" en su libro *Blind Injustice*:

> El testimonio sintetizado ocurre cuando la policía o los fiscales toman testigos que inicialmente proporcionaron detalles útiles al sospechoso y, convencidos debido a la visión de túnel de que el testigo *debe* estar equivocado, le hacen preguntas directas sugiriendo que su memoria está fallando. Algunos testigos toman la señal y comienzan a cuestionar su memoria. A veces cambiarán sus declaraciones para que correspondan con lo que está claro que la policía cree que *debe* haber sucedido.[36]

Como fiscal, el profesor Godsey continúa diciendo que sus mentores le "enseñaron a no escribir partes de la declaración de un testigo" que él creía que eran inexactas. Lo justificaron porque "un criminal culpable no debería salirse con la suya por culpa de un testigo descuidado que abrió la boca y soltó algo sin pensarlo bien".[37]

Luego están los casos en los que los fiscales simplemente inventan pruebas descaradamente. Estos casos son raros, pero aún más raro es el castigo resultante para los fiscales poco éticos que participan en este comportamiento. El fiscal de Texas Ken Anderson inventó pruebas que llevaron a la condena injusta y al encarcelamiento de veinticinco años del exonerado Michael Morton. Anderson tiene la distinción de ser el único fiscal en la historia de los EE. UU. que fue enviado a prisión por inventar pruebas que resultaron en una condena injusta. La sentencia de Anderson fue de diez días, pero fue liberado después de cinco debido a su buena conducta.[38]

En cuanto a demandar a los fiscales cuando causan condenas injustas, eso es algo que no sucede en el sistema legal de los EE.UU. Los fiscales, al igual que los jueces, tienen inmunidad absoluta contra ser demandados, excepto en los casos más raros en los que se les trata como investigadores.

En la película de 1983 *Reencuentro*, el personaje de Jeff Goldblum dice: "No conozco a nadie que pueda pasar el día sin dos o tres racionalizaciones jugosas". Desafortunadamente, hay mucha verdad en esto. Cuando los fiscales están seguros de que son los héroes y de que saben quiénes son los villanos, el comportamiento deshonesto puede racionalizarse en la búsqueda de la "justicia" y archivarse como el fin que justifica los medios.

Aunque es poco probable que la mentira sea eliminada alguna vez del sistema legal penal, se pueden tomar algunas medidas para reducir el impacto de las mentiras. Por ejemplo, como se ha comentado, el testimonio de un soplón debería eliminarse de los juicios mediante las normas contra las pruebas débiles y perjudiciales. El incentivo para mentir es simplemente demasiado grande como para permitir este tipo de testimonio. En cuanto a las mentiras de otros testigos, como ocurre con muchas de las causas de condenas injustas, la capacidad y los recursos para investigar son la clave para dotar a los abogados del sistema de la información necesaria para cuestionar las mentiras. Por ejemplo, si la abogada del caso de Brian Banks hubiera realizado una investigación más exhaustiva, habría tenido la información para cuestionar las declaraciones de la presunta víctima sobre lo que ocurrió ese día. En cuanto a las mentiras de la policía y la fiscalía, se necesita una mejor formación y supervisión y más transparencia. Y cuando la policía y los fiscales son sorprendidos mintiendo, deberían aplicarse sanciones severas.

10 Eres pobre y/o una persona de color

Nací en el Bronx en 1965. Yo era uno de siete hijos: seis niños y una niña. Mis padres eran inmigrantes - mi padre, de Australia, y mi madre, de Inglaterra. Mi padre era un jugador de tenis profesional fallido que cada semana tenía un nuevo plan para hacerse rico de forma rápida, y mi madre era maestra. A medida que cada negocio surgía y fracasaba, mi familia se mudaba. No puedo recordar alguna vez haber ido a la misma escuela por dos años seguidos. Mi tercer año fue en los suburbios de Ossining, Nueva York. El cuarto grado fue en una escuela rural en las montañas de Catskill. El quinto grado fue en los suburbios de Filadelfia.

No recuerdo haber visto la verdadera pobreza hasta que mi familia se mudó a Puerto Rico en 1979. Tenía trece años y aunque mis padres habían estado desempleados de forma intermitente a lo largo de mi infancia, nunca había vivido pobreza de verdad. Hubo momentos en los que nos tuvimos que mudar a la mitad de la noche, usar cupones de alimentos, comer desayunos escolares financiados por el gobierno, y otros indicadores de una familia pobre, pero nunca pasé hambre y siempre hubo un techo sobre nuestras cabezas.

En mi primera noche en Puerto Rico, mi hermano Stephen y yo dormimos en el techo de una escuela católica donde mis padres habían asegurado trabajo como maestros de inglés. Nos quedamos dormidos debajo de un hermoso cielo tropical lleno de estrellas, solo para ser despertados a la mitad de la noche por lluvia torrencial.

El día siguiente fuimos a explorar alrededor de la isla en los autobuses públicos. Ninguno de los dos hablábamos una sola palabra de español, pero encontramos la manera. Recuerdo haber visto por primera vez el impresionante azul del Caribe, palmeras con cocos reales, y casas pintadas de colores brillantes que nunca había visto. También recuerdo haber visto personas viviendo en estructuras improvisadas de aluminio, durmiendo en las banquetas de la ciudad, y pidiendo dinero en las paradas de autobús.

En Nueva York y Filadelfia, había visto indigentes y edificios en ruinas, pero por alguna razón, no me había impactado de la misma manera que en Puerto Rico. Tal vez era el contraste entre tanta belleza y tanto dolor. Tal vez porque como adolescente empezaba a tratar de hacer sentido del mundo. Tal vez era porque estaba observando una nueva cultura que me hacía darme cuenta de cosas que no había notado por mismo. Todavía no sé exactamente por qué.

En mi primer año en Puerto Rico fui a una escuela "americana" llena de niños ricos, cuyos padres tenían grandes trabajos en compañías estadounidenses con franquicias en la isla. Trabajaba como intendente después de la escuela para pagar la colegiatura mientras que otros niños hacían deporte e iban al club country. Me sentía como un forastero. No había salido con niños así en Estados Unidos, y no era más fácil en Puerto Rico.

En mi segundo año en la isla mis padres me mandaron a una escuela puertorriqueña. Como el único "gringo" y con mi español limitado, mi estatus como forastero era oficial. Era increíblemente frustrante no entender las conversaciones que sucedían a mi alrededor y luchar por encajar. Entonces cada fin de semana tomaba autobuses a la sección de turistas de la isla donde todos hablaban inglés. Como un adolescente americano, los empleados de los hoteles simplemente asumían que era un turista de vacaciones con mi familia. Pasaba el rato junto a las albercas, nadaba, comía gratis de lo que sacaban para los visitantes, y disfrutaba un lindo día de hotel antes de tomar el autobús de regreso a la isla.

Mi disfraz fue descubierto cuando llevé a mi amigo puertorriqueño de la escuela a mi hotel favorito. Tan pronto nos sentamos por la alberca un guardia de seguridad llegó y nos preguntó por la llave de nuestro cuarto. Como no tenía una, le pidieron que se fuera. El guardia me ignoró, aunque habíamos entrado juntos.

Seguí a mi amigo, quejándome de que lo había arruinado. Éramos adolescentes, y yo lo percibí como otra interacción negativa con una figura de autoridad. Pero al recordar ese momento, más de cuarenta años después, me doy cuenta de que era más que eso. El color de mi piel venía con privilegios que mi amigo no tenía.

Cualquiera que crea que el sistema legal penal no es racista también debe creer que la sociedad no es racista porque el sistema legal penal está compuesto por las mismas personas que forman la sociedad en su totalidad. Y cualquiera que crea que la pobreza no impacta la capacidad de navegar el sistema legal penal simplemente nunca ha experimentado el sistema penal.

RAZA

Algunos comentaristas declararon la elección de Barack Obama en 2008 como un indicador de que habíamos entrado a una "América Post-Racial".[1] Aunque la elección del primer presidente negro de los Estados Unidos fue un evento histórico, el 43 por ciento de los votantes blancos que votaron por Obama no demostró que el racismo había terminado.[2] Los individuos racistas no cambiaron de la noche a la mañana.

Catorce años después de la elección de Obama, la jueza de distrito de la ciudad de Lafayette Michelle Odinet demostró este punto cuando fue captada en video libremente (y alegremente) refiriéndose a un sospechoso negro usando la palabra con N y comparándolo con una cucaracha.[3] Por supuesto la jueza Odinet no es la única racista de nuestra sociedad, ni del sistema penal. La mayoría de los racistas no están en grandes puestos o son descubiertos en video dando declaraciones racistas. La mayoría del racismo es debajo de lo superficial y difícil de identificar y navegar. Es normalmente más implícito que explícito, aunque el sesgo racial explícito ha dominado nuestro sistema penal desde los tiempos coloniales.

En 1705, el primer código de esclavitud fue implementado en Virginia. Aunque la esclavitud era ampliamente practicada para ese entonces no había leyes que dieran un derecho legal de ser dueño de una persona o tratar a las personas como propiedad. Los códigos de esclavitud cambiaron eso. Estos códigos arrebataron los derechos y libertades de los negros, identificándolos como sujetos al comercio, restringiendo su conducta, movimiento, y otorgando el poder de castigarlos y hasta matarlos. Los códigos de esclavitud tuvieron el efecto neto de legitimar la esclavitud. De manera más perniciosa, sembraron una conciencia nacional que durante siglos definiría a los negros como seres humanos inferiores.[4]

En 1865, la implementación de la Decimotercera Enmienda trajo con ella el final de la guerra civil y en teoría de los códigos de esclavitud. La Decimotercera Enmienda abolió la esclavitud y servidumbre involuntaria, excepto "como castigo por un delito". Los antiguos estados esclavistas explotaron la Decimotercera Enmienda para devolver a los negros a la servidumbre forzada. Una forma en la que lo hicieron fue mediante la promulgación de las llamadas "Leyes de Cerdos". Estas leyes (nombradas así por las disposiciones contra el robo de cerdos) se promulgaron en todo el sur para mantener a los negros trabajo en plantaciones bajo condiciones similares a la esclavitud. Estas leyes imponían castigos severos para aquellos que no cumplían con contratos laborales injustos y criminalizaban el desempleo.[5]

El sesgo explícito continuó en los llamados "Códigos Negros". Estos códigos criminalizaban el desempleo de los negros, estar en las calles sin hacer nada, el impago de impuestos y en general la desobediencia. Las personas negras encarceladas por estos crímenes eran luego alquiladas para trabajos agrícolas y proyectos de obras públicas.[6]

Las leyes de "Jim Crow" continuaron la tendencia nacional de sesgo explícito a lo largo de los primeros años de 1900s. Nombradas así por un personaje con la cara pintada de negro interpretado por un actor blanco en la década de 1830, las leyes imponían la segregación y creaban otros delitos basados en la raza. Diversos estados criminalizaron el matrimonio entre negros y blancos.[7] Virginia convirtió en un delito grave el registrar falsamente tu raza en tu certificado de nacimiento.[8] Carolina del Norte volvió el intercambio de libros entre "escuelas blancas y de color" un delito.[9]

En 1896, la Suprema Corte confirmó estas políticas en una votación de siete a uno. La corte creó la doctrina de "Separados pero iguales" en el caso de *Plessy vs. Ferguson,* donde un hombre en Luisiana que era "siete octavos caucásico y un octavo de sangre africana" fue arrestado y acusado criminalmente por sentarse en la "sección blanca" de un tren. La Corte

rechazó el argumento de que la Decimotercera Enmienda y la Cláusula de Igual Protección de la Decimocuarta Enmienda prohibían tal segregación, declarando: "Un estatuto que implica meramente una distinción legal entre la raza blanca y de color —una distinción que se funda en el color de las dos razas, y que siempre debe existir mientras los hombres blancos se distingan de la otra raza por su color—no tiene tendencia a destruir la igualdad legal de las dos razas, ni a restablecer un estado de servidumbre involuntaria."[10]

La doctrina de "Separados pero iguales" continuó guiando la elaboración de leyes en los Estados Unidos hasta el caso de 1954, *Brown v. Board of Education of Topeka.* Cuando la Suprema Corte anuló *Plessy,*, concluyendo: "Concluimos que, en el campo de la educación pública, la doctrina de 'Separados pero iguales' no tiene cabida. Las instalaciones educativas separadas son inherentemente desiguales."[11]

Brown fue argumentado con éxito por Thurgood Marshall quien luego se convirtió en el primer juez negro de la Suprema Corte. El caso sentó las bases para décadas de desmantelamiento de la discriminación explícita y flagrante en nuestras leyes. Sin embargo, al igual que la abolición de la esclavitud provocó una reacción en forma de leyes para controlar a las personas negras (y el nacimiento de los grupos terroristas de supremacía blanca como el Ku Klux Klan) , también hubo una reacción contra *Brown*. Políticas y leyes que parecían ser neutrales en cuanto a raza, en la práctica no lo eran.

La evolución de estas leyes y políticas puede ser observada claramente en las campañas presidenciales de los últimos cincuenta años. Los candidatos presidenciales son los únicos políticos que deben realizar campañas verdaderamente nacionales para obtener el cargo y quedarse con él. Por lo tanto, sus plataformas y promesas moldean, y son moldeadas por las opiniones de la mayoría del país.

En una entrevista con *Harper's Magazine* en 1994, John Ehrlichman, ex asesor del presidente Richard Nixon y coconspirador en el escándalo de Watergate admitió que la guerra contra las drogas – que provocó una explosión de personas en la cárcel- tenía más que ver con la represión que con las drogas.

> La campaña de Nixon en 1969 y la Casa Blanca de Nixon después de eso tuvo dos enemigos: la izquierda antiguerra y las personas negras. ¿Entiendes lo que estoy diciendo? Sabíamos que no podíamos volver ilegal ni estar en contra de las guerras o ser negro, pero al hacer que el público asociara a los hippies con la marihuana y a los negros con la heroína y luego criminalizarlos fuertemente a ambos podíamos perturbar a esas comunidades. Podríamos arrestar a sus líderes, allanar sus casas, disolver sus reuniones y denigrarlos noche tras noche en las noticias. ¿Sabíamos que estábamos mintiendo acerca de las drogas? Por supuesto que sí.[12]

El presidente Ronald Reagan intensificó la Guerra contra las Drogas. Su esposa Nancy se hizo famosa por su campaña "Solo di no". Se destinaron enormes recursos a las agencias del orden público que regulaban las drogas, y las poblaciones carcelarias incrementaron.

Para comprender verdaderamente el cambio colosal en el sistema penal provocado por la guerra contra las drogas, solo hay que mirar la Reforma Antidrogas de 1986. Antes de esta legislación, ninguna ley federal estipulaba sentencias de más de un año por posesión de cualquier cantidad de cualquier tipo de droga.[13]

Vale la pena repetirlo en MAYÚSCULAS con signos de exclamación: ¡LA PENA MÁXIMA FEDERAL POR POSESIÓN DE CUALQUIER DROGA ERA UN AÑO!

Tanto las directrices estatales como las federales de imposición de penas con mínimos obligatorios empezaron a encerrar a los delincuentes de bajo nivel por ofensas relacionadas con drogas durante décadas. Sin embargo, incluso mientras los jueces federales renunciaban por sus objeciones morales a las elevadas sentencias, la Suprema Corte dio su visto bueno al rechazar las impugnaciones de la Octava Enmienda, que argumentaban que las sentencias equivalían a castigos crueles e inusuales. La Suprema Corte incluso consideró constitucionales las cadenas perpetuas por venta de drogas.[14]

Desde entonces ha habido legislación para ajustar algunas de las sentencias más duras, pero incluso recientemente en junio de 2021, la Suprema Corte confirmó una sentencia de quince años para un hombre que tenía en posesión de 3.9 gramos de crack, menos que el peso de cuatro clips (sujetapapeles).[15]

Cuando la campaña presidencial de George H. W. Bush contra Mike Dukakis se tambaleaba, utilizó la política penal para enderezar el barco. Willie Horton, un hombre negro de Massachusetts, había cometido delitos violentos después de ser puesto en libertad gracias a un programa de permisos. Ya que Mike Dukakis era el gobernador de Massachusetts y, por tanto, el ejecutivo a cargo del sistema legal penal del estado, Bush utilizó el caso de Willie Horton para argumentar que Dukakis era 'Blando con el crimen". Bush remontó y ganó la Casa Blanca, y tanto republicanos como demócratas aprendieron que parecer blandos con el crimen no era forma de ganar elecciones.[16]

Bill Clinton escuchó este mensaje fuerte y claro, y atrajo a los demócratas del sur a la mesa con sus políticas de mano dura contra la delincuencia. En uno de sus últimos actos como gobernador de Arkansas, Clinton supervisó la ejecución de un hombre tan discapacitado mentalmente que pidió guardar el pay de su última comida hasta después de la ejecución. La ley contra el crimen de Clinton de 1994 aumentó las penas de prisión federales, concedió fondos a los estados para construir más prisiones e intensificó la guerra contra las drogas. Y aunque la novelista Toni Morrison se refirió a Clinton como "El primer presidente negro", en la década de 1990 aprovechó el miedo de los estadounidenses blancos a los negros.

El dinero destinado a la policía y las correccionales continuó influyendo las políticas a lo largo de la administración de George W. Bush hasta la administración de Obama y la población carcelaria continuó creciendo. El presidente Barack Obama intentó remediar este problema aprobando la Ley de Sentencias Justas, reduciendo la disparidad de sentencias entre el crack y la cocaína en polvo. Esta fue una reforma significativa porque el crack de cocaína, un sustituto barato de la cocaína en polvo era comúnmente utilizado en comunidades pobres de personas de color, lo que llevaba a sentencias desproporcionadamente severas en comparación con las recibidas por personas blancas más acomodadas atrapadas con cocaína en polvo. Cinco gramos de crack de cocaína eran una sentencia federal mínima de cinco años, mientras que quinientos gramos de cocaína en polvo recibían la misma sentencia de cinco años.[17] Obama también otorgó 1,715 clemencias; más que los doce presidentes anteriores combinados.[18] Pero no se crearon políticas federales de gran alcance para deshacer décadas de devastación provocada por las políticas penales de Estados Unidos que crearon la población carcelaria más grande del mundo y la tasa de encarcelamiento más alta del mundo.

Las estadísticas penitenciarias de Estados Unidos son particularmente asombrosas si se tiene en cuenta que la población de Estados Unidos es de 328 millones de habitantes y la de China de 1.400 billones. China tiene un billón más de personas que nosotros, pero nosotros encerramos a más ciudadanos que ellos. Estados Unidos tiene el 5% de la población mundial, y sin embargo tenemos el 25% de la población carcelaria del mundo.[19] En 1972, había doscientas mil personas encarceladas en Estados Unidos. En 2017, había 2,2 millones.[20]

Estas cifras también son preocupantes cuando consideras la supuesta correlación entre la economía y la delincuencia. La teoría dice que los países pobres tienen altos índices de delincuencia porque las personas cometen crímenes cuando no tienen opciones legales de ganar un salario digno. Estados Unidos es posiblemente el país más rico del mundo según su PIB, pero también tiene una gran brecha entre ricos y pobres.[21]

A lo largo de las últimas décadas, las estadísticas de encarcelamiento de negros se han disparado. Bajo la presidencia de George W. Bush la tasa de encarcelamiento de hombres negros en Estados Unidos era cinco veces más a la del apartheid en Sudáfrica.[22] Hoy más del 60 por ciento de la población en Estados Unidos está compuesta de personas de color. Con uno de cada doce hombres negros en prisión en un día determinado, esa tasa es seis veces mayor que la de los hombres blancos.[23] Basado en las tasas actuales, las posibilidades de que un hombre negro sea encarcelado en algún momento de su vida es uno entre tres.[24]

La enorme tasa de encarcelamiento de hombres negros, combinada con las restricciones legales impuestas sobre ellos después de su liberación, creó lo que el Profesor Michelle Alexander describe como el nuevo sistema de castas en su libro de 2010, *The New Jim Crow*.

> Lo que ha cambiado desde el colapso de Jim Crow tiene menos que ver con la estructura básica de nuestra sociedad que con el lenguaje que usamos para justificarla. En la era de daltonismo, ya no es socialmente admisible utilizar explícitamente la raza como justificación de la discriminación, exclusión y el desprecio social. Así que no lo hacemos. En lugar de basarnos en la raza usamos el sistema penal para etiquetar

a las personas de color como "criminales" y luego llevar a cabo todas las prácticas que supuestamente dejamos atrás.[25]

Aunque Estados Unidos sigue teniendo la tasa de encarcelamiento y número total de presos más elevados del mundo, el desplome de la economía provocó un descenso en la población reclusa en 2009. La recesión mundial impidió a los estados seguir financiando las actividades policiales y penitenciarias al mismo nivel que antes. Como resultado, los estados tuvieron que compensar enormes déficits presupuestarios. Incluso en contra del poderoso cabildeo de la industria policial y penitenciaria, hubo que hacer recortes y la población carcelaria tuvo que reducirse.

La recesión mundial desplazó la retórica de la delincuencia – particularmente el miedo a la delincuencia negra- a los inmigrantes que cruzaban la frontera para "quitar los trabajos". Consideremos, por ejemplo, la investigación de la Unidad de Derechos Civiles del Departamento de Justicia de Estados Unidos sobre las prácticas de inmigración de la oficina del Sheriff del Condado de Maricopa (MCSO). El condado de Maricopa se encuentra en la frontera entre Estados Unidos y México, y es casa de una de las mayores poblaciones de latinos en Estados Unidos. Los residentes del condado se quejaron de esto bajo la anterior dirección del desprestigiado sheriff Joseph Arpaio, MCSO utilizó prácticas policiales discriminatorias para acosar y privar de derechos a sus residentes latinos.

Tras una investigación de dos años, el Departamento de Justicia descubrió que MCSO participó en atroces perfilamientos raciales de latinos mediante paradas ilegales, detenciones y arrestos.[26] También descubrieron que los empleados de la cárcel de MCSO se referían a los latinos como "Espaldas mojadas", "perras mexicanas" y "estúpidos mexicanos". Los supervisores distribuyeron ampliamente un correo que incluía una fotografía de un perro chihuahua vestido con traje de baño con la frase "Una foto poco común de un Navy Seal mexicano".[27]

En la campaña presidencial de 2016 la inmigración fue el centro de múltiples debates. Tanto los demócratas como los republicanos pidieron que se devolvieran los trabajos a los Estados Unidos desde América Latina. Donald Trump, el hombre que publicó un anuncio de página completa en el New York Times pidiendo la ejecución de los Cinco de Central Park en 1989[28], hombres jóvenes que luego fueron exonerados y renombrados como los Cinco Exonerados, se refirió a los mexicanos como violadores y homicidas y pidió la construcción de un muro en la frontera de dos mil millas entre México y los Estados Unidos.[29]

A medida que los programas de noticias nocturnas mostraban imágenes de instalaciones de detención llenas de familias viviendo en condiciones horrendas muchos creían que las políticas de inmigración opresivas comenzaron con Trump.

Sin embargo, su retórica de odio simplemente atrajo más escrutinio sobre prácticas que habían estado ocurriendo durante mucho tiempo. Silenciosamente con la reducción de las necesidades de la cárcel después de la disminución de la población carcelaria en 2009, la industria penitenciaria había cambiado a construir centros de detención de inmigrantes.

Los latinos han sufrido una larga historia de discriminación en Estados Unidos. Y, al igual que la discriminación en contra de los nativos en la tierra que alguna vez ocupaban exclusivamente, la discriminación en contra de los latinos ha seguido produciéndose en las tierras que una vez ocuparon en las colonias españolas que preexistieron a las comunidades angloamericanas.

En 1848 al final de la Guerra México-Estados Unidos, México cedió más de la mitad de su terrritorio a Estados Unidos. Esto incluía tierras en lo que hoy son los estados de Arizona, California, Nuevo México, Texas, Colorado, Nevada y Utah. Al igual que la mano de obra negra fue utilizada en el Sur tras abolir la esclavitud, la mano de obra mexicana se usó para desarrollar el oeste. La discriminación prosperó. A los mexicanos se les prohibió entrar en ciertos negocios y se les segregó en viviendas pobres. Durante la fiebre del oro aumentó la violencia contra los mexicanos para impedir que se beneficiaran de la minería. La población angloamericana utilizó multitudes y tácticas policiales violentas para dominar tanto a la población nativa como a la mexicana-americana. Miles de personas murieron en los conflictos y, entre 1848 y 1926, al menos 597 mexicano-americanos fueron linchados, entre ellos un niño de catorce años.[30] Un conflicto armado con la tribu Dakota condujo a treinta y ocho ahorcamientos simultáneos, la mayor ejecución masiva de la historia de Estados Unidos.[31]

La Gran Depresión de la década de 1920 aumentó la violencia y la discriminación contra los latinos. Los empleos escaseaban, y aunque los méxico-americanos buscaban trabajo en tierras que alguna vez fueron de México, eran vistos como extranjeros por la población angloamericana. Cuando Donald Trump habló sobre los mexicanos en su candidatura presidencial, dijo: "Están tomando nuestros trabajos en la manufactura. Están tomando nuestro dinero. Nos están matando."[32] Esa retórica no era nada nueva. Tenía al menos cien años de antigüedad.

Y al igual que con los afroamericanos, la discriminación legalizada contra los latinos es parte de nuestra historia. Las escuelas separadas, por ejemplo, con condiciones horrendas e inadecuadas, eran obligatorias para los niños latinos hasta el caso *Brown vs. Board of Education of Topeka.*

Esta historia es importante para entender cómo la raza juega un gran papel en las condenas injustas. La raza puede ser eliminada del texto de las leyes, pero el sesgo implícito arraigado en nuestra sociedad es mucho más difícil de identificar y eliminar.

El sesgo implícito es un sesgo inconsciente. Es el sesgo que cada uno de nosotros lleva consigo basado en nuestras experiencias de vida. Infecta todos los procesos creados por los humanos, incluyendo la creación y aplicación de las leyes.

Los legisladores cargan con prejuicios inconscientes, aunque hagan todo lo posible por proponer y aprobar legislación que creen que ayudará a sus comunidades. Sus "buenas ideas" se basan en sus propios prejuicios y temores, derivados de sus propias experiencias de vida. Jueces y jurados llevan sus prejuicios a los tribunales, donde los testigos que se ven y suenan como personas que quieren y en las que confían les parecerán más creíble. Los agentes de policía actúan de acuerdo con sus prejuicios de muchas maneras, como la larga historia de perfiles raciales, que hace más probable que las personas de color sean objeto de identificaciones y detenciones.[33] Las personas de color también sufren más brutalidad policial.[34]

En 1991, un video capturó las imágenes de policías de Los Ángeles golpeando brutalmente a un hombre negro llamado Rodney King. Veintinueve años después otro video documentó el homicidio de George Floyd. En ambas situaciones otros policías se quedaron de brazos cruzados y no hicieron nada. El homicidio de un joven adolescente negro llamado Trayvon Martin a manos de un vigilante vecinal llamado George Zimmerman en 2012 desencadenó el movimiento *Black Lives Matter* pero el homicidio de George Floyd lo convirtió en una protesta global con millones de jóvenes tomando las calles y exigiendo cambios.

Las demandas de mejorar la contratación, capacitación y supervisión para eliminar prácticas abiertamente racistas en las fuerzas policiales son ciertamente cambios que deben realizarse. Sin embargo, el desafío más difícil tiene que ver con los sesgos implícitos. Ese sesgo influye en cómo la policía trata a los sospechosos y permea todo el sistema penal.

Consideremos otra investigación del Departamento de Justicia, esta vez sobre el Departamento de Policía de Ferguson (FPD) en Ferguson, Missouri. En 2014, el oficial de FPD Darren Wilson disparó y mató a Michael Brown, un adolescente negro desarmado. La ciudad estalló en disturbios en medio de afirmaciones de que Brown era la última víctima de una larga historia de vigilancia dispar y uso excesivo de la fuerza por parte del FPD. La División de Derechos Civiles del Departamento de Justicia investigó posteriormente al Departamento. Encontró pruebas abrumadoras de que los negros experimentaban un "impacto dispar en casi todos los aspectos del sistema de aplicación de la ley de Ferguson".[35]

Un estudio sobre cómo reacciona el cerebro humano al observar el sufrimiento de los demás reveló que la reacción es diferente cuando se observa a personas de su propia raza sufriendo en comparación con alguien de otra raza. A los participantes negros y blancos del estudio se les mostraron imágenes de personas negras y blancas en situaciones donde estaban sufriendo. Los cerebros de los participantes fueron monitoreados mientras miraban las imágenes, y hubo diferentes respuestas neuronales cuando cambiaba la raza de la persona en la situación. El estudio concluyó que las personas muestran más empatía por personas dentro de su propio grupo racial.[36]

El profesor de derecho de la USC Jody Armour discute este y otros estudios que indican resultados similares en su libro *N*gga Theory*. El profesor Armour postula que los diferentes niveles de empatía hacia personas de diferentes razas cambian el análisis de jueces y jurados en su toma de decisiones.[37] En otras palabras, un juez o jurado blanco que evalúe si un hombre blanco que disparó a un hombre negro durante una pelea actuó de manera razonable probablemente llegue a conclusiones diferentes que un juez o jurado negro evaluando el mismo escenario.

Un estudio de 2018 realizado por la Oficina Nacional de Investigación Económica utilizó la realidad virtual para ilustrar el sesgo implícito. Los participantes en el estudio (estudiantes de derecho, estudiantes de economía, abogados practicantes y jueces) observaron juicios utilizando cascos de realidad virtual. La tecnología hizo posible que todo fuera igual en cada juicio, excepto la raza del acusado, que se cambiaba para diferentes participantes. Luego, se pidió a los participantes que determinaran la culpabilidad o inocencia y asignaran sentencias si encontraban culpable al acusado. El estudio concluyó que las personas de color tenían más probabilidades de ser condenadas y recibir sentencias más largas.[38]

Estudios que analizan casos reales confirman este sesgo. Por ejemplo, un análisis a nivel nacional de ABC News de ochocientas jurisdicciones en los Estados Unidos concluyó que las personas negras tenían cinco veces más probabilidades de ser arrestadas que las personas blancas.[39] Aunado a esto, un estudio de 2019 de más de un millón de opiniones de tribunales de apelación tanto estatales como federales encontró "pruebas fuertes y consistentes de sesgo racial implícito".[40]

Un estudio de 2017 de la Comisión de Sentencias de los Estados Unidos revisó y categorizó las sentencias basadas en la raza de las personas condenadas por delitos similares entre 2012 y 2016. El estudio concluyó que los hombres negros recibieron sentencias que, en promedio, fueron más de un 19.1 por ciento más largas que las de los hombres blancos sentenciados por los mismos delitos.[41]

Presencié este tipo de sentencia discriminatoria de primera mano cuando ejercí en Washington, DC. La mayoría de los residentes de la prisión de DC eran negros, y vi cómo los jueces dudaban en encarcelar a personas blancas basándose en la percepción de que era un castigo mayor ser blanco en el centro que negro. Por supuesto, eso aumentaba aún más la disparidad racial en la prisión.

Brian Banks habla de haber presenciado un fenómeno similar décadas más tarde en el Sylmar Juvenile Hall de California:

> En aquellos primeros meses, los únicos chicos que vi que salían de Sylmar sin una gran condena eran los blancos. No es broma. No es una exageración. Eran los únicos. La diferencia en las sentencias era como el día y la noche. Todos los chicos blancos que pasaron fueron liberados.
>
> Apenas podía creerlo. Quiero decir, sabía que el privilegio blanco existía. Lo vi aquí y allá con mis amigos blancos. Pero nunca lo vi como lo vi en el sistema de justicia juvenil. Uno de mis mejores amigos en el mundo era blanco. No tenía animosidad hacia nadie por el color de su piel. ¿Pero aquí dentro? No era personal. Era automático. Venía dado. Los negros y los hispanos eran tratados de una manera, los blancos de otra. Nadie lo negaba. Nadie intentaba ocultarlo. Era como era, como siempre ha sido y sigue siendo.[42]

Incluso después de la sentencia, hay disparidad racial en cuanto a si las personas salen de prisión y/o se limpian sus antecedentes gracias a los indultos. Un estudio de Pro Publica sobre los indultos concedidos por el presidente entre 2000 y 2011 reveló que los blancos tenían cuatro veces más probabilidades de obtener un indulto que las personas de color. Los negros, en particular, tenían las probabilidades estadísticas más bajas de recibir un indulto.[43]

Un ejemplo de un caso con una condena injusta que se vio profundamente afectada por la raza fue el de Louis Taylor y el incendio del Hotel Pionner.

El Hotel Pioneer se construyó en 1929 en el centro de Tucson, Arizona. Era un hotel de once pisos frecuentado por huéspedes adinerados. Cinco días antes de la Navidad de 1970, el fuego se propagó por el hotel. Los huéspedes de los pisos superiores quedaron atrapados. Los camiones con escaleras lo suficientemente altas para alcanzarlos no llegaron a tiempo y muchos saltaron del edificio hacia la muerte. Al final, veintiocho personas murieron en el incendio y otra falleció meses después por inhalación de humo.[44]

Aunque la noche del incendio fue elogiado como héroe por ayudar a escapar a los huéspedes, al final la policía que investigaba el incendio se centró en Louis Taylor, de dieciséis años. Su enfoque fue basado en que un empleado del hotel declaró que un niño negro estaba en el hotel la noche del incendio. Louis fue declarado culpable de veintiocho cargos de homicidio por un jurado compuesto exclusivamente por blancos. Fue condenado a veintiocho cadenas perpetuas.

El Justice Project de Arizona está dirigido por Lindsay Herf. Lindsay fue mi alumna tanto en mi clase de procesal penal como en el California Innocence Project. Como estudiante, se distinguió por su energía, entusiasmo y sentido del humor. Siempre fue esa alumna a la que podías mirar y estar seguro de que el material estaba siendo absorbido en al menos un cerebro. Como abogada, me ha hecho sentir más orgulloso de lo que ella nunca sabrá. ¿Qué puede haber mejor que ver a una antigua alumna hacer de la liberación de inocentes el trabajo de su vida?

Antes de que Lindsay llegara al Justice Project de Arizona, este tenía un largo y distinguido historial de aceptar casos difíciles y ganarlos. Larry Hammond, antiguo fiscal especial del caso Watergate, fundó el proyecto en 1998 como una de las primeras organizaciones de inocencia de Estados Unidos. Larry era un hombre de muchos talentos, y manejó una gran cantidad de casos penales y civiles de alto perfil en su carrera. Uno de sus talentos era ser conocido como un experto legal en casos de incendios provocados.

Con los modernos avances en la ciencia de los incendios provocados, Larry y su equipo del Justice Project de Arizona empezaron a investigar el caso de Louis Taylor en 2002. El experto en incendios provocados John Lentini formó parte de la investigación y, junto con otros cuatro investigadores de la ciencia del fuego, emitió un informe que concluía que las pruebas utilizadas para condenar a Louis no estaban respaldadas por la ciencia y que no había motivos para creer que el incendio hubiera sido provocado intencionadamente.

Similarmente el departamento de Bomberos de Tucson volvió a revisar la investigación del incendio provocado de 1970 y llegó a la conclusión de que debido a la imposibilidad de determinar un punto de origen exacto y de eliminar todas las causas accidentales del incendio, no era posible determinar la causa del incendio.

En el juicio de 1972 la fiscalía presionó a un joven a testificar que durante su detención en el centro juvenil Louis le había dicho que había utilizado un acelerante. Sin embargo, los análisis químicos realizados por un laboratorio independiente en 1971 no mostraron presencia de acelerantes en ninguno de los materiales quemados. El informe del laboratorio nunca fue revelado a la defensa de Taylor y se dejó al jurado creyendo que había pruebas de un incendio provocado intencionalmente.[45]

Toda el proceso penal– desde la investigación hasta el juicio- está llena de referencias raciales despectivas. Numerosos testigos y abogados se referían a Louis como "el adolescente negro", el "Negro", el "Joven Negro", el "niño de color" y el "niño". Además, el "experto en incendios" del estado, Cy Holmes admitió que hasta antes de que su investigación iniciara, la policía le dijo que probablemente el incendio era un incendio provocado por un niño negro y que creían que el incendio provocado encajaba con el perfil de los jóvenes negros. Cuarenta años después, durante una declaración en el litigio posterior a la condena, el Sr. Holmes evidenció aun más sus opiniones racistas al opinar: "Si ellos [las personas negras] se enojan con alguien, lo primero que hacen es usar algo con lo que se sientan cómodos. El fuego era uno de ellos". En 2017, este investigador todavía sostenía este testimonio.[46]

Considerando la falta de cualquier evidencia de que el incendio del hotel fue iniciado intencionalmente, y mucho menos de que fue Louis quien inició el incendio, ¿por qué fue condenado? En 2019, la jueza del Tribunal de Apelaciones del Noveno Circuito, Mary Schroeder, concluyó que la condena se basó en "poco más que la proximidad y las pruebas del juicio de que a los 'chicos negros' les gusta provocar incendios".[47]

En 2013, la condena de Louis fue revocada. Lamentablemente, como Guy Miles, fue obligado a aceptar un acuerdo de culpabilidad para evitar un nuevo juicio y más años en la cárcel esperando por un veredicto diferente. Fue liberado después de cuarenta y dos años en prisión, una de las encarcelaciones injustas más largas en la historia de Estados Unidos.

Los estudios que analizan la raza de las víctimas prueban de manera similar el impacto del sesgo racial en el sistema penal legal. El Síndrome de la Mujer Blanca Desaparecida y el Síndrome de la Niña Blanca Desaparecida son términos utilizados por científicos sociales para describir la respuesta desproporcionada de la sociedad cuando mujeres blancas desaparecen. Estos accidentes a menudo reciben una intensa cobertura mediática, particularmente cuando las mujeres y niñas son asesinadas. Hay una indignación generalizada de la sociedad, los fiscales buscan sentencias máximas, y a menudo, se nombran nuevas leyes en honor a las víctimas fallecidas – buscando incluso mayores sentencias para futuros acusados.[48]

Por otro lado, cuando las personas negras son víctimas, hay claras disparidades en la forma en que se tratan los casos. Según un estudio publicado por el Proyecto Marshall en 2017, los casos de personas blancas que matan a personas negras se consideran homicidios justificados ocho veces más a menudo que otras combinaciones raciales.[49]

La raza de las víctimas juega un papel dramático en las estadísticas de la pena de muerte. Aunque las personas negras representan solo el 13 por ciento de la población de EE. UU., están representadas de manera desproporcionada en el porcentaje de personas condenadas a muerte: el 34 por ciento de las personas condenadas a muerte en Estados Unidos son negras. Existe una disparidad aún mayor cuando se observa la raza de las víctimas de delitos capitales: el 75.7 por ciento de las víctimas en casos donde se impuso una sentencia de muerte eran personas blancas. Y en el caso de los homicidios interraciales, 297 de las ejecuciones desde 1976 fueron por personas negras que mataron a personas blancas, y solo 21 fueron por personas blancas que mataron a personas negras.[50]

En casos como el de Louis Taylor es fácil identificar el impacto del racismo en un caso de inocencia. También es fácil ver como la identificación cruzada de razas, discutida en el capítulo de identificación errónea, conduce a condenas injustas. Pero, en la mayoría de los casos, el racismo se basa en sesgos implícitos, lo que hace que sea prácticamente imposible argumentar eso en la corte para obtener la libertad de un cliente.

Con frecuencia me pregunto cuánto impacta el sesgo implícito en mi propio trabajo y en el trabajo de las organizaciones de inocencia en todo el mundo. La mayoría de los estudiantes de derecho y abogados que trabajan en nuestras organizaciones son blancos, y no somos inmunes al sesgo implícito. Evaluamos los casos que llegan a nuestras oficinas y elegimos los casos en los que ofreceremos representación. De las primeras treinta y cinco personas que mi oficina ha liberado, quince eran negras, seis eran hispanas/latinas, diez eran blancas, dos eran asiáticas, una era india y una era nativa americana. A nivel nacional, de las primeras 2,775 personas exoneradas en los Estados Unidos desde 1989, 327 eran hispanas/latinas, 1,001 eran blancas, 1,380 eran negras y 63 eran de otras razas.[51]

Es difícil sacar conclusiones reales sobre cómo el sesgo puede haber impactado la selección de estos casos para la representación pos-condenatoria, o en última instancia, las decisiones de los tribunales para revertir las condenas. Sin embargo, está claro que hay una representación desproporcionada de personas de color que son exoneradas, al igual que hay una representación desproporcionada de personas de color en el sistema penal.

Todos los problemas discutidos en este capítulo hacen que las personas de color tengan más probabilidades de ser detenidas, arrestadas, condenadas y recibir penas más severas. Inocente o culpable, si eres una persona de color en los Estados Unidos, es más probable que termines en prisión.

POBREZA

Aristóteles dijo, "la pobreza es el padre de la revolución y el crimen", y es ciertamente verdadero que la pobreza puede llevar a comportamientos criminales (particularmente delitos de robo, ya que las personas pobres frecuentemente cometen estos crímenes en la lucha por la supervivencia económica).[52] Pero la pobreza también crea una situación donde las personas pobres no pueden escapar del sistema penal de la misma manera en la que las personas con recursos pueden hacerlo.

La pobreza puede llevar a las personas al sistema penal a una edad temprana. La falta de cuidado infantil de calidad en los barrios pobres puede retrasar a los niños académicamente antes de que incluso entren en el sistema escolar.[53] Estos retrasos pueden llevar a la falta de éxito en la escuela y disminuir a largo plazo las oportunidades de trabajo. Menos oportunidades educativas y de empleo comúnmente significan que ambos padres deben trabajar en empleos de bajo salario para que la familia sobreviva, y por lo tanto hay menor supervisión parental. La falta de supervisión parental combinada con la disminución de recursos comunitarios en los barrios pobres para mantener a los niños activos en programas positivos después de la escuela, puede llevarlos a comportamientos delictivos, a veces incluso unirse a pandillas. La pertenencia a una pandilla aumenta significativamente las probabilidades de que un niño vaya a terminar involucrado con el sistema penal y va a aumentar su sentencia comete algún delito. En California si un miembro de una pandilla comete un delito grave, al menos un periodo de dos años y hasta veinticinco años a cadena perpetua pueden ser añadidos a su sentencia.[54]

La justicia es cara y cuando las personas pobres entran en el sistema penal están atrapadas en un paradigma en el cual la misma pobreza que los llevó al sistema penal hace más difícil escapar de sus garras.

Por ejemplo, las personas pobres tienen problemas para pagar sus multas. La falta de pago de multas puede llevar a multas más elevadas, mal crédito, más problemas financieros y mayores posibilidades de encarcelamiento. A veces, en la sentencia, los jueces dan a elegir entre multas o cárcel. Las personas pobres que no pueden pagar las multas se ven obligados a elegir la cárcel.

Las personas pobres no pueden pagar la fianza. Esto significa que es más probable que permanezcan en la cárcel a la espera de juicio que las personas con recursos. Se está produciendo un alejamiento de los sistemas de fianza, pero la reforma de la fianza sigue siendo necesaria en la mayoría de los estados. Casi la mitad de las personas encarceladas en Estados Unidos son delincuentes por delitos menores de drogas, que han sido arrestados por no pagar tasas o multas por infracciones menores y personas que no pueden pagar la fianza.[55]

Kalief Browder de 16 años pasó tres años en el notorio complejo penitenciario de Rikers Island, en Nueva York, a la espera de juicio por presuntamente robar una mochila. Fue golpeado por los guardias y pasó casi dos años de su tiempo allí en régimen de aislamiento mientras esperaba el juicio. Finalmente se retiraron los cargos, pero el daño ya estaba hecho. Kalief se quitó la vida a la edad de veintidós años.[56]

Los pobres deben depender de los servicios jurídicos otorgados por el gobierno. Como se explica en el capítulo uno, a menudo se difama injustamente a los defensores públicos, a pesar de que pueden ser una opción mucho mejor que los abogados privados. Sin embargo, las personas con recursos pueden contratar abogados, investigadores y peritos costosos, y pagar por lo suficiente de su tiempo para obtener mejores servicios.

Asimismo, los defensores públicos no están disponibles en todas las jurisdicciones. Solo veintitrés estados financian adecuadamente sus servicios de defensa pública.[57] En las jurisdicciones que ni siquiera tienen defensores públicos, las personas pobres dependen de abogados de oficio frecuentemente mal pagados. Como también se analiza en el capítulo 1, el sistema de pago impacta en la calidad del servicio. Esto no es un problema que se limite a los Estados Unidos. En Escocia, cuando el sistema de pago a los abogados pasó de un sistema por horas a uno de tarifa plana, aumentaron los acuerdos de culpabilidad.[58]

En Estados Unidos, los servicios jurídicos gratuitos terminan tras el juicio y una apelación inicial. Esa apelación se limita a las cuestiones que pueden encontrarse en la transcripción del juicio. En otras palabras, una vez condenado, no hay derecho a asistencia jurídica para obtener pruebas que demuestren la inocencia. Quienes tienen recursos pueden contratar abogados, investigadores y peritos para seguir luchando por su libertad, pero se trata de una fracción de la población reclusa. En 2014, el ingreso medio anual antes de la detención de las personas encarceladas en Estados Unidos era de 19,185 dólares[59], difícilmente el tipo de hogar que podría pagar miles de dólares a un abogado de apelación para investigar.

La dificultad económica para conseguir abogados para la apelación se ve agravada por el hecho de que tener a un familiar en prisión agota los recursos de una familia. No sólo desaparecen los ingresos que aportaba la persona encarcelada, sino que la familia debe hacer frente a nuevos gastos. La mayor parte de la población carcelaria procede de las ciudades, pero las prisiones suelen situarse en zonas rurales donde la tierra es barata, a cientos de kilómetros de las ciudades. Las visitas a la cárcel pueden ser caras y a menudo resultan prohibitivas cuando las familias pobres no pueden permitirse recorrer una distancia considerable para visitar a sus seres queridos.

El caso de 1983 de la Suprema Corte *Olim vs. Wakinekona* dejó claro que las personas encarceladas no tenían derecho a ser encarceladas en el estado de su condena y, por tanto, pueden ser trasladadas miles de kilómetros a otros estados, incluso desde Hawái a la ciudad principal.[60] Esto ha llevado a que las prisiones privadas ofrezcan el servicio para personas encarceladas de otros estados para llenar sus camas. Estos traslados provocaron motines cuando cien personas encarceladas en Puerto Rico fueron trasladadas a una prisión privada de Minnesota en 1993. Estaban a miles de kilómetros de sus familias y sus abogados, y en una cultura totalmente ajena en la que ni siquiera hablaban el idioma.[61]

Las familias de personas encarceladas también tienen gastos únicos que otros nunca consideran. Por ejemplo, las cárceles son uno de los lugares donde las compañías telefónicas pueden cobrar tarifas abusivas por las llamadas por cobrar. Mientras que la mayoría de nosotros disfrutamos llamadas ilimitadas, incluso servicio telefónico internacional gratuito por medio del internet, las personas encarceladas y sus familias usualmente tienen enormes facturas telefónicas que no pueden pagar. Adicionalmente, las familias soportan la carga de comprar artículos de aseo, calcetines, zapatos y ropa interior.

Tras décadas de políticas de mano dura contra la delincuencia, las cárceles no están diseñadas para mejorar las posibilidades de las personas de salir de la pobreza tras ser liberados. Los programas de educación y formación de las prisiones suelen ser víctimas de recortes presupuestarios basados en la filosofía de "no se lo merecen". Por lo tanto, las personas excarceladas suelen carecer de educación, formación y cargan con antecedentes penales, lo que dificulta enormemente encontrar un empleo honrado. Esto disminuye sus posibilidades de llevar una vida libre de delitos tras su puesta en libertad.

Todos estos factores se combinan para hacer de la pobreza tanto la causa como la consecuencia del crimen. Este paradigma puede impactar particularmente a personas inocentes porque comprobar la inocencia requiere considerables recursos.

Por ejemplo, los casos discutidos en el capítulo 3 (Bill Richards y Kimberly Long), fueron casos de homicidios en los cuales expertos contratados por los estados apoyaron las condenas. Fue solo mediante la deconstrucción de los hechos de los casos, buscando nuevos testigos, y obteniendo nuestros propios peritos expertos para analizar la evidencia, que fuimos capaces de construir los casos de inocencia. Estos casos requieren de recursos sustanciales que nuestros clientes no tenían.

En los casos de condenas erróneas basadas en identificaciones incorrectas analizadas en el capítulo 4, los abogados litigantes tuvieron una ardua batalla contra las identificaciones positivas realizadas por los testigos. Cuando los jurados oyen a un testigo decir: "Estoy 100% segura de que es la persona que cometió el delito", es probable que lo condenen. Se requiere investigación para desvirtuar este tipo de testimonio y, a menudo, es necesario que un perito explique los problemas que plantean los procedimientos de identificación y la memoria. Este tipo de testimonio experto es algo por lo que un juez de primera instancia puede no aprobar el pago, o puede ser un recurso no fácilmente disponible en algunas jurisdicciones.

En el caso de Uriah Courtney, necesitábamos expertos que revisaran los procedimientos de identificación para demostrar que eran defectuosos. Necesitábamos dinero para hacer pruebas de ADN de la ropa de la víctima. Por último, necesitábamos acceder a la base de datos de ADN para encontrar al verdadero agresor. Afortunadamente, contamos con la cooperación de la oficina del fiscal del distrito para conseguirlo. Pero todo cuesta tiempo y dinero.

En el caso de Guy Miles, aunque había testigos que lo situaban en Las Vegas en el momento del crimen, eso no bastaba para evitar una condena. Necesitábamos un experto que nos explicara los problemas de los procedimientos de identificación y, después, años de investigación para dar con los verdaderos autores y llevarlos ante los tribunales. Incluso después de tener las pruebas, fueron necesarias múltiples audiencias de hábeas y apelaciones para conseguir que se revocara la condena.

En el caso de Luis Vargas, tuvimos que refutar el testimonio de tres mujeres que lo identificaron como violador. Solo fuimos capaces de hacer eso mediante pruebas de ADN, peritos, e investigando otras treinta violaciones que sucedieron con un modus operandi similar en la misma área.

Al igual que desvirtuar identificaciones, es muy difícil desmentir confesiones. Como se explica en el capítulo 5, cuando los jurados oyen que una persona ha confesado, es probable que condenen sólo por eso. Desacreditar esas confesiones es muy difícil, ya que comúnmente requiere tanto el testimonio de expertos como pruebas de mala conducta policial. En el caso de Marilyn Mulero, fueron necesarias décadas de investigación para revelar finalmente que el detective que supuestamente obtuvo su confesión estaba implicado en docenas de casos de confesiones falsas.

Defender procesos de homicidio cuando un bebé está involucrado, como los casos del capítulo 6, requiere grandes recursos. El estado siempre tiene un equipo de expertos con currículos impresionantes listos para testificar que la única conclusión racional es que el niño fue asesinado intencionalmente, y el sospechoso es el homicida. Incluso con la cooperación del fiscal, tuvimos que contratar múltiples expertos en el caso de Ken March para desvirtuar el caso en el juicio. Cada uno de estos casos requirieron investigación exhaustiva. Son increíblemente largos, complicados y caros. Aun procesos absurdos basados en nada, como el caso Huang en Qatar requirieron de enormes recursos para resolverlos.

No hace falta decir que todos los casos del capítulo 7 (tienes un jurado cegado por la "ciencia") requieren una gran cantidad de recursos para defenderse. Cuando la fiscalía tiene expertos que testifican pruebas científicas de la culpabilidad de una persona, la defensa debe tener expertos que testifiquen pruebas científicas de la inocencia. El caso de JoAnn Parks, por ejemplo, requirió una cantidad increíble de investigación de incendios y los mejores expertos en el campo para encontrar la verdad. E incluso después de tener esas pruebas, no pudimos conseguir que un tribunal revocara su condena. En su lugar, tuvimos que confiar en que el gobernador le concediera clemencia para conseguir su liberación tras veintinueve años de encarcelamiento injusto.

Podría parecer que los casos de pederastia, como los analizados en el capítulo 8, son simplemente el testimonio de los niños frente a la credibilidad del acusado, pero esa no es la mejor manera de abordar esos casos. Para defenderlos eficazmente, se requiere que los expertos revisen las técnicas de interrogatorio, y frecuentemente es necesario que los expertos revisen los informes médicos para buscar la coherencia, o la falta de coherencia, con las declaraciones de las presuntas víctimas. Incluso con todas las retractaciones de los niños en el caso de John Stoll, fue una batalla costosa en la que intervinieron múltiples expertos para lograr su exoneración.

Las mentiras, tal y como se discutió en el capítulo 9, son comúnmente difíciles de debilitar. Para combatir las mentiras de forma efectiva -ya sean de soplones, la policía o una supuesta víctima, como en el caso de Brian Banks- se necesita investigar. Los soplones deben ser descubiertos basándose en sus acusaciones previas, sus motivos para mentir y las inconsistencias de sus declaraciones. Es aun más difícil desvirtuar un testimonio policial falso. Son testigos profesionales y buenos cubriendo sus huellas. Con presuntas víctimas como la del caso de Brian Banks, la defensa debe buscar testigos y pruebas que puedan desvirtuar las mentiras. Todo esto lleva tiempo y dinero.

Cuando la ex estrella de la NFL O.J. Simpson fue absuelto en 1995, un periodista me preguntó si el caso demostraba que la gente podía salir impune de un homicidio en Estados Unidos. Dejando a un lado la cuestión de su culpabilidad o inocencia, respondí: "No, el caso demuestra la cantidad de recursos que hacen falta para enfrentarse con éxito al gobierno".

O.J. gastó millones en su defensa. Tenía una docena de los mejores abogados de defensa del país representándolo, y fue capaz de conseguir algunos de los mejores expertos. Su caso es una excepción que comprueba la regla. La inmensa mayoría de personas acusadas de crímenes en los Estados Unidos son pobres, solo tienen los limitados recursos proporcionados por el estado, y es probable que sus casos terminen en acuerdos de culpabilidad sin ninguna investigación seria o análisis de la evidencia por expertos.

Las personas pobres están en gran desventaja cuando se enfrentan a los recursos del estado o el gobierno federal. La idea de que la defensa tiene una ventaja porque el gobierno tiene la carga de la prueba es una narrativa falsa. El gobierno tiene las fuerzas policiales a su disposición como sus investigadores. Tienen laboratorios criminales y expertos a su disposición para hacer pruebas y testificar. Tienen fiscales altamente capacitados, quienes generalmente reciben más salario que un defensor público.

La Ley de Igualdad de Defensa, patrocinada inicialmente por la entonces senadora Kamala Harris, está tramitándose en el Congreso en el momento de redactar esto. El proyecto de ley pretende compensar de forma más justa a los defensores públicos y equiparar sus salarios a los de los fiscales a los que se enfrentan en los tribunales.[62] El hecho de que este proyecto de ley sea necesario demuestra que las fiscalías tienen una ventaja injusta en la búsqueda, el apoyo y la retención de abogados de alta calidad.

Todas estas desigualdades contribuyen a que se condene a personas pobres e inocentes. Las desigualdades empeoran aún más después de la condena, cuando el gobierno sigue teniendo todos los recursos, pero ya no tiene la carga de la prueba. Nosotros tenemos la carga de la prueba, y nuestros clientes y sus familias no suelen tener dinero. Lo que les quedaba después del juicio desapareció durante los años en prisión mientras sus familias luchaban por sobrevivir.

Nuestro trabajo no es barato. Aunque nuestro proyecto, como la mayoría de las organizaciones de inocencia en este mundo, está formado por estudiantes de derecho, y tenemos un equipo de abogados voluntarios, debemos pagarles a algunos empleados de tiempo completo y todos los costos de investigación y litigio de nuestros casos. Esto incluye gastos tan básicos como el dinero de la gasolina para conducir por todo el estado buscando testigos, visitando clientes, sacando copias de transcripciones, y fotos de la escena del crimen, gastos de peritos forenses, costos telefónicos y correo, y todos los gastos habituales que conlleva tener un bufete de abogados.

Cuando iniciamos el California Innocence Project teníamos muy pocos recursos. Recaudamos dinero de ventas de postres, carreras, torneos de Dodge Ball y noches de bar. Tuvimos la fortuna de obtener una donación grande por parte del legendario guitarrista del sur de California Joe Walsh y su banda, The Eagles. Joe y su banda realizaron un concierto para nosotros y recolectaron suficiente dinero para mantenernos en marcha durante los dos primeros años. Sin ese apoyo no estoy seguro si hubiéramos superado esa época.

Es absurdo pensar que nos enfrentamos al gobierno de California - financiado por la quinta economía más grande del mundo, con todos los recursos a su alcance - desde nuestra pequeña oficina en San Diego financiada por donaciones y ventas de postres. Este es el reto al que se enfrentan todas las organizaciones de inocencia en el mundo. Encuentra una cerca de ti y apóyala si puedes.[63]

Conclusión

La idea de que puedas ir a prisión por un crimen que no cometiste es aterradora. Es algo en lo que ninguno de nosotros quiere pensar, pero es una posibilidad inquietante. Lo he visto suceder tantas veces que incluso he formulado un plan en mi cabeza por si alguna vez me sucede a mí.

El primer día en el patio de la prisión, me acercaré a los líderes de las pandillas y les diré que seré su abogado personal. Les prometeré pasar todos los días en la biblioteca jurídica de la prisión trabajando en sus casos si me protegen. Con suerte, eso nunca sucederá, pero después de más de tres décadas trabajando en el sistema penal, sé que es una posibilidad.

Si me acusan de un delito que no cometí, no cometeré los errores sobre los que escribo en el capítulo 1. Aunque pueda sufrir la ira de los fiscales a los que he irritado a lo largo de los años, las relaciones que he forjado con los abogados defensores asegurarán que recibiré una buena defensa. Y, por supuesto, tendré la capacidad de ayudar en mi propia defensa. También tendré el beneficio de ser una persona blanca con recursos, por lo que es poco probable que sufra muchas de las desigualdades descritas en el capítulo 10.

Sin embargo, no podré evitar todos los hechos y circunstancias descritos en los ocho capítulos intermedios. Al igual que cualquier otra persona, podría encontrarme en el lugar equivocado en el momento equivocado, o sufrir las malas prácticas policiales, la ciencia defectuosa, las mentiras y todo lo demás descrito en este libro. La conclusión es que cualquiera puede ser condenado injustamente.

Entonces, ¿qué debemos hacer al respecto? Como escribí en la introducción, es nuestro sistema penal colectivo. Actúa en nuestro nombre. Protege a nuestras familias, nuestros hogares y nuestras vidas. Tenemos la responsabilidad colectiva de esforzarnos constantemente por mejorarlo. Y, cuando una persona inocente va a prisión, tenemos la responsabilidad de sacarla y abordar el problema que llevó a la condena injusta.

Para abordar los problemas asociados con la mala defensa legal descrita en el capítulo 1, debemos comprometernos a brindar una excelente representación a las personas acusadas de delitos. Fue casi doscientos años después de que la Constitución de los Estados Unidos estableciera el derecho a un abogado en un tribunal federal, que ese derecho se impuso en los tribunales estatales. El desafío hoy es asegurarnos de que la representación sea excelente en todos los casos, no solo en aquellos en los que los acusados tienen la suerte de que se les asigne un gran abogado o de que tengan los recursos para pagarlo.

No basta con tener abogados en los casos penales. Los abogados además tener habilidades y formación específicas. Incluso con habilidades y formación, la carga excesiva de trabajo, la apatía, el cinismo sobre la afirmación de inocencia de un cliente, la falta de investigación, la falta de recursos y de experiencia, pueden conducir a una representación inadecuada. Teniendo en cuenta la odisea de veinticinco años del caso de Marilyn Mulero, está claro que nuestras leyes no protegen lo suficiente a las personas que reciben una representación inadecuada. El estándar de "representación razonable" es demasiado vago y demostrar que un abogado competente habría hecho una diferencia en el juicio es demasiado difícil. Debería haber estándares específicos y, si no se cumplen, un nuevo juicio en automático.

En cuanto a las cuestiones abordadas en el capítulo 2, donde describo la probabilidad de condenas injustas tanto en las zonas rurales como en los centros urbanos, el reconocimiento, la formación y los recursos son el camino hacia la mejora. No debería haber diferencias en la calidad de los abogados, los agentes de policía, los jueces y los analistas forenses en función de la localidad, y sus prácticas deberían ser uniformes.

Por supuesto, esto es difícil de lograr. El sistema judicial penal de Estados Unidos se financia en gran medida por el nivel de condado. Los distintos condados tienen diferentes recursos y prioridades de financiamiento. La única forma de aumentar la calidad es estableciendo normas nacionales y proporcionando recursos (como la revocación de condenas) cuando no se cumplen esas normas.

Encontrar el cadáver de tu pareja, como se describe en el capítulo 3, no debería ser suficiente para condenar a una persona por homicidio. Una vez más, la formación es un remedio para este problema. Los agentes de policía, y en última instancia los fiscales, suelen cegarse una vez que un sospechoso se ha consolidado en sus mentes. Personas como Kim Long y Bill Richards sufrieron debido a esa ceguera.

En última instancia, los jueces y los jurados deben ser un freno a estos procesos. Deben exigir algo más que la oportunidad y la motivación para una condena. Nadie debería ir a prisión por homicidio basándose en pruebas endebles y circunstanciales.

La identificación errónea y las confesiones falsas descritas en los capítulos 4 y 5 requieren mucha atención y reforma. Debemos reconocer que la memoria humana es defectuosa y que los procedimientos utilizados para extraer esos recuerdos pueden distorsionar la verdad.

Todos los procedimientos de identificación deben ser doblemente ciegos. Ni el testigo ni quienes realizan las series de fotografías y las filas en vivo deben saber quiénes son los sospechosos en la rueda de reconocimiento. Se debe dejar claro a los testigos que el sospechoso puede no estar en la fila. Todos los que están en la fila deben parecerse a la descripción dada por el testigo. El procedimiento de la fila debe documentarse, preferiblemente con una grabación de video, para que la defensa pueda revisarlo más tarde y determinar si se produjo una contaminación intencional o inadvertida del proceso.

Finalmente, el testigo debe dar una declaración sobre su grado de confianza en la identificación. Esa declaración debe compartirse con la defensa para combatir la confianza que se transforma de "el número tres se parece un poco al tipo" a "estoy 100% seguro de que el número tres es el tipo" en el tiempo transcurrido entre el procedimiento de identificación y el juicio.

Se deben abolir todas las tácticas de interrogatorio que conducen a confesiones falsas. La coerción y el engaño no deben ser prácticas aceptadas. Los procedimientos poco fiables como la hipnosis no deben formar parte de las técnicas policiales modernas. Las sesiones de interrogatorio excesivamente largas sin el beneficio de un abogado deben convertirse en algo del pasado. Un estudio reveló que el 84 por ciento de las confesiones falsas se producen después de interrogatorios de más de seis horas.[1] Los sospechosos se agotan y se confunden, o a veces simplemente se enfadan y confiesan falsamente para "acabar con el asunto de una vez". Simplemente acortando la cantidad aceptable de tiempo que pueden durar los interrogatorios se reduciría el número de condenas erróneas.

Reformar los procedimientos de identificación y confesión es lo mejor para todos nosotros. Se condenaría a menos personas inocentes y a más personas culpables. Es así de sencillo. Es hora de escuchar a los expertos y adoptar mejores prácticas.

Lo mismo ocurre con los factores que conducen a condenas injustas por muerte de bebés descritas en el capítulo 6, las ciencias defectuosas descritas en el capítulo 7 y las investigaciones que conducen a condenas injustas por abuso de menores en el capítulo 8. Nadie debería ir a prisión porque los jurados creyeron más a un experto que a otro en un área científica en disputa. Y cuando hay disputa, el beneficio de la duda debería corresponder a la persona que se enfrenta a una cadena perpetua o a la pena de muerte. Debemos esforzarnos por incorporar la mejor información científica a nuestro sistema jurídico penal, se trate de nuevos datos sobre muertes de bebés, huellas dactilares, marcas de mordeduras, incendios provocados, análisis de cabello, casquillos de bala, ADN, análisis de balas de plomo, técnicas de entrevistas a niños o cualquier ciencia forense que se utilice para condenar y exonerar.

En cuanto a las mentiras descritas en el capítulo 9, la realidad es que la gente siempre mentirá. Nuestro sistema penal debe hacer lo mejor que pueda para descubrir esas mentiras. Debemos examinar con profundidad las motivaciones y revelarlas en el tribunal para que los jueces y los jurados tengan el panorama completo. Debemos investigar los casos de corrupción y eliminar de nuestro sistema a quienes mienten lo mejor que podamos. Debemos proporcionar recursos y procesos para que cada caso criminal sea investigado a fondo y la gente no vaya a prisión simplemente por falsedades.

De manera similar, eliminar los prejuicios, la inequidad y la discriminación en el sistema basados en la raza y la pobreza, como se describe en el capítulo 10, es extraordinariamente difícil y tal vez nunca se logre. Como se ha dicho, los prejuicios explícitos en la letra de la ley son mucho más fáciles de identificar y reformar que los prejuicios implícitos que permean nuestro sistema y nuestra sociedad. Debemos examinar la evidencia estadística para reconocer las desigualdades raciales y comenzar a abordarlas mediante la capacitación y la reforma de políticas.

Las desigualdades económicas también conducen a una aplicación desigual de la ley. Deberíamos examinar todas las desigualdades en el sistema jurídico penal, desde la reforma de la fianza hasta los recursos judiciales para los pobres, pasando por las sentencias que tienen un impacto desigual en función de la economía. El camino para abordar estas desigualdades es largo y desafiante.

Cada año, en San Diego, se celebra un gran evento en el que todos los abogados de defensa penal se reúnen y reflexionan sobre las victorias y los desafíos del año anterior. Hace varios años, el California Innocence Project fue honrado en este evento con un premio basado en un gran año de victorias. Miré a mis colegas en la sala, incluidos algunos de los mejores abogados de defensa penal de los Estados Unidos, y dije: "Sé lo que todos están pensando. Si tuvieran que elegir los casos que aceptan como lo hacemos nosotros, ¡estarían aquí recibiendo este premio en lugar de nosotros!".

Los casos de inocencia reciben mucha atención y la mayoría de los abogados no tienen el lujo de elegir sus propios casos. Sin embargo, a menudo no es fácil para nosotros dejar de lado los casos en los que creemos que el cliente potencial es culpable, pero ha sufrido procesos injustos, representación inadecuada, procesamientos vengativos y/o sentencias escandalosas.

Dos ejemplos de ello son los casos de Kenneth Corley y Sergio Ayala. Ambos fueron enviados a prisión de por vida bajo la dura Ley de los tres Strikes de California. La mayoría de la gente creía que cuando se creó la ley solo se aplicaba a los delincuentes violentos. Eso no es cierto. La ley se aplica actualmente a cualquiera que cometa tres delitos graves o violentos, y antes de una reforma de 2012, el tercer delito ni siquiera tenía que ser grave o violento.

Kenneth tenía antecedentes de delitos relacionados con drogas. El tercer delito fue "posesión de parafernalia de drogas", lo que lo llevó a prisión de por vida. Sergio tenía cargos previos de robo, y cuando robó un soplador de hojas de 150 dólares de la parte trasera de una camioneta, eso lo llevó a prisión de por vida.

Ambos casos me volvieron loco. Cuando se reformó la Ley de los Tres Strikes para exigir que el tercer strike fuera grave o violento, asigné los casos a Mike Semanchik y Audrey McGinn, quienes los llevaron a los tribunales y lograron que ambos hombres obtuvieran la libertad. Kenneth fue la primera persona en California que fue liberada bajo la nueva ley, y Sergio fue el segundo. Cientos más siguieron. Hombres y mujeres sentenciados a morir en prisión por delitos menores.

No encontrará las historias de Kenneth o Sergio en nuestro sitio web. Ni siquiera presentamos sus peticiones bajo el nombre de nuestra organización. Nuestra misión sigue siendo la misma: liberar a los inocentes. Pero en esos casos, parecía imposible apartar la mirada de la injusticia.

La separación de las llamadas "buenas personas" de las "malas personas" en prisión basándose únicamente en la inocencia ha sido una crítica a nuestro movimiento. Aunque he dedicado la mayor parte de mi carrera a liberar a personas inocentes de la prisión, reconozco que centrar la empatía en los inocentes puede llevar a una falta de empatía por los culpables, y eso es algo que me preocupa. Jody Armour critica el movimiento de la inocencia en su libro *N*gga Theory*, por esa razón. Afirma: "La culpa y el castigo excesivos de los delincuentes negros culpables, especialmente los violentos y graves que más inflaman el deseo de represalia y venganza, es un problema mucho más generalizado y pernicioso, que se extiende a lo largo de todas las fases del sistema de justicia penal, que el problema de las condenas o ejecuciones injustas de negros inocentes".[2]

Aprecio esta crítica, aunque creo que el trabajo en favor de la inocencia va más allá de los problemas individuales de una persona inocente condenada injustamente que se enfrenta a una sentencia de prisión o a una ejecución. Por ejemplo, a medida que los estados se alejan más de la pena de muerte, una de las principales razones citadas es el riesgo de ejecutar a una persona inocente.[3] Creo que esto es resultado de la publicidad asociada con la liberación de casi doscientas personas inocentes de los corredores de la muerte en Estados Unidos. También ha habido muchas reformas al sistema de justicia penal asociadas con el movimiento de la inocencia que hacen que el sistema sea mejor para todos. A menudo usamos nuestros casos como un trampolín directo para reformas de políticas. Como mencioné en la introducción, Jasmin Harris lidera los esfuerzos de políticas del CIP. Tanto ella como Alex Simpson van constantemente de puerta en puerta en Sacramento, contando a nuestros representantes estatales las historias de nuestros clientes inocentes y las reformas necesarias para evitar que vuelva a suceder lo mismo. Como resultado, hemos estado involucrados en la redacción o cambio de más de una docena de leyes de California relacionadas con la justicia penal.

Sin embargo, sigo estando substancialmente de acuerdo con la postura del profesor Armour. Hay mucho trabajo por hacer más allá de reformar el sistema para proteger a los inocentes.

Desmantelar el sistema judicial penal para resolver estos problemas sistémicos es particularmente difícil debido a una combinación de política y dinero. Los políticos, desde los que se postulan para el consejo municipal local hasta los que se postulan para la presidencia de los Estados Unidos, continuamente hacen promesas de campaña de que nos mantendrán seguros mediante políticas que son muy elocuentes pero que tienen poco respaldo científico social. Y siempre buscan soluciones a corto plazo, como poner más policías en las calles, porque necesitan mostrar resultados a corto plazo para ser reelegidos.

La verdad es que necesitamos soluciones a largo plazo para reducir el crimen y reducir nuestro sistema legal penal. Necesitamos invertir más en educación desde preescolar en adelante, aumentar las oportunidades para los jóvenes, transformar las prisiones de lugares que almacenan a una gran cantidad de nuestros ciudadanos con una puerta giratoria, a lugares donde la gente aprende y se capacita para la vida fuera de los muros. Necesitamos despenalizar las actividades que no generan un daño real a la sociedad y reducir las sentencias para aumentar la cantidad de recursos disponibles en el sistema legal penal. Esos recursos deberían usarse para mejorar todos los aspectos del sistema, desde la policía hasta los procedimientos judiciales y las correcciones. Las mejores soluciones podrían no mostrar resultados durante años (mucho después de las próximas elecciones), por lo que es difícil incluirlas en las agendas políticas. Aun así, son necesarias y podrían convertirse en una realidad si el público entendiera su necesidad y exigiera un cambio.

El dinero también se ha infiltrado en nuestro sistema penal. Ha descarrilado las mejores políticas para nuestra sociedad en favor de las que benefician a las empresas que brindan servicios al sistema y a los políticos a los que apoyan financieramente. En las elecciones presidenciales de 2016, se mencionó la cifra de 80 mil millones de dólares al año como la cantidad que gastamos anualmente en Estados Unidos en encarcelamientos masivos. Más recientemente, se ha revelado que la cifra real es como de 180 mil millones de dólares, porque el dinero que se gasta en encerrar a la gente va mucho más allá de los gastos de los centros penitenciarios.[4] La cifra más alta incluye los costos de la policía, el procesamiento, la defensa de los indigentes, la atención médica, la alimentación, los contratos con prisiones privadas y los costos de personal en todo el sistema. También incluye los costos que absorben las familias, como 1.400 millones de dólares en cuotas de fianza, 1.600 millones de dólares pagados en las cuentas de las tiendas de conveniencia de las prisiones y 1.300 millones de dólares pagados por llamadas telefónicas desde la prisión. Con todo el dinero involucrado en el sistema, combinado con políticas en Estados Unidos que no mantienen eficazmente el dinero fuera del proceso político, hemos creado un monstruo que requiere ser alimentado constantemente a costa de un tremendo sufrimiento humano.

¿Cómo pueden las organizaciones que defienden la inocencia hacer algo para mejorar el sistema contra fuerzas tan poderosas? Hacemos trabajo político, pero el centro de nuestro trabajo es devolver a casa a personas inocentes. A menudo les digo a mis abogados y estudiantes: "No se concentren en los problemas de todo el sistema y en cuántas personas están desesperadas por recibir ayuda, porque es demasiado abrumador. Concéntrense en el presente y en lo que pueden hacer para ayudar a una persona a volver a casa".

El impacto de cada persona que llevamos a casa va mucho más allá de esa persona y su familia y amigos. Cada exoneración es una lección sobre una falla del sistema. Esa lección podría cambiar la forma en que la policía, los abogados defensores, los fiscales, los expertos forenses y los jueces involucrados en el caso manejen casos futuros. Las personas del público en general que se enteran del caso pueden pensar dos veces sobre la evidencia débil cuando forman parte de un jurado y pueden pensar dos veces sobre elegir políticos duros con el crimen.

Las organizaciones de defensa de la inocencia también influyen en el sistema en un sentido más amplio a través de sus misiones de educación y formación. Los estudiantes de derecho que pasan por los programas se convierten en defensores éticos y motivados por la justicia que pueden marcar una gran diferencia. Los abogados excelentes que exigen equidad y cambio, tanto del lado de la acusación como de la defensa, son clave para mejorar el sistema para todos.

Otro impacto del trabajo de inocencia del trabajo de defensa de la inocencia ha sido la respuesta de las fiscalías de todo el país. La publicidad de personas inocentes que salen de la cárcel, del brazo de los abogados que las han liberado, ha obligado a los fiscales a examinar su trabajo. Se han formado "Unidades de Revisión de Condenas" o "Unidades de Integridad de Condenas" en todo el país en las fiscalías. Algunas han sido en gran medida trucos publicitarios, para que los fiscales parezcan estar haciendo lo correcto, pero muchas otras han sido esfuerzos serios para trabajar con organizaciones de defensa de la inocencia, encontrar a personas inocentes en prisión y sacarlas. Mejorar la calidad del trabajo de los fiscales hace que el sistema sea mejor para todos.

Aunque este libro está lleno de historias sombrías de condenas injustas y un sistema judicial penal en decadencia, en realidad soy algo optimista sobre el futuro. La gente se está dando cuenta del alto costo de décadas de políticas duras contra el crimen y exige cambios. Fiscales progresistas como George Gascón en Los Ángeles y Larry Krasner en Filadelfia están siendo elegidos y están generando cambios reales en sus cargos. También estamos viendo un aumento en el uso de la clemencia tanto a nivel estatal como federal.

Las películas, los documentales, los podcasts y los libros siguen acercando las historias de inocencia al público e influyendo en la conversación sobre la inocencia. Me enorgulleció ayudar a llevar la historia de Brian Banks a la pantalla grande con el largometraje *Brian Banks*. También me dio la oportunidad de mostrar mis dotes actorales, algo que todo abogado litigante se esfuerza por hacer, en mi papel de tres segundos como camarero en la película.

Los jóvenes también me dan esperanza: desde mis propios estudiantes de derecho del Proyecto inocencia de California que investigan agresivamente los casos de inocencia, hasta los millones de jóvenes que han salido a las calles en los últimos años para protestar por la justicia. Todos ustedes me hacen creer que el cambio está llegando.

Los exalumnos del California Innocence Project me dan esperanza. Me encanta pasar por "The Local", un bar de San Diego donde los defensores públicos pasan el rato después del trabajo. Siempre puedo encontrar al menos a uno de mis exalumnos allí y disfruto escuchar sobre el gran trabajo que están haciendo.

También estoy orgulloso de mis antiguos alumnos que se han convertido en fiscales éticos. Chris Lawson, uno de mis antiguos alumnos que ahora es abogado principal en la Fiscalía del Distrito de San Diego, me dijo recientemente: "El California Innocence Project me ayudó a moldear la lente a través de la cual veo el sistema". Me emocionó escuchar que pensaba así quince años después de graduarse de nuestro programa.

Y, por supuesto, mi equipo y mis compañeros luchadores por la libertad que trabajan en organizaciones de inocencia en todo el mundo me dan esperanza. En las últimas dos décadas he visto a nuestro grupo crecer de un puñado a cientos. Todos ustedes han enriquecido mi vida y les agradezco por eso.

Aunque la idea tiene muchos orígenes diferentes que se remontan a la antigua Grecia, a menudo se cita a Benjamin Franklin diciendo: "No se hará justicia hasta que quienes no se ven afectados se indignen tanto como quienes sí lo están".

La mayoría de las personas no se indignan por las condenas injustas hasta que les afectan directamente, pero como este libro deja claro, cualquiera puede ser condenado injustamente. No esperes a indignarte hasta que tú, o un ser querido, se despierte en una celda sufriendo la pesadilla surrealista de ser inocente en prisión. Todos debemos indignarnos y actuar en consecuencia para que se haga justicia en el sistema legal penal.

Agradecimientos

Gracias a todos mis colegas, familiares y amigos cuyos comentarios y correcciones mejoraron enormemente este libro. Gracias a Alissa Bjerkhoel, Katherine Bonaguidi, Zach Brooks, Heidi Brooks, Richard Brooks, Jeff Chinn, Raquel Cohen, Jeremy Deconcini, Steve Drizin, Keith Findley, Brandon Garrett, Mark Godsey, Meryl Goldsmith, Lindsay Herf, Louise Hewitt, Ed Humes, Maya Knee, Amanda Knox, Richard Leo, Audrey McGinn, Claire McGourlay, Marcy Mistrett, Bill Oberly, Jocelyn Perez, Catherine Pugh, Ashley Ratliff, Claudia Salinas, Lee Sarokin, Barry Scheck, Mike Semanchik, Alex Simpson, Andrea Tennant, Jennifer Thompson, Des Walsh y Rob Warden. Un agradecimiento especial a mi asistentes de investigación Janey Peterson y Beth Stauffer, mi editora Maura Roessner, y a mi gran amiga Ruby Anaya.

Notas

INTRODUCCIÓN

1. Marion c. Estado, 20 Neb. 233 (1886).
2. Meghan Barret Cousino, "William Jackson Marion," Registro Nacional de Exoneraciones, Pre-1989, https://www.law.umich.edu/special/exoneration/Pages/casedetailpre1989.aspx?caseid=212 (acceso 3 de abril de 2021).
3. Registro Nacional de Exoneraciones, https://www.law.umich.edu/special/exoneration/Pages/about.aspx (acceso 3 de abril de 2021).

CAPÍTULO 1. CONTRATASTE AL ABOGADO EQUIVOCADO.

1. Powell vs. Alabama, 287 U.S. 45 (1932).
2. Gideon vs. Wainwright, 372 U.S. 335 (1963).
3. Furman vs. Georgia, 428 U.S. 153 (1972).
4. Gregg vs. Georgia, 428 U.S. 153 (1976).
5. Ibid., 220-24.

6. Samuel Gross, "Rate of False Conviction of Criminal Defendants Who Are Sentenced to Death," *PNAS*, 28 de abril, 2014, https://www.pnas.org/content/111/20/7230.
7. Centro de Información sobre la Pena de Muerte, "State and Federal Info, Illinois," https://deathpenaltyinfo.org/state-and-federal-info/state-by-state/illinois (acceso 15 de abril de 2021).
8. Strickland vs. Washington, 446 U.S. 668 (1984).
9. Mark Godsey, *Blind Injustice: A Former Prosecutor Exposes the Psychology and Politics of Wrongful Convictions* (Oakland: University of California Press, 2017), 76.

CAPÍTULO 2. VIVES EN EL CAMPO O EN LA CIUDAD.

1. Documentos relacionados al caso William Richards en el expediente del autor.
2. "Explaining the Urban-Rural Political Divide", *Niskanen Center*, Julio 17, 2019.
3. Oficina del Censo de EUA, htpps://www.census.gov/quickfacts/fact/table/adacityoklahoma/PST040221 (acceso Abril 21, 2021).
4. Clifton Adcock, "Judge Orders Second Man in Ada's 'Innocent Man' Case Freed, State to Appeal," Diciembre 21, 2020, https://www.readfrontier.org/stories/judge-orders-second-man-in-adas-innocent-man-case-freed-state-to-appeal/; "Oklahoma Innocence Project Takes on First Case," Innocence Project, Julio 31, 2013, https://innocenceproject.org/oklahoma-innocence-project-takes-on-first-case/; "Ron Williamson," Innocence Project, https://innocenceproject.org/cases/ron-williamson/ (accedido Abril 21, 2021); "Dennis Fritz," Innocence Project, https://innocenceproject.org/cases/dennis-fritz/ (accedido Abril 21, 2021).
5. Kim Parker, "What Unites and Divides Urban, Suburban and Rural Communities," Mayo 22, 2018, https://www.pewresearch.org/social-trends/2018/05/22/demographic-and-economic-trends-in-urban-suburban-and-rural-communities/.
6. Ralph A. Weisheit, L. Edward Wells, y David N. Falcone, "Crime and Policing in Rural and Small-Town America: An Overview of

the Issues," Septiembre 1995, https://www.ncjrs.gov/txtfiles/crimepol.txt.

7. Ralph Ioimo et al., "Comparing Urban and Rural Police Views of Bias-Based Policing," Professional Issues in Criminal Justice 6(1,2) (2011): 53–81, https://www.academia.edu/2830656/Comparing_Urban_and_Rural_Police_Views_of_Bias_based_Policing?auto=download.
8. Ibid.
9. Ibid.
10. Jennifer L. Mnookin, "How Preconceptions and Bias May Have Led to Wrongful Convictions of West Memphis Three," Agosto 23, 2011, https://death-penaltyinfo.org/news/how-preconceptions-and-bias-may-have-led-to-wrongful-convictions-of-west-memphis-three.
11. Jack Healy, "A Rural County Owes $28 Million for Wrongful Convictions. It Doesn't Want to Pay," New York Times, Abril 1, 2019, https://www.nytimes.com/2019/04/01/us/beatrice-six-nebraska.html.
12. Ver Christina Buchanan, "Geographical Disparities in Wrongful Conviction Cases" (Tesis de Maestría, University of Central Oklahoma, Julio 2014), https://shareok.org/bitstream/handle/11244/325190/BuchananC2014.pdf?sequence=1&isAllowed=y.
13. G. H. W. Bush, "Address to the Nation on the National Drug Control Strategy," George H. W. Bush Presidential Library and Museum, Septiembre 5, 1989, https://bush41library.tamu.edu/archives/public-papers/863.
14. California vs. Hodari D., 499 U.S. 621 (1991).
15. Rod K. Brunson, "Protests Focus on Over-Policing. But Under-Policing Is Also Deadly," Washington Post, Junio 12, 2020, https://www.washingtonpost.com/outlook/underpolicing-cities-violent-crime/2020/06/12/b5d1fd26-ac0c-11ea-9063-e69bd6520940_story.html.
16. Evan Hill et al., "How George FloydWas Killed in Police Custody" New York Times, Mayo 31, 2020, https://www.nytimes.com/2020/05/31/us/george-floyd-investigation.html.

17. Ray Sanchez y Eric Levenson, "Derek Chauvin Sentenced to 22.5 Years in Death of George Floyd," CNN, Junio 25, 2021, https://www.cnn.com/2021/06/25/us/derek-chauvin-sentencing-george-floyd/index.html.
18. US Department of Justice Civil Rights Division, US Attorney's Office District of New Jersey, "Investigation of the Newark Police Department," Julio 22, 2014, https://www.justice.gov/sites/default/files/crt/legacy/2014/07/22/newark_findings_7-22-14.pdf.
19. Ibid.
20. Gabriel L. Schwartz y Jaquelyn L. Jahn, "Mapping Fatal Police Violence across U.S.

Metropolitan Areas: Overall Rates and Racial/Ethnic Inequalities, 2013–2017," PLOS, Junio 24,

2020, https://journals.plos.org/plosone/article?id=10.1371/journal.pone.0229686.

21. "Principals of Good Policing: Avoiding Violence Between Police and Citizens," U.S. Department of Justice, revisado septiembre 2003, https://www.justice.gov/archive/crs/pubs/principlesofgoodpolicingfinal092003.htm.
22. Samuel Sinyangwe, "Police Are Killing Fewer People in Big Cities, but More in Suburban and Rural America," FiveThirtyEight, Junio 1, 2020, https://fivethirtyeight.com/features/police-are-killing-fewer-people-in-big-cities-but-more-in-suburban-and-rural-america/.

CAPÍTULO 3. ESTÁS EN UNA RELACIÓN Y VIVES CON ALGUIEN QUE ES ASESINADO

1. Emiko Petrosky et al., "Racial and Ethnic Differences in Homicides of Adult Women and the Role of Intimate Partner Violence—United States, 2003–2014," Morbidity and Mortality Weekly Report, July 21, 2017, https://www.ncbi.nlm.nih.gov/pmc/articles/PMC5657947/.

CAPÍTULO 4. TE PARECES (MÁS O MENOS) A OTRAS PERSONAS EN EL MUNDO

1. Este nombre fue cambiado ya que la víctima era menor de edad en el momento del incidente.
2. Mark Godsey, Blind Injustice: A Former Prosecutor Exposes the Psychology and Politics of Wrongful Convictions (Oakland: University of California Press, 2017), 12.
3. Gary L. Wells, Amina Memon, Steven D. Penrod, "Eyewitness Evidence, Improving Its Probative Value," Psychological Science in the Public Interest 7(2) (2006): 45, 48. Véase también en Donald A. Dripps, "Miscarriages of Justice and the Constitution," Buffalo Criminal Law Review 2(2) (1999): 635, 638–39 ("A Department of Justice study found that, out of a sample of more than 21,000 cases, DNA testing exonerated the suspect in 23 percent of the cases"). Desde que la evidencia de ADN se introdujo por primera vez en el sistema de justicia penal, ha exonerado a más de 144 personas que fueron condenadas injustamente por delitos. Samuel R. Gross et al., "Exonerations in the United States, 1989 through 2003," Journal of Criminal Law and Criminology 95(2) (2005): 523, 524. "In 64% percent of these exonerations (219/340) at least one eyewitness misidentified the defendant"(Gross et al., 542). Eighty-eight percent of the rape exonerations involved eyewitness misidentification (Gross et al., 530). Véase tambien en Gary L. Wells and Elizabeth A. Olson, "Eyewitness Testimony," Annual Review of Psychology 54 (2003): 277, 278 (afirmando que más de cien delincuentes condenados han sido exonerados gracias a la evidencia de ADN).
4. "Guy Miles Released from Prison," https://www.youtube.com/watch?v=oo8fvgIiR-w&t=22s&ab_channel=CaliforniaWesternSchoolof Law.
5. "Most Learning Happens in the First 3 Years." Centre for Educational Neuroscience, http://www.educationalneuroscience.org.uk/resources/neuromyth-or-neurofact/most-learnin-happens-in-the-first-3-years/ (acceso 20 de abril, 2021).
6. Max McClure, "Infants Process Faces Long before They Recognize Other Objects, Stanford Vision Researchers Find," Stanford

News, 11 de diciembre, 2012, https://news.stanford.edu/news/2012/december/infants-process-faces-121112.html

7. Kathy Pezdek, I. Blandon-Gitlin, y C. Moore, "Children's Face Recognition Memory: More Evidence for the Cross-race Effect," Journal of Applied Psychology 88(4) (2003): 760–63, https://doi.org/10.1037/0021-9010.88.4.760
8. Marta Zaraska, "The Sense of Smell in Humans Is More Powerful Than We Think," Discover Magazine, 11 de octubre, 2017, https://www.discovermagazine.com/mind/the-sense-of-smell-in-humans-is-more-powerful-than-we-think
9. Arthur W. Melton, "Implications of Short-term Memory for a General Theory of Memory," Journal of Verbal Learning and Verbal Behavior (Julio 1963), https://www.sciencedirect.com/science/article/abs/pii/S0022537163800638.
10. Vaijghn Tooley et al., "Facial Recognition: Weapon Effect and Attentional Focus," Journal of Applied Social Psychology (July 2006), https://www.researchgate.net/publication/229861854_Facial_Recognition_Weapon_Effect_and_Attentional_Focus1.
11. Jennifer Thompson-Cannino and Ronald Cotton with Erin Torneo, Picking Cotton: Our Memoir of Injustice and Redemption (New York: St. Martin's Griffin, 2009), 32–33.
12. Ibid.
13. Ibid., 37.
14. Manson vs. Brathwaite, 432 U.S. 98 (1977).
15. Ibid., 101.
16. Ibid., 115.
17. Ibid., 119.
18. Audiencia de Sentencia de Vargas, pp. 10-11. En el expediente del autor.
19. "Sospechoso Desconocido," Los más buscados del FBI, https://www.fbi.gov/wanted/seeking-info/unknown-subject/view (Fecha de acceso Enero 26, 2022).
20. Paula C. Dicks, The Strange Case of Adolf Beck: Press Influence and Criminal Justice Reform in Edwardian England, 2007, Dissertations (1962–2010), https://epublications.marquette.edu/dissertations/A AI3277080/.

CAPÍTULO 5. TE CONFUNDES CUANDO ESTÁS CANSADO, HAMBRIENTO Y LA GENTE TE GRITA.

1. Brown v. Mississippi, 297 U.S. 278 (1936).
2. Amanda Knox, *Waiting to Be Heard* (New York: Harper Collins, 2013), 74.
3. Ibid., 400.
4. Richard A. Leo y Richard J. Ofshe, "The Decision to Confess Falsely: Rational Choice and Irrational Action," *Denver University Law Review* 74(4) (1997): 989, https://papers.ssrn.com/sol3/papers.cfm?abstract_id=1134046.
5. Laura Nirider, "13 Years after Disproven Confession, Dassey Must Be Freed," *OnMilwaukee*, May 2, 2020, https://onmilwaukee.com/articles/dassey-clemency-nirider.
6. Marcelle McDaniel, "False Confessions and the Lessons of the Fairbanks Four," *Anchorage Daily News*, 3 de enero, 2016, https://www.adn.com/commentary/article/false-confessions-and-lessons-fairbanks-four/2016/01/04/.
7. Lucy Akehurst et al., "Lay Persons' and Police Officers' Beliefs Regarding Deceptive Behaviour," *Applied Cognitive Psychology* 10(6) (1996), https://doi.org/10.1002/(SICI)1099-0720(199612)10:6<461::AID-ACP413>3.0.CO;2-2.
8. Steven A. Drizin and Richard A. Leo, "The Problem of False Confessions in the Post-DNA World," *North Carolina Law Review* (Mayo 2008): 911, https://scholarship.law.unc.edu/nclr/vol82/iss3/3/
9. Aldert Vrij, "Interrogation and Interviewing," *Encyclopedia of Applied Psychology* (2004), https://www.sciencedirect.com/topics/psychology/reid-technique.
10. Leo y Ofshe, "The Decision to Confess Falsely," 986.
11. Emily West y Vanessa Meterko, "Innocence Project: DNA Exonerations, 1989–2014: Review of Data and Findings from the First 25 Years," *Albany Law Review* 79(3) (2016): 717, https://www.iadclaw.org/assets/1/7/22.1-_Pucher-_Meterko_Innocence_Project_DNA_Exonerations_First_25_Years.pdf

12. Richard A. Leo, "False Confessions: Causes, Consequences, and Implications," *Journal of the American Academy of Psychiatry and the Law* (September 2009), http://jaapl.org/content/37/3/332.
13. Miranda v. Arizona, 384 U.S. 436 (1966).
14. Escobedo v. Illinois , 378 U.S. 478 (1964)
15. Miranda v. Arizona, 384 U.S. 436 (1966).
16. Ibid.
17. Rhode Island v. Innis, 446 U.S. 291 (1980).
18. Illinois v. Perkins, 496 U.S. 292 (1990).
19. Oregon v. Elstad, 470 U.S. 298 (1985).
20. Leo y Ofshe, "The Decision to Confess Falsely," 989.
21. Charles D. Weisselberg, "Mourning Miranda," *California Law Review* 96(6) (2008): 1519, 1524.
22. Bram v. United States, 168 U.S. 532 (1897).
23. Greenwald v. Wisconsin, 390 U.S. 519 (1968).
24. Paul Marcus, "It's Not Just about Miranda: Determining the Voluntariness of Confessions in Criminal Prosecutions," *Valparaiso University Law Review* (Summer 2006), https://scholar.valpo.edu/cgi/viewcontent.cgi?article=1223&context=vulr.
25. Miranda v. Arizona, 384 U.S. 436, 474 (1966).
26. "SCAN Gets the Truth!" LSI Laboratory for Scientific Interrogation, Inc., https://www.lsiscan.com/id17.htm (accedido January 25, 2022).
27. Nicky Smith, *Reading between the Lines: An Evaluation of the Scientific Content Analysis Technique (SCAN)*, Home Office, Policing and Reducing Crime Unit, Police Research Series, Paper 35, http://megaplan.co.za/A n%20evaluation%20of%20the%20SCAN%20tecnique%20Nicky%20Smith%20Police%20Research%20Series%20UK.pdf.
28. "SCAN Gets the Truth!"
29. Ken Armstrong y Christian Sheckler, "Why Are Cops around the World Using This Outlandish Mind-Reading Tool?" *ProPublica*, December 7, 2019, https://www.propublica.org/article/why-are-cops-around-the-world-using-this-outlandish-mindreading-tool.
30. Ibid.

31. Robert Kolker, "Nothing but the Truth," Marshall Project, May 24, 2016, https://www.themarshallproject.org/2016/05/24/nothing-but-the-truth.
32. Sarah Kimball Stephenson, "US Supreme Court Turns Down Texas Death Row Case Concerning Police Hypnosis," *Jurist*, January 27, 2021, https://www.jurist.org/news/2021/01/us-supreme-court-turns-down-texas-death-row-case-concerning-police-hypnosis/.
33. "Oklahoma Becomes 25th State to Require Recording of Interrogations," Innocence Project, May 14, 2019, https://innocenceproject.org/governor-signs-landmark-laws-for-preventing-wrongful-convictions/.
34. "Wrongly Convicted Man Graduates with Law Degree, Plans to Keep Helping Others the Justice System Failed," *CBSNewYork*, May 13, 2019, https://newyork.cbslocal.com/2019/05/13/wrongly-convicted-jeffrey-deskovic-graduates-pace-law-school/.
35. "California: New Law Protects Children in Police Custody," Human Rights Watch, 30 de septiembre, 2020, https://www.hrw.org/news/2020/09/30/california-new-law-protects-children-police-custody.
36. Samuel Gross y Michael Shaffer, "Exonerations in the United States, 1989–2012: Report by the National Registry of Exonerations," University of Michigan Law School Scholarship Repository (2012), 60, https://repository.law.umich.edu/other/92/.
37. "Illinois Becomes First State to Pass Bill Banning Cops from Deceiving Youth Suspects," Associated Press, May 31, 2021, https://www.huffpost.com/entry/illinois-first-state-bill-banning-cops-deceiving-youth_n_60b51298e4b01de8b78609da.

CAPÍTULO 6. TIENES O CUIDAS A UN HIJO ENFERMO.

1. "Judge Zobel's Order, a Summary," *BBC News*, 10 de noviembre de 1997, http://news.bbc.co.uk/2/hi/special_report/louise_woodward_case/29250.stm.
2. Clyde Haberman, "Shaken Baby Syndrome: A Diagnosis That Divides the Medical World," *New York Times*, 13 de septiembre

de 2015, https://www.nytimes.com/2015/09/14/us/shaken-baby-syndrome-a-diagnosis-that-divides-the-medical-world.html.

3. Chadwick Center for Children & Families, 17 de julio de 2019, https://www.rchsd.org/programs-services/chadwick-center/.
4. Norell Atkinson, Rick van Rijn, and Suzanne Starling, "Childhood Falls with Occipital Impacts," *Pediatric Emergency Care* 34(12) (2018), https://journals.lww.com/pec-online/Abstract/2018/12000/Childhood_Falls_With_Occipital_Impacts.3.aspx.
5. Randall C. Alexander, "Shaken Baby Syndrome: Rotational Cranial Injuries-Technical Report," *American Academy of Pediatrics* 108(1) (2001): 206–10, https://pubmed.ncbi.nlm.nih.gov/11433079/#:~:text=Shaken%20baby%20syndrome%20is%20a,recognizable%20by%20others%20as%20dangerous.
6. Tina Joyce, William Gossman, and Martin R. Huecker, "Pediatric Abusive Head Trauma," StatPearls [Internet] (Treasure Island, FL: StatPearls, enero de 2022), https://www.ncbi.nlm.nih.gov/books/NBK499836/.
7. Ibid.
8. Niels Lynew et al., "Insufficient Evidence for 'Shaken Baby Syndrome'—a Systematic Review," *Acta Paediatrica* 106(7) (27 de enero de 2017), https://onlinelibrary.wiley.com/doi/full/10.1111/apa.13760.
9. Justin Brooks, Alexander Simpson, and Paige Kaneb, "If Hindsight Is 20/20, Our Justice System Should Not Be Blind to New Evidence of Innocence: A Survey of Post-Conviction New Evidence Statutes and a Proposed Model," *Albany Law Review* 79(3) (Otoño 2016): 1045–90.
10. SB 694 Senate Bill, http://www.leginfo.ca.gov/pub/15-16/bill/sen/sb_0651-0700/sb_694_cfa_20150824_145242_asm_comm.html.
11. Kate Morrissey, "Man Serves 20 Years after Wrongful Conviction in Toddler's Death," *San Diego Union-Tribune*, 13 de mayo de 2016, https://www.sandiegouniontribune.com/news/data-watch/sdut-exoneree-marsh-2016may13-htmlstory.html.
12. Ale Russian, "Natasha Richardson Would Have Turned 55 Today—How Liam Neeson Coped Since Her Shocking Death,"

People.com, 11 de mayo de 2018, https://people.com/movies/natasha-richardson-55-today-how-liam-neeson-coped/.
13. Cal. Code Regs. Tit. 15 § 3173.1 Visiting Restrictions with Minors.
14. Audrey Ann Edmunds and Jill Wellington, *It Happened to Audrey: A Terrifying Journey from Loving Mom to Accused Baby Killer* (Green Bay, WI: Title Town Publishing, 2012), 7.
15. State v. Edmunds, 746 N.W.2d 590 (2008).
16. Jonathan Liew, "World Cup 2022: Qatar's Workers Are Not Workers, They Are Slaves and They Are Building Mausoleums, Not Stadiums," *Independent*, 3 de octubre de 2017, https://www.independent.co.uk/sport/football/international/world-cup-2022-qatar-s-workers-slaves-building-mausoleums-stadiums-modern-slavery-kafala-a7980816.html.
17. Shabina S. Khatri and Alan Cowell, "Qatar Finds U.S. Couple Guilty in Daughter's Death," *New York Times*, 27 de marzo de 2014, https://www.nytimes.com/2014/03/28/world/middleeast/american-couple-in-qatar-sentenced-to-three-years-jail.html.
18. Rick Gladstone, "Matthew and Grace Huang, Cleared in Daughter's Death, Are Set to Leave Qatar," *New York Times*, 2 de diciembre de 2014, https://www.nytimes.com/2014/12/03/world/matthew-and-grace-huang-cleared-in-daughters-death-are-set-to-leave-qatar.html.
19. Malcom Brown, "Dingo Baby Ruling Ends 32 Years of Torment for Lindy Chamberlain," *The Guardian*, 12 de junio de 2012, https://www.theguardian.com/world/2012/jun/12/dingo-baby-azaria-lindy-chamberlain.

CAPÍTULO 7. TIENES UN JURADO CEGADO POR LA "CIENCIA"

1. Witherspoon v. Illinois, 391 US 510 (1968).
2. Mona Lynch y Craig Haney, "Death Qualification in Black and White: Racialized Decision Making and Death Qualified Juries," Law & Policy, Febrero 2018.
3. Baldwin v. New York, 399 U.S. 66, 76.
4. Duncan vs. Louisiana, 391 U.S. 145 (1968).
5. Baldwin vs. New York, 399 U.S. 66, 76.

6. Valerie P. Hans, "Jury Systems around the World," Cornell Law Faculty Publications, 1 enero, 2008, https://scholarship.law.cornell.edu/cgi/viewcontent.cgi?article=1378&context=facpub.
7. Natali Daiana Chizik, "The Implementation of Trial by Jury in Argentina: The Analysis of a Legal Transplant as a Method of Reform," Tesis, Universidad de British Columbia, enero de 2020, https://open.library.ubc.ca/cIRcle/collections/ubctheses/24/items/1.0388528.
8. Maxine Bernstein, "Judges Cracking Down on People Who Snub Jury Duty," AP, 21 de mayo de 2017, https://apnews.com/article/62b279c38615469fb9bee505c9c66ff5.
9. John Gramlich, "Jury Duty Is Rare, but Most Americans See It as Part of Good Citizenship a," Pew Research Center, 24 de agosto de 2017, https://www.pewresearch.org/fact-tank/2017/08/24/jury-duty-is-rare-but-most-americans-see-it-as-part-of-good-citizenship/.
10. A.W. Geiger, "6 Facts about America's Students," Pew Research Center, 7 de septiembre de 2018, https://www.pewresearch.org/fact-tank /2018/09/07/6-facts-about-americas-students/.
11. "Efecto CSI," Escuela de Derecho de la Universidad de Cornell, junio de 2021, https://www.law.cornell.edu/wex/csi_effect.
12. Geoffrey P. Kramer y Dorean M. Koenig, "Do Jurors Understand Criminal Jury Instructions? Analyzing the Results of the Michigan Juror Comprehension Project" *Revista de Reforma Legal de la Universidad de Michigan, 23* (1990), https://repository.law.umich.edu/cgi/viewcontent.cgi?article=1779&context—jlr.
13. "Most-Watched TV Show in the World Is 'CSI: Crime Scene Investigation," Huffington Post, 14 de junio de 2012, https://www.huffpost.com/entry/most-watched-tv-show-in-the-world-csi_n_1597968.
14. Hon. Donald E. Shelton, "The 'CSI Effect': Does It Really Exist?" Instituto Nacional de Justicia, 16 de marzo de 2008, https://nij.ojp.gov/topics/articles/csi-effect-does-it-really-exist.
15. Eugene Morgulis, "Juror Reactions to Scientific Testimony: Unique Challenges in Complex Mass Torts," Revista de Derecho de Ciencia y Tecnología de la Universidad de Boston.(mayo de

2009), http://www.bu.edu/law/journals-archive/scitech/volume152/documents/morgulis_web.pdf.

16. John J. Lentini, "Behavior of Glass at Elevated Temperatures," Revista de CienciasForenses 37(5) (1992), https://www.astm.org/DIGITAL_LIBRARY/JOURNALS/FORENSIC/PAGES/JFS13325J.htm; John J. Lentini, David M. Smith y Richard W. Henderson, "Unconventional Wisdom: The Lessons of Oakland," Fire and Arson Investigator 43(4) (junio de 1993), http://assocfire.com/unconventional-wisdom-the-lessons-of-oakland/.
17. John J. Lentini, "The Mythology of Arson Investigation" (Boca Ratón, FL: CRC Press, 2006).
18. John J. Lentini, "Fire Expert: How I Nearly Sent an Innocent Man to the Electric Chair" ABC, 5 de mayo de 2010, https://abcnews.go.com/2020/john-lentinis-fire-arson-investigation/story?id=10562869#.Tw3XCnLgfjM.
19. Ibid.
20. Sherry Nakhaeizaheh, Itiel E. Dror, y Ruth M. Morgan, "Cognitive Bias in Forensic Anthropology: Visual Assessment of Skeletal Remains Is Susceptible to Confirmation Bias," Science & Justice 54(3) (mayo de 2014), https://www.sciencedirect.com/science/article/pii/S1355030613001202.
21. Edward Humes, Burned: A Story of Murder and the Crime That Wasn't (Nueva York: Dutton, 2019), 88.
22. Hans Zeisel, "A Jury Hoax: The Superpower of the Opening Statemen," Escuela de Derecho de la Universidad de Chicago, Chicago Unbound, Artículos de Revista, 1987, https://chicagounbound.uchicago.edu/cgi/viewcontent.cgi?referer=https://www.google.com/&httpsredir=1&article=12000&context=journal_articles.
23. "FBI Testimony on Microscopic Hair Analysis Contained Errors in at Least 90 Percent of Cases in Ongoing Review," Comunicado de Prensa del FBI, 20 de abril de 2015, https://www.fbi.gov/news/pressrel/press-releases/fbi-testimony-on-microscopic-hair-analysis-contained-errors-in-at-least-90-percent-of-cases-in-ongoing-review.

24. Spencer S. Hsu, "Santae Tribble, Whose Wrongful Conviction Revealed FBI Forensic Hair Match Flaws, Dies at 59," Washington Post, 5 de julio de 2020, https://www.washingtonpost.com/local/legal-issues/santae-tribble-whose-wrongful-conviction-revealed-fbi-forensic-hair-match-flaws-dies-at-59/2020/07/04/eb953b40-bbbf-11ea-bdaf-a129f921026f_story.html.
25. Paul C. Giannelli, "Daubert Challenges to Firearms ('Ballistics') Identifications," Case Western Reserve University, Publicaciones de la Facultad, 2007, https://scholarlycommons.law.case.edu/cgi/viewcontent.cgi?referer=https://scholar.google.com/&httpsredir=1&article=1153&context=faculty_publications.
26. Cliff Spiegelman, "Chemical and Forensic Analysis of JFK Assassination Bullet Lots: Is a Second Shooter Possible?," Instituto de Matemáticas Estadísticas, 13 de diciembre de 2007, https://arxiv.org/pdf/0712.2150.pdf.
27. "FBI Laboratory Announces Discontinuation of Bullet Lead Examinations," Comunicadode Prensa del FBI, 1 de septiembre de 2005, https://archives.fbi.gov/archives/news/pressrel/press-releases/fbi-laboratory-announces-discontinuation-of-bullet-lead-examinations.
28. Itiel E. Dror, David Charlton, y Ailsa E. Péron, "Contextual Information Renders Experts Vulnerable to Making Erroneous Identifications," Instituto de Ciencias Forenses 156(1) (2006), https://www.sciencedirect.com/science/article/abs/pii/S0379073805005876.
29. Brandon L. Garrett, Autopsy of a Crime Lab (Oakland: Prensa de la Universidad de California, 2021), 28.
30. Garrett, Autopsy of a Crime Lab, 69, citando a Bradford T. Ulery et al., "Accuracy and Reliability of Forensic Latent Fingerprint Decisions," Proceedings of the National Academy of Sciences 118 (2011): 7733.
31. Comité para Identificar las Necesidades de la Comunidad de Ciencias Forenses, Strengthening Forensic Science in the United States: A Path Forward (Washington, DC: Consejo Nacional de Investigación de las Academias Nacionales, National Academic Press, 2009), 87.

32. Garrett, Autopsy of a Crime Lab, 28.
33. "A Trail of Misconduct and the Need for Reform," Innocence Project, May 7, 2010, https://innocenceproject.org/a-trail-of-misconduct-and-the-need-for-reform/.
34. Garrett, *Autopsy of a Crime Lab*, 141.
35. S. P. Sullivan, "State Police Lab Scandal Led to Major Overhaul in How N.J. Tests Drug Evidence. It Was All Based on a Lie, Lawsuit Claims," NJ Advance Media, February 4, 2019, https://www.nj.com/politics/2019/02/state-police-lab-scandal-led-to-major-overhaul-in-how-nj-tests-drug-evidence-it-was-all-based-on-a-lie-lawsuit-claims.html.

CAPÍTULO 8. TRABAJAS CON NIÑOS O LOS DEJAS ENTRAR A TU CASA

1. Justin Brooks y Zachary Brooks, "Wrongfully Convicted in California: Are There Connections between Exonerations, Prosecutorial and Police Procedures, and Justice Reforms," *Hofstra Law Review* 45(2) (1ero de Diciembre, 2016), https://scholarlycommons.law.hofstra.edu/cgi/viewcontent.cgi?article=2948&context=hlr.
2. Nadja Schreiber et al., "Suggestive Interviewing in the McMartin Preschool and Kelly Michaels Daycare Abuse Cases: A Case Study," *Social Influence* 1(1) (2006): 16–47, https://scholarworks.utep.edu/cgi/viewcontent.cgi?article=1014&context=james_wood.
3. Brian Melley, "Newspaper's Report on Ring of Closeted Gay Men Roils California City," Associated Press, 18 de Marzo, 2003, https://www.seattlepi.com/national/article/Newspaper-s-report-on-ring-of-closeted-gay-men-1110027.php.
4. Robert Price, "Lords of Bakersfield: The Lawsuit Is the Next Act in a Salacious, 40-year-old Drama," *KGET.com*, 7 de Noviembre, 2021, https://www.kget.com/news/crime-watch/lords-of-bakersfield-the-lawsuit-is-the-next-act-in-a-salacious-40-year-old-drama/.
5. *In Re Stoll, Hearing on Writ of Habeas Corpus*, Reporter's Transcript, vol. 7, p. 990, 25 de Febrero, 2004.

6. Jason Kotowski, "Former DA Ed Jagels Returning to Work to Analyze and Lobby for Change in State Laws Impacting Crime," *Bakersfield Californian*, 14 de Enero, 2019, https://www.bakersfield.com/news/former-da-ed-jagels-returning-to-work-to-analyze-and-lobby-for-change-in-state/article_ded89f22-1851-11e9-b1d2-1bbf3e21a46d.html.
7. Amanda Robb, "Anatomy of a Fake News Scandal," *Rolling Stone*, 16 de Noviembre, 2017, https://www.rollingstone.com/feature/anatomy-of-a-fake-news-scandal-125877/.
8. Chris Greer and Eugene McLaughlin, " The Return of the Repressed: Secrets, Lies, Denial and 'Historical' Institutional Child Sexual Abuse Scandals," en D. Whyte, ed., *How Corrupt Is Britain?* (Londres: Pluto, 2015), https://www.academia.edu/23605102/_The_Return_of_the_Repressed_Secrets_Lies_Denial_and_Historical_Institutional_Child_Sexual_Abuse_Scandals_in_D_Whyte_ed_How_Corrupt_is_Britain_London_Pluto.
9. Chris Greer y Eugene McLaughlin, "The Celebrity Icon Mask: The Multi-Institutional Masking of Sir Jimmy Savile," British Sociological Association, 6 de Febrero, 2021, https://journals.sagepub.com/doi/full/10.1177/1749975520985385.
10. Simon Murphy, "Operation Midland: Top Public Figures Falsely Accused by 'Nick,' " *The Guardian*, 22 de Julio, 2019, https://www.theguardian.com/uk-news/2019/jul/22/operation-midland-four-top-public-figures-falsely-accused-by-nick.
11. "Carl Beech: VIP Abuse Ring Fantasist Loses Jail Term Cut Bid," *BBC News*, 2 de Noviembre, 2020, https://www.bbc.com/news/uk-54795942.
12. "Six Cleared Over French Child Sex," *BBC News*, 1ero de Diciembre, 2005, http://news.bbc.co.uk/2/hi/europe/4490088.stm.
13. Amy Sarcevic y Ugur Nedim, "False Accusations Are a Crime in New South Wales," Law Business Research, 2 de Octubre, 2019, https://www.lexology.com/library/detail.aspx?g=387605e5-89c5-4e35-8d9b-6331b3805014.
14. Michael Lamb et al., "Structured Forensic Interview Protocols Improve the Quality and Informativeness of Investigative Interviews with Children: A Review of Research Using NICHD Investigative Interview Protocol," PubMed Central, 19 de Noviembre, 2007, https://www.ncbi.nlm.nih.gov/pmc/articles/PMC2180422/.

CAPÍTULO 9. ALGUIEN MIENTE SOBRE TI

1. Rob Warden, "Jesse Boorn," National Registry of Exonerations, Pre-1989, https://www.law.umich.edu/special/exoneration/Pages/casedetailpre1989.aspx?caseid=25 (accedido 4 de mayo de 2021).
2. "How Snitch Testimony Sent Randy Steidl and Other Innocent Americans to Death Row," A Center on Wrongful Convictions Survey, Winter 2004–2005, https://www.innocenceproject.org/wp-content/uploads/2016/02/SnitchSystem Booklet.pdf.
3. Tony Saavedra, "Prosecutors in Orange County Snitch Scandal Were Intentionally Negligent, DA Probe Concludes," *Orange County Register*, 20 de julio de 2020, https://www.ocregister.com/2020/07/20/prosecutors-in-orange-county-snitch-scandal-were-intentionally-negligent-da-probe-concludes/.
4. Tony Perry, "4 Convictions in Slaying Called into Question," *Los Angeles Times*, 23 de diciembre de1998, https://www.latimes.com/archives/la-xpm-1998-dec-23-mn-56915-story.html.
5. *The Snitch System*, Northwestern University School of Law, Center on Wrongful Convictions, Winter 2004–2005, https://www.innocenceproject.org/wp-content/uploads/2016/02/SnitchSystem-Booklet.pdf.
6. Brady v. Maryland, 373 US 83, 87 (1963).
7. *Hanline v. George Galaza, United States District Court, Central District of California*, Western Division. EDCV 00-530-VAJ(AWJ). Report and Recommendation of Magistrate Judge, 46.
8. Ibid.,48.
9. Hanline v. Galaza, 28 U.S.C. §2254, 24, https://www.casemine.com/judgement/us/5914fabdadd7b049349a9cf2.
10. *Michael Hanline Released after 36 Years [of] Wrongful Imprisonment*, https://www.youtube.com/watch?v=BRYUi-8WEi0.
11. Samuel R. Gross et al., "Government Misconduct and Convicting the Innocent: The Role of Prosecutors, Police and Other Law Enforcement," University of Michigan Law School, 2020, https://repository.law.umich.edu/cgi/viewcontent.cgi?article=1165&context=other.
12. Frazier v. Cupp, 394 U.S. 731, 739 (1969).

13. Maurice Possley, "Martin Tankleff," https://www.law.umich.edu/special/exoneration/Pages/casedetail.aspx?caseid=3675.
14. "Lessons from the Innocent," Innocence Project, Wisconsin Academy Review, Otoño 2001, https://media.law.wisc.edu/m/ngm9y/findleywarfall01.pdf.
15. "Rampart Scandal Timeline," *PBS SoCal*, 18 de marzo de 1997, https://www.pbs.org/wgbh/pages/frontline/shows/lapd/scandal/cron.html.
16. James Gordon, "Up to 50 Murder Convictions Could Be Quashed as Review Is Launched into Chicago Detective Accused of 'Beating Suspects to Get Confessions and Falsifying Witness Statements,' " *DailyMail.com*, 16 de mayo de 2020, https://www.dailymail.co.uk/news/article-8325593/Up-50-murder-convictions-quashed-review-launched-cop-beat-people-up.html.
17. Jennifer Gonnerman, "How One Woman's Fight to Save Her Family Helped Lead to a Mass Exoneration," *New Yorker*, 21 de mayo de 2018, https://www.newyorker.com/magazine/2018/05/28/how-one-womans-fight-to-save-her-family-helped-lead-to-a-mass-exoneration.
18. "18 Exonerated in Chicago's Second Mass Exoneration," Innocence Project, 24 de septiembre de 2018, https://innocenceproject.org/second-mass-exoneration-in-chicago/.
19. "Breaking: 7th Mass Exoneration of Victims of Corrupt CPD Sgt. Ronald Watts," Exoneration Project, https://www.exonerationproject.org/blog/breaking-7th-mass-exoneration-of-victims-of-corrupt-cpd-sgt-ronald-watts/ (accedido 20 de mayo de 2021).
20. 'Home Free': How a Wrongfully Convicted Man Taught Himself Law and Won His Freedom," Innocence Project, 15 de junio de 2016, https://innocenceproject.org/how-derrick-hamilton-won-his-freedom/.
21. Sean Piccoli, "A Former Detective Accused of Framing 8 People for Murder Is Confronted in Court," 1 de abril de 2019, https://www.nytimes.com/2019/04/01/nyregion/nypd-detective-louis-scarcella.html.
22. "500 NYC Convictions to Be Tossed Based on Cop's Alleged Perjury, DA Says," *NBC New York*, 20 de enero de 2022,

https://www.nbcnewyork.com/news/local/500-nyc-convictions-to-be-tossed-based-on-cops-alleged-perjury-da-says/3505488/.

23. "Mass Exonerations and Group Exonerations since 1989," National Registry of Exonerations, 9 de abril de 2018, https://www.law.umich.edu/special/exoneration/Documents/NREMassExonConf4418.pdf.
24. "Presunto Culpable: On Its Way to Become the Highest Grossing Doc in Mexican History," Cinema Tropical, 21 de febrero de 2011, https://www.cinematropical.com/cinema-tropical/presunto-culpable-on-its-way-to-become-the-highest-grossing-doc-in-mexican-history. See also Jo Tuckman, "Mexican Film Ban Attempt Elevates Presumed Guilty to Box-office Hit," *The Guardian*, 7 de marzo de 2011, https://www.theguardian.com/world/2011/mar/07/mexico-film-ban-presumed-guilty.
25. Elisabeth Malkin, "A Free Man Still Looks Over His Shoulder in Mexico," *New York Times*, 4 de marzo de 2011, https://www.nytimes.com/2011/03/05/world/americas/05mexico.html?searchResultPosition=2.
26. "Fernando Carrerra," RedInocente, https://redinocente.org/exoneraciones/fernando-carrera/; http://innocenceprojectargentina.org/fernando-carrera/ (accedido 27 de julio de 2021).
27. "Jailed for a Crime He Didn't Commit," *Independent*, 8 de junio de 2006, https://www.independent.co.uk/news/education/education-news/jailed-for-a-crime-he-didn-t-commit-481421.html (accedido 27 de julio de 2021).
28. Rebecca Camber, "Innocent Man Jailed for 3 Years Over False Rape Claim—Despite Police Knowing 'Victim' Was a Fantasist," *Daily Mail*, 18 de junio de 2010, https://www.dailymail.co.uk/news/article-1287534/Innocent-Warren-Blackwell-served-3-years-false-rape-claim-fantasist.html.
29. Dr. Melanie Heenan and Dr. Suellen Murray, "Study of Reported Rapes in Victoria 2000–2003, Summary Research Report," National Criminal Justice Reference Service, Julio 2006, https://www.ojp.gov/ncjrs/virtual-library/abstracts/study-reported-rapes-victoria-2000-2003-summary-research-report.
30. Eugene J. Kanin, "False Rape Allegations," *Archives of Sexual Behavior* 23(1) (Febrero 1994): 81(12), https://www.aals.org/wp-

content/uploads/2015/06/Bowen-Kanin-False-Rape-Empirical.pdf.

31. "Statistics," National Sexual Violence Resource Center, https://www.nsvrc.org/statistics (accedido 28 de julio de 2021).
32. Cameron Kimble, "Sexual Assault Remains Dramatically Underreported," Brennan Center for Justice, 4 de octubre de 2018, https://www.brennancenter.org/our-work/analysis-opinion/sexual-assault-remains-dramatically-underreported.
33. Ibid.
34. Jason Farrell, "Ministers 'Deeply Ashamed' as Review Finds Thousands of Rape Victims 'Are Being Failed,' " *Sky News*, 18 de junio de 2021, https://news.sky.com/story/ministers-deeply-ashamed-as-review-finds-thousands-of-rape-victims-are-being-failed160-12335252.
35. Lisa A. Paul et al., "Does Encouragement by Others Increase Rape Reporting? Findings from a National Sample of Women," PubMed Central, Junio 2014, https://www.ncbi.nlm.nih.gov/pmc/articles/PMC4243174/.
36. Mark Godsey, *Blind Injustice: A Former Prosecutor Exposes the Psychology and Politics of Wrongful Convictions* (Oakland: University of California Press, 2017), 197–98.
37. Ibid.
38. Daniele Selby, "Only One Prosecutor Has Ever Been Jailed for Misconduct Leading to a Wrongful Conviction," Innocence Project, 11 de noviembre de 2020, https://innocenceproject.org/ken-anderson-michael-morton-prosecutorial-misconduct-jail/

CAPÍTULO 10. ERES POBRE Y/O UNA PERSONA DE COLOR.

1. Jeffrey J. Rachlinski y Gregory S. Parks, "Implicit Bias, Election '08, and the Myth of a Post-racial America," Cornell Law Faculty Publications, 1ero de Abril, 2010, https://scholarship.law.cornell.edu/cgi/viewcontent.cgi?article=1177&context=facpub.
2. David Paul Kuhn, "Exit Polls: How Obama Won," *Politico*, 5 de Noviembre, 2008, https://www.politico.com/story/2008/11/exit-polls-how-obama-won-015297.
3. Melissa Alonso y Eliott C. Mclaughlin, "Louisiana Judge Resigns and Apologizes Following Video with Racial Slurs," CNN, 1ero

de Enero, 2022, https://edition.cnn.com/2021/12/31/us/louisiana-lafayette-judge-resignation-racial-slurs/index.html.

4. Stephen Middleton, "Repressive Legislation: Slave Codes, Northern Black Laws, and Southern Black Codes," *Oxford Research Encyclopedia of American History*, 28 de Febrero, 2020, https://oxfordre.com/americanhistory/view/10.1093/acrefore/9780199329175.001.0001/acrefore-9780199329175-e-634.
5. "Slavery by Another Name: The Origins of Black Codes," *PBS SoCal*, 12 de Febrero, 2012, https://www.pbs.org/video/slavery-another-name-origins-black-codes/.
6. *Ibid.*
7. "Examples of Jim Crow Laws—Oct. 1960—Civil Rights," *Jackson Sun*, 2001, https://www.ferris.edu/HTMLS/news/jimcrow/links/misclink/examples.htm.
8. Susan Pearson, "Birth Certificates Have Always Been a Weapon for White Supremacists: Policing the Color Line through Vital Documents," *Washington Post*, 11 de Septiembre, 2018, https://www.washingtonpost.com/outlook/2018/09/11/birth-certificates-have-always-been-weapon-white-supremacists/.
9. "Examples of Jim Crow Laws—Oct. 1960—Civil Rights."
10. Plessy vs. Ferguson, 163 U.S. 537, 543.
11. Brown vs. Board of Education, 347 US 483,495 (1954).
12. Dan Baum, "Legalize It All: How to Win the War on Drugs," *Harper's Magazine*, Abril 2016, https://harpers.org/archive/2016/04/legalize-it-all/.
13. Anti-Drug Abuse Act of 1986, NCJRS Library 149074, 1986, https://www.ojp.gov/ncjrs/virtual-library/abstracts/anti-drug-abuse-act-1986.
14. Harmelin vs. Michigan, 501 U.S. 957 (1991).
15. Terry vs. United States, 593 U.S. ___ (2021).
16. Peter Baker, "Bush Made Willie Horton an Issue in 1988, and the Racial Scars Are Still Fresh," *New York Times*, 3 de Diciembre, 2018, https://www.nytimes.com/2018/12/03/us/politics/bush-willie-horton.html.
17. "Anti-Drug Abuse Act of 1986 Deepened Racial Inequity in Sentencing," *ACLU*, 26 de Octubre, 2006, https://www.aclu.org/press-releases/aclu-releases-crack-cocaine-report-anti-drug-abuse-act-1986-deepened-racial-inequity.

18. "Clemency Statistics," U.S. Department of Justice, https://www.justice.gov/pardon/clemency-statistics (accedido 27 de Julio, 2021).
19. James Cullen, "The United States Is (Very) Slowly Reducing Incarceration," Brennan Center for Justice, 18 de Enero, 2017, https://www.brennancenter.org/our-work/analysis-opinion/united-states-very-slowly-reducing-incarceration.
20. Jennifer Bronson y E. Ann Carson, "Prisoners in 2017," Bureau of Justice Statistics, April 2019, https://bjs.ojp.gov/content/pub/pdf/p17.pdf; Zhen Zeng, "Jail Inmates in 2017," Bureau of Justice Statistics, Abril 2019, https://bjs.ojp.gov/library/publications/jail-inmates-2017.
21. Kaelin Mastronardi, "US Perpetuation of Wealth Inequality," *Grossmont College Journal of Politics* 1(1) (Invierno 2021), https://www.grossmont.edu/academics/programs/political-economy/_resources/assets/pdf/2021-winter-journal-of-politics-volume-1-issue-1.pdf#page=22.
22. "Global Comparisons," Prison Policy Initiative, https://www.prisonpolicy.org/prisonindex/us_southafrica.html (accedido 31 de Julio, 2021).
23. "Trends in U.S. Corrections," The Sentencing Project, 17 de Mayo, 2021, https://www.sentencingproject.org/publications/trends-in-u-s-corrections/.
24. "Lifetime Chance of Being Sent to Prison at Current U.S. Incarceration Rates," Prison Policy Initiative, https://www.prisonpolicy.org/graphs/lifetimechance.html (accedido 31 de Julio, 2021).
25. Michelle Alexander, *The New Jim Crow: Mass Incarceration in the Age of Colorblindness* (New York: New Press, 2010), 2.
26. MCSO Findings Letter "United States Investigation of the Maricopa County Sheriff's Office," U.S. Department of Justice, 5 de Diciembre, 2011, 2, https://www.justice.gov/sites/default/files/crt/legacy/2011/12/15/mcso_findletter_12-15-11.pdf.
27. MCSO Complaint,10 de Mayo, 2012, 2, https://www.justice.gov/sites/default/files/crt/legacy/2012/07/18/mcso_complaint_5-10-12.pdf.
28. Jan Ransom, "Trump Will Not Apologize for Calling for Death Penalty Over Central Park Five," *New York Times*, 18 de Junio, 2019, https://www.nytimes.com/2019/06/18/nyregion/central-park-five-trump.html.

29. Amber Phillips, " 'They're Rapists.' President Trump's Campaign Launch Speech Two Years Later, Annotated," *Washington Post*, 16 de Junio, 2017, https://www.washingtonpost.com/news/the-fix/wp/2017/06/16/theyre-rapists-presidents-trump-campaign-launch-speech-two-years-later-annotated/; "Trump Pledges to Build a Wall," CNN, 24 de Enero, 2017, https://www.youtube.com/watch?v=cBW8mTHDgvk&ab_channel=CNN.
30. Brandon Jett, "Vengeance in a Small Town: The Thorndale Lynching of 1911," *Southwestern Historical Quarterly* (Enero 2012), https://www.researchgate.net/publication/254965148_Vengeance_in_a_Small_Town_The _Thorndale_Lynching_of_1911_review.
31. Vincent Schilling, "The Traumatic True History and Name List of the Dakota 38," *Indian Country Today*, 26 de Diciembre, 2020, https://indiancountrytoday.com/news/traumatic-true-history-full-list-dakota-38.
32. Sally Kohn, "Nothing Donald Trump Says on Immigration Holds Up," *Time*, 29 de Junio, 2016, https://time.com/4386240/donald-trump-immigration-arguments/.
33. David A. Harris, "Racial Profiling: Past, Present, and Future?" American Bar Association, 21 de Enero, 2020, https://www.americanbar.org/groups/criminal_ justice/publications/criminal-justice-magazine/2020/winter/racial-profiling-past-present-and-future/.
34. Lynne Peeples, "What the Data Say about Police Brutality and Racial Bias—and Which Reforms Might Work," *Nature*, 19 de Junio, 2020, https://www.nature.com/articles/d41586-020-01846-z.
35. "Investigation of the Ferguson Police Department," US Department of Justice, 4 de Marzo, 2015, https://www.justice.gov/sites/default/files/opa/press-releases/attachments/2015/03/04/ferguson_police_department_report.pdf.
36. V. A. Mathur et al., "Neural Basis of Extraordinary Empathy and Altruistic Motivation," *Neuroimage* 51(4) (15 de Julio , 2010):1468–75, https://doi.org/10.1016/j.neuroimage.2010.03.025.
37. Jody Armour, *N*gga Theory: Race, Language, Unequal Justice, and the Law* (Los Angeles: LARB Books, 2020), 97.

38. Samantha Bielen, Wim Marneffe, y Naci H. Mocan., "Racial Bias and In-group Bias in Judicial Decisions Evidence from Virtual Reality Courtrooms," National Bureau of Economic Research, Mayo 2019, https://www.nber.org/system/files/working_papers/w25355/w25355.pdf.
39. Pierre Thomas, John Kelly, and Tonya Simpson, "ABC News Analysis of Police Arrests Nationwide Reveals Stark Racial Disparity," *ABCNews*, 11 de Junio, 2020, https://abcnews.go.com/US/abc-news-analysis-police-arrests-nationwide-reveals-stark/story?id=71188546.
40. Douglas Rice, Jesse H. Rhodes, y Tatishe Nteta, "Racial Bias in Legal Language," *Research and Politics*, Abril–Junio 2019, https://journals.sagepub.com/doi/pdf/10.1177/2053168019848930.
41. "Demographic Differences in Sentencing," US Sentencing Commission, 14 de Noviembre, 2017, https://www.ussc.gov/research/research-reports/demographic-differences-sentencing.
42. Brian Banks, *What Set Me Free* (New York: Atria, 2019), 94.
43. Dafna Linzer y Jennife LaFleur, "Presidential Pardons Heavily Favor Whites," *ProPublica*, 3 de Diciembre, 2011, https://www.propublica.org/article/shades-of-mercy-presidential-forgiveness-heavily-favors-whites.
44. Jaynie Adams, "The Pioneer Hotel Fire of 1970," Arizona Historical Society, 18 de Diciembre, 2020, https://arizonahistoricalsociety.org/2020/12/18/the-pioneer-hotel-fire-of-1970/.
45. Fernanda Santos, "Advances in Science of Fire Free a Convict after 42 Years," *New York Times*, 2 de Abril, 2013, https://www.nytimes.com/2013/04/03/us/advances-in-science-of-fire-set-convict-free-after-42-years.html.
46. Richard Ruelas, "After 42 Years, Freedom," *AZCentral.com*, https://www.azcentral.com/story/news/local/arizona/2017/07/14/after-42-years-freedom/481079001/.
47. Taylor vs. County. of Pima, 913 F.3d 930 (9th Cir. 2019).
48. Zach Sommers, "Missing White Woman Syndrome: An Empirical Analysis of Race and Gender Disparities in Online News Coverage of Missing Persons," *Journal of Criminal Law and Criminology* (Spring 2016), https://scholarlycommons.law.northwestern.edu/cgi/viewcontent.cgi?article=7586&context=jclc.

49. Daniel Lathrop y Anna Flagg, "Killings of Black Men by Whites Are Far More Likely to Be Ruled 'Justifiable,' " Marshall Project, 14 de Agosto, 2017, https://www.themarshallproject.org/2017/08/14/killings-of-black-men-by-whites-are-far-more-likely-to-be-ruled-justifiable.
50. "Executions by Race and Race of Victim," Death Penalty Information Center, https://deathpenaltyinfo.org/executions/executions-overview/executions-by-race-and-race-of-victim (accedido 26 de Enero, 2022).
51. "Exonerations by Race/Ethnicity and Crime," National Registry of Exonerations, 1ero de Julio, 2022, https://www.law.umich.edu/special/exoneration/Pages/ExonerationsRaceByCrime.aspx.
52. Mohammed Imran, Masharrof Hosen, y Mohammad Ashraful Ferdous Chowdhury, "Does Poverty Lead to Crime? Evidence from the United States of America," *International Journal of Social Economics* (7 de agosto, 2018), https://www.emerald.com/insight/content/doi/10.1108/IJSE-04-2017-0167/full/html.
53. Sharon Wolf, Katherine A. Magnuson, y Rachel T. Kimbro, "Family Poverty and Neighborhood Poverty: Links with Children's School Readiness before and after the Great Recession," PubMed Central, 23 de Junio, 2017, https://www.ncbi.nlm.nih.gov/pmc/articles/PMC6107082/.
54. Cal. Penal Code §186.22
55. Tara O'Neill Hayes y Margaret Barnhorst, "Incarceration and Poverty in the United States," American Action Forum, 30 de Junio, 2020, https://www.americanactionforum.org/research/incarceration-and-poverty-in-the-united-states/.
56. Alysia Santo, "No Bail, Less Hope: The Death of Kalief Browder," Marshall Project, 9 de Agosto, 2015, https://www.themarshallproject.org/2015/06/09/no-bail-less-hope-the-death-of-kalief-browder.
57. "In Your State," Gideon, http://gideonat50.org/in-your-state#state-funding-level.
58. Daniele Alge, "Pressures to Plead Guilty or Playing the System? An Exploration of the Causes of Cracked Trials," PhD thesis, University of Manchester, 2009, https://repository.uwl.ac.uk/id/eprint/2367/1/Alge_Thesis.pdf.

59. Bernadette Rabuy y Daniel Kapf, "Prisons of Poverty: Uncovering the Pre-incarceration Incomes of the Imprisoned," Prison Policy Initiative, 9 de Julio, 2015, https://www.prisonpolicy.org/reports/income.html.
60. Olim vs. Wakinekona, 461 U.S. 238 (1983).
61. Alice Speri, "Puerto Rico Wants to Cut the Cost of Incarcerating People by Shipping Them Off the Island," *The Intercept*, 23 de Marzo, 2018, https://theintercept.com/2018/03/23/puerto-rico-prisons-hurricane-maria/. Ver también Justin Brooks, "Exile on Main Street ... Inmate Transfers from Puerto Rico to the Continental United States Violate Due Process," *Interamericana Law Review* 27 (Spring 1993): 1.
62. Li Zhou, "Kamala Harris Wants Public Defenders to Get Paid as Much as Prosecutors," *Vox*, 17 de Mayo, 2019, https://www.vox.com/policy-and-politics/2019/5/17/18540359/kamala-harris-2020-democrats-public-defenders-prosecutors.
63. Ir a www.innocencenetwork.org para obtener la lista completa de organizaciones de inocencia.

CONCLUSIÓN

1. Steven A. Drizin and Richard A. Leo, "The Problem of False Confessions in the Post-DNA World," *North Carolina Law Review* 82(3) (2004), https://scholarship.law.unc.edu/cgi/viewcontent.cgi?article=4085&context=nclr.
2. Jody Armour, *N*gga Theory: Race, Language, Unequal Justice, and the Law* (Los Angeles: LARB Books, 2020), 20–21.
3. "Innocence and the Death Penalty: The Increasing Nature of Executing the Innocent," Death Penalty Information Center, July 1, 1997, https://deathpenaltyinfo.org/research/analysis/reports/in-depth/innocence-and-the-death-penalty-the-increasing-danger-of-executing-the-innocent.
4. Melissa S. Kearney, "The Economic Challenges of Crime and Incarceration in the United States," *Hamilton Project*, December 22, 2014. https://www.hamiltonproject.org/blog/the_economic_challenges_of_crim_incarceration_in_the_united_states.

Índice

"El Problema de las Falsas Confesiones en el Mundo Post-ADN" (Drizin y Leo), 89
"La Decisión de Confesar Falsamente" (Ofshe and Leo), 87
ignificativ *Miranda*, 92
"Mourning Miranda" (Weisselberg), 95
12 de California, 48
Academia Nacional de Ciencias, 148
acusaciones falsas, 185, 186, 187, 188, 189, 190, 191, 192, 193
Alabama, Powell v., 11
Alexander, Michelle, *The New Jim Crow*, 204
An Innocent Man *(Grisham)*, 38
análisis comparativo del plomo, 145
análisis de balas, 145
análisis de huellas dactilares, 147, 148
Anderson, Ken, 194
Arizona, Miranda v., 92, 93, 94, 95, 96, 99
Armour, Jody, *N*gga Theory*, 209
Armstrong, Ken, 97, 244
Arpaio, Joseph, 205
Atkins, Tim, 64
Autopsy of a Crime Lab (Garrett), 148, 150
Ayala, Sergio, 229
Bakersfield Californian, "Los Señores de Bakersfield", 160
Baldwin, Jason, 40

Banks, Brian, 185, 189, 190, 195, 210, 221
Barnes, Patrick, 105, 106, 116, 137
Beard, Natalie, 114
Beck, Adolf, 79
Beech, Carl, 164
Bischoff, Mary, 171, 175
Bjerkhoel, Alissa, 47, 141, 189
Black, Elizabeth, 98
Blackwell, Warren, 191
Board of Education of Topeka, Brown v., 200, 201, 207
Boblit, Charles, 172
Bonaguidi, Katherine, 50, 127
Boorn, Jesse, 169
Boorn, Stephen, 169
Bose, Sir Hem Chandra, 147
Brady v. Maryland, 172, 173, 174
Brady, John, 172, 173
Braithwaite, Manson v., 76
Bram v. Estados Unidos, 95
Brennan, William, 77
Brian Banks (2018), 233
Brooks, Heidi, 50, 103, 104, 105, 176, 189, 190
Browder, Kalief, 216
Brown v. Mississippi, 84
Brown, Jerry, 48, 49, 82, 114
Brown, Michael, 208
Burned (Humes), 142
Bush, George H. W., 41, 202
Bush, George W., 203, 204
California v. Hodari D., 42
Carrera, Fernando, 184, 185
Carroll, Pete, 185, 190
Centro Correccional de Dwight, 8
Centro de Condenas Injustas, 88, 89, 169
Chadwick, David, 107, 108
Chamberlain, Lindy, 124
Charles Don Flores v. Texas, 98
Chinn, Jeff, 103
Chuck Weisselberg, "Mourning Miranda", 95
ciencia basura, 144, 145, 146
ciencia del cabello, 144
Clark, Darcel, 182
Clinton, Bill, 202, 203
Cochran, Johnnie, 181
códigos de esclavitud, 199
Códigos Negros, 199
CODIS (Combined DNA Index System), 61
Cohen, Raquel, 78, 141
Comisión de Revisión de Casos Criminales (CCRC), 124
Condenas injustas con Jason Flom (podcast), 49
conservadurismo, rural, 33
Conte, Mario, 35, 172, 174
Corley, Kenneth, 229
Cotton, Ronald, 74, 75, 76
Courtney, Uriah, 59, 60, 69, 81, 150, 219
Cupp, Frazier v., 177
D'Angelo, Janeen, 118
Danziger, Richard, 178
Daoud, Ouhnana, 147
Dassey, Brendan, 88, 90
Dekraai, Scott, 169
Departamento de Policía de Ferguson (FPD), 208

Departamento de Policía de Los Ángeles (LAPD), 181
Deskovic, Jeffrey, 99
Drizin, Steven, 89, 97
Dukakis, Mike, 202
Dumanis, Bonnie, 62, 69, 109, 114
Duncan v. Luisiana, 131
Durkin, Jim, 100
Eagles, The, 223
Eappen, Matthew, 105
Echols, Damien, 39, 40
Edmunds, Audrey, 114, 115, 116, 117
Ehrlichman, John, 201
El Análisis de Contenido Científico (SCAN), 96, 97
El Justice Project de Arizona, 211
El Rati Horror Show (2010), 184
El Síndrome de la Mujer Blanca Desaparecida, 213
El Síndrome de la Niña Blanca Desaparecida, 213
Elkins, Clarence, 63
Elstad, Oregon v., 94
Emblem, Tracy, 108, 111
Escobedo v. Illinois, 92
Esperando a ser Escuchada (Knox), 86
Estados Unidos, Bram v., 95
Exoneration Project, 24
Fabricando a un Asesino serie de televisión, 88
FBI (Buró Federal de Investigaciones), 78, 97, 144, 146, 147, 148, 152
Ferguson, Plessy v., 200
Findley, Keith, 115
Flom, Jason, 49
Floyd, George, 43, 44, 208
Franklin, Benjamin, 234
fraude de laboratorio, 151, 152
Frazier v. Cupp, 177
Frees, George, 89
Fritz, Dennis, 38
Furman v. Georgia, 17
Garrett, Brandon, *Autopsy of a Crime Lab*, 150
Garrido, Manuel, 184
Gascón, George, 233
Gee, Darryl, 191
Georgia, Furman v., 17
Georgia, Gregg v., 17, 18
Gideon v. Wainwright, 12
Gimenez, Allen, 117, 186
Gimenez, Priscilla, 117, 118
Godsey, Mark, *Injusticia Ciega*, 23, 193, 194
Green, Lisa, 159, 160, 163
Greenwald v. Wisconsin, 95
Gregg v. Georgia, 17, 18
Grisham, John, *An Innocent Man*, 38
Guede, Rudy, 87
Guerra contra las Drogas, 41, 42, 201, 202, 203
Guevara, Reynaldo, 182
Hammond, Larry, 211, 212
Hampikian, Greg, 85
Hanline, Mike, 171, 176
Harris, Jasmin, 5, 6, 230
Harris, Kamala, 180, 222
Hartman, John, 88
Herf, Lindsay, 211
Hernandez, Kim, 174

Hernández, Roberto, *Presunto Culpable*, 183
hipnosis investigativa, 98
Hodari D., California v., 42
Holmes, Cy, 212
Holmes, William, 88
Horton, Willie, 202
Hotel Pionner, 211
Huang, Gloria, 120, 121, 122
Huang, Matt y Grace, 119, 120, 121, 123
Hudson, John, 191
Humes, Ed, *Burned*, 141
identificaciones interraciales, 71
Illinois Innocence Project, 24
Illinois, Escobedo v., 92
Illinois, Witherspoon v., 130
incendio provocado, 137
Injusticia Ciega (Godsey), 23, 63, 193
Innocence Projects de Idaho, 85
Jagels, Ed, 157, 163
Johnson, George, 40, 41
Johnson, Suzanne, 112, 113, 114, 117
Juicio de Outreau, 164
Kaneb, Paige, 110
Kelly, John, 159, 160, 162
Kent, Jill, 159
Kercher, Meredith, 85, 86, 87
Kerry, John, 124
King, Rodney, 208
Knox, Amanda, 85, 86, 87, 88, 105, 123
Koen, Wendy, 65
Krasner, Larry, 233
Krone, Ray, 136
La Corte Suprema de los Estados Unidos, 42, 84
La Ley de Igualdad de Defensa, 222
La ley y el orden programa de televisión, 133
La Técnica Reid, 90, 91, 93, 96
Larsen, Danny, 179, 180, 181
Lawson, Chris, 234
Lentini, John, 137, 138, 212
Leo, Richard, 87, 89, 91, 92, 94
Ley de Sentencias Justas (2010), 203
Long, Kim, 45, 46, 49, 50, 51, 52, 53, 54, 55, 56, 57, 86, 219
Los Cuatro de Fairbanks, 88, 89
Luisiana, Duncan v., 131
Lumumba, Patrick, 87
Madrigal, Rafael, 66, 67
Manson v. Braithwaite, 76
Marcha de la Inocencia, 47, 142
Marion, William, 1, 2
Marsh, Ken, 69, 102, 106, 112, 114, 125
Marshall, Thurgood, 77, 200
Martin, Trayvon, 208
Maryland, Brady v., 172, 173, 174
Mayfield, Brandon, 147
McGarry, J.T., 171, 175
McGinn, Audrey, 141, 155, 156
Miles, Guy, 67, 68, 70, 81, 213, 219
Miranda v. Arizona, 92, 93, 94, 95, 96, 99
Mississippi, Brown v., 84
Misskelley, Jessie, 40
Montanez, Jackie, 18

Morris, Quintin, 49
Morton, Michael, 194
movimiento *Black Lives Matter*, 208
Mulero, Marilyn, 7, 9, 96, 130, 182, 188, 220
Myerscough-Mueller, Lauren, 24
*N*gga Theory* (Armour), 209
Neck, Brent, 62
Neeson, Liam, 113
Negrete, Layda, *Presunto Culpable*, 183
Newsom, Gavin, 49, 114, 142
Nirider, Laura, 88, 89
Nixon, Richard, 201
Nourse, Mark, 30
Obama, Barack, 198, 203
Oberly, Bill, 89
Ochoa, Christopher, 178
Odinet, Michelle, 198
Ofshe, Richard, 87, 91, 94
Olim v. Wakinekona, 218
Operación Midland, 164
Oregon v. Elstad, 94
Parks, JoAnn, 138, 141, 220
Pease, Kevin, 89
Phillips, Virginia, 174
Piñeyro, Enrique, *El Rati Horror Show*, 184, 185
Plessy v. Ferguson, 200
Plourd, Christopher, 136
Poole, Bobby, 75
posesión constructiva, 42
Powell v. Alabama, 11
Powell, Denise, 64, 65
Pray, John, 115
preescolar McMartin, 158
Preescolar McMartin, 157
Presunto Culpable (2008), 183
programa de televisión *CSI*, 133
Proyecto Inocencia de Nueva York, 99
Proyecto Inocente de California del Norte (NCIP), 156
Proyecto Inocente de Wisconsin, 115, 178
Puracal, Jason, 119
Ramos, Michael, 36
Reagan, Ronald, 201
Reencuentro, 194
Reforma Antidrogas de 1986, 202
Reid John, 90
Reséndiz, Angel, 27, 28, 35
Reyes, Juan, 183
Richards, Bill, 28, 29, 30, 34, 36, 37, 40, 45, 46, 49, 55, 86, 135, 219
Richards, Pamela, 28, 29
Richardson, Natasha, 113
Ridolfi, Cookie, 156
Roberts, Horace, 149
Roberts, Marvin, 89
Savile, Jimmy, 163, 164
Scarcella, Louis, 182
Scheck, Barry, 104
Schroeder, Mary, 213
Scott, Dekraai, 169
Seis Beatrice, 40
Semanchik, Mike, 47, 141, 150, 189
Simpson, Alex, 110, 120, 141, 172, 174, 176
Simpson, O.J., 221

síndrome del bebé sacudido, 105, 107, 115, 116
Smith, John, 80
Sollecito, Raffaele, 87
Sperber, Norman, 31, 34, 135
Starr, Linda, 156
Stiglitz, Jan, 32, 37, 180
Stoll, John, 156, 157, 158, 159, 162, 164, 165, 167, 170, 186, 221
Tankleff, Marty, 178
tasas de encarcelamiento, Estados Unidos, 204
Taylor, Louis, 211, 212, 214
Teamer, Bernard, 67
Texas, Charles Don Flores v., 98
The New Jim Crow (Alexander), 204
Thompson, Bill, 140
Thompson, Jennifer, 74, 75, 76, 80
Tres del Oeste de Memphis, 39
Trump, Donald, 206, 207
Vargas, Luis, 78, 79, 220
Vent, Eugene, 88
Violador de la Lágrima, 78
Volz, Eric, 119
Wainwright, Gideon v., 12
Wakinekona, Olim v., 218
Walsh, Joe, 223
Warden, Rob, 169
Watts, Ronald, 182, 254
White, Leslie, 170
Williamson, Ronald, 38
Wilson, Darren, 208
Wisconsin, Greenwald v., 95
Wistrich, Andrew, 173, 174, 175
Witherspoon v. Illinois, 130
Woodward, Louise, 104, 106, 116, 137
Woolard, Craig, 168
Zain, Fred, 151, 152
Zimmerman, George, 208
Zuniga, Antonio "Toño", 183, 184

www.ingramcontent.com/pod-product-compliance
Lightning Source LLC
LaVergne TN
LVHW060221051026
849517LV00005B/1476
9798218758172